ARMENIEN
(Zalpa)
Trabzon
Pontisches Gebirge
Erzurum
Erzincan
Samuha
Sivas
Kuşaklı
(Sarissa)
Keban Stausee
Norşuntepe
Elaziğ
Karakaya Stausee
Kültepe
(Nescha/Kanisch)
Taurus
Çayönü
Diyarbakır
Silvan Stausee
Hallan Çemi
Ilisu Stausee
Cizre Stausee
Van-See
Vankale
(Tuschpa)
Urmia-See
Nevalı Çori
Atatürk-Stausee
Göbekli Tepe
Şanlıurfa
Tell Mozan
(Urkisch)
Großer Zab
Mossul
Ninive
Chabur
Gaziantep
Karatepe
Karkemisch
Adana
Tigris
Assur
Alalach
Aleppo
Habuba Kabira
Assad-Stausee
Antakya
(Antiochia)
Ebla
Deir es-Sor
Euphrat
Ugarit
Orontes
SYRIEN
Mari
Qatna
IRAK
Tripoli
Byblos
Beirut
LIBANON
Damaskus
Tyros
0 50 100 150km
42
38
36
34
32
36
38
40
42

Türkei - Wiege der Zivilisation

Michael Zick

TÜRKEI

WIEGE DER ZIVILISATION

Das Löwentor der Hethiterhauptstadt Hattuscha hat schon viele Monde erlebt und wirkt heute so imposant wie vor 3500 Jahren.

INHALT

TÜRKEI
WIEGE DER ZIVILISATION

Dieses Buch möchte Ihnen Appetit machen, Lust auf eigene Erkundungen in einem Land, das aus kulturellen, politischen, wirtschaftlichen Gründen seit Jahren die europäischen Gemüter bewegt. Und das eine unglaublich vielfältige Geschichte – und vor allem Vorgeschichte – aufzuweisen hat. Die „Klassische Antike", hauptsächlich an der türkischen Ägäisküste, ist bekannt oder nachlesbar: Krösus, Midas, Schlacht bei Salamis, Issos, Gordischer Knoten und Ephesus, Milet, Troja, Pergamon sollten nicht ganz fremd sein. Wir wollen weiter zurückgehen, bis zu den prähistorischen Quellen, soweit sie gefunden und noch erkennbar sind. Neugier und Unbefangenheit sind eine gute Ausrüstung bei einer solchen Reise durch Zeit und Raum, deren Route sich an den archäologischen Erkenntnissen und am subjektiven Staunen des Autors orientiert.

Der Raum umfasst das Gebiet der heutigen Türkei, die Zeit spannt sich vom 12. Jahrtausend bis zum 6. Jahrhundert v. Chr. Die geografische Fixierung wird jedoch immer wieder durchbrochen, zum einen, weil moderne Staatsgrenzen nicht sehr viel über frühe Zivilisation und Kultur aussagen. Und zum anderen hat jeder Mensch und jeder Staat Nachbarn, mit denen er – positiv oder negativ – agiert und auf die er – fordernd oder nehmend – re-agiert. Der Beginn unserer Reise in „grauer Vorzeit" vor nunmehr 14.000 Jahren ist bedingt durch die aktuellen, hochspannenden archäologischen Erkenntnisse der letzten Jahre: Die haben uns nämlich ein Fenster zu Welten geöffnet, von denen wir nicht wussten, dass es sie überhaupt gab: Unsere steinzeitlichen Vorfahren waren erheblich anders, als bislang gedacht. Das hat natürlich auch Auswirkungen auf unser heutiges Selbstverständnis – oder sollte es zumindest haben. Und sie werden hier von Entwicklungen lesen, die noch in keinem Schulbuch verzeichnet sind, und von Dingen hören, die es nur in Anatolien gibt. Einige wissenschaftliche Lehrbuchmeinungen kommen dabei unter die Räder.

Unsere Wegweiser durch die Brüche und Umbrüche der Zivilisationsentwicklung in Kleinasien werden hauptsächlich türkische und deutsche Archäologen sein, denn über weite Strecken bewegen wir uns in der schriftlosen Zeit. Das Ende unserer Tour im 1. Jahrtausend v. Chr. kennzeichnet einen abermals neuen Abschnitt des Menschseins, der dann jedoch „Geschichte" ist und über andere wissenschaftliche Disziplinen, Befunde und Funde direkter erfahren werden kann. Wir starten auf dem südostanatolischen Berg Göbekli Tepe, auf dem vor mehr als 11.000 Jahren die ersten Tempel der Welt errichtet wurden – mein Staunen über die Menschen vom „Göbekli" ist grenzenlos und wird jedes Jahr, mit jeder neuen Grabungskampagne neu angespitzt. Wir beschließen unsere Zeitreise an der ägäischen Küste der Türkei, wo die Grundlagen dafür gelegt wurden, was wir „europäisches Denken" nennen – eine nicht minder umwälzende Entwicklung, die uns von unserem hohen Ross des ach so modernen Heute herunterhelfen kann.

Zerstörung im Namen des zivilisatorischen Fortschritts. Dieses Panorama wird es in einigen Jahren nicht mehr geben: Der Tigris, hier bei Hasankeyf, soll für Energie- und Bewässerungsprojekte gestaut werden.

Das Buch ist entstanden aus etlichen Reisen durch die Türkei und Besuchen von archäologischen Grabungen. Ohne die unzähligen Gespräche mit Archäologen über viele Jahre oder gezielt für dieses Vorhaben hätte ich es nicht schreiben können, meinen Dank für die stets offenen „Privatvorlesungen" statte ich weiter hinten ab. Lassen Sie sich also ein auf ein ausgedehntes, geistiges Abenteuer in einem Land, das doppelt so groß ist wie Deutschland und annähernd gleich viele Einwohner hat. Die Lage der Großregion an der Nahtstelle von Europa und Asien hat immer wieder die Metapher von der Brücke zwischen den Kontinenten hervorgebracht, was auf einen ersten Blick in den Atlas sinngemäß erscheint. Doch macht man es sich etwas zu leicht, wenn man Kleinasien auf die Funktion des Vermittlers oder des Durchgangslandes reduziert. Das ist es zweifellos, durch diese riesige, viereckige Halbinsel sind sie alle marschiert – von den prähistorischen Eroberern bis zu den römischen Soldatenscharen. Und immer war das Land eingebettet in die „Weltpolitik" des Alten Orients, mal als treibendes Subjekt, mal als ausgebeutetes Objekt. Daraus ergeben sich auch die vielen Neuanfänge, die Anatolien in die Wiege gelegt wurden.

Aber Anatolien, das „Land des Sonnenaufgangs" (Anadolu), ist mehr. Eva Cancik-Kirschbaum, Altorientalistin an der Freien Universität Berlin, hat es für mich am überzeugendsten auf den Punkt gebracht: „Sie hatten eine unglaubliche Fähigkeit, alles aufzusaugen wie ein Schwamm, ihren Bedürfnissen anzupassen und dann weiterzugeben." Sie meint damit explizit die Hethiter, aber man kann diese Charakterisierung wohl auf die vor- und frühgeschichtlichen Menschen, Völker und „Reiche" in der Großregion münzen. Durch die geografische Lage bedingt, kamen zu allen Zeiten und von allen Seiten Ideen und Technologien ins Land. Und durch eben diese Lage wurden Erkenntnisse und Fertigkeiten in alle Himmelsrichtungen weitergereicht. Deshalb scheint mir der Begriff des „Schmelztiegels" – obschon auch vielfach überstrapaziert – die Funktion Kleinasiens in der Menschheitsgeschichte am besten zu treffen. Keine andere Region hat über so lange Zeit so intensiv so viel Erfindergeist und so verschiedene Innovationen aufgenommen, umgeformt und weitergegeben wie Anatolien.

Neben seiner Funktion als Kultur-Katalysator ist Kleinasien aber auch das Land der vielen, eigenschöpferischen Anfänge, die wir dabei nicht vergessen wollen: Die Landwirtschaft zum Beispiel,

Bewahrung des kulturellen Erbes: Die imposante Hagia Sophia (Heilige Weisheit) in Istanbul war im 1. Jahrtausend n. Chr. das bedeutendste Bauwerk der byzantinischen Christenheit, 1453 wurde sie in eine Moschee umgewandelt, seit 1934 ist sie vielbesuchtes Museum – und Dauerbaustelle.

Moderne und Tradition: In Istanbul verbinden derzeit zwei Brücken die aneinanderstoßenden Welten Europa und Asien, eine U-Bahn soll die beiden Kontinente in den nächsten Jahren noch enger verklammern. Die Moschee ist dazu kein Gegensatz, sie behauptet selbstbewusst ihren Platz.

die erste Münzprägung, die ersten Tempel, die erste Staatsverfassung, um nur ein paar Beispiele zu nennen; weitere finden Sie in fast jedem der nachfolgenden Kapitel. Hier soll nicht dem bizarren anatol-zentrischen Denken einiger türkischer Archäologen das Wort geredet werden, die „eigentlich" Anatolien als den einzigen Anbeginn aller Kultur betrachten. Für das Neolithikum ist die Vorreiterrolle des Landes nach den archäologischen Funden der letzten Jahre unbestritten. Aber die Hochkulturen starten im 4. Jahrtausend v. Chr. in Ägypten und Mesopotamien; Schrift, Urbanisierung, Arbeitsteilung, differenzierte Gesellschaften, große Territorialreiche tauchen in Anatolien erst im 2. Jahrtausend v. Chr. auf.

Schon ein Blick auf die geografische Karte macht diese Verzögerung erklärbar. Die Region hat kein natürliches Zentrum – die moderne Hauptstadt Ankara ist eine politisch gewollte Gründung des Staatsreformators Kemal Atatürk. Auch ein einigender Fluss, wie der Nil in Ägypten, fehlt. Schroffe, bis zu 3000 Meter hohe Gebirgsketten trennen im Süden und Norden das Landesinnere vom Umland. Selbst die inneranatolische Hochebene zerfällt wieder in viele mehr oder minder große, 800 bis 1500 Meter hoch liegende Einzelregionen. Nur nach Westen, zur Ägäis hin, öffnet sich das Land über die Flüsse partiell nach außen. Im Osten – Richtung Armenien und Iran – steigt das Gebirge bis auf die 5137 Meter Unwirtlichkeit des Ararat an. Eine ebenso unterschiedliche Wasserversorgung durch Niederschläge oder Flüsse bringen dem Land wüstenhafte Regionen, karge Steppen, fruchtbare Ebenen, Waldgebiete und Küstenstreifen mit einer jeweils eigenen Entwicklung.

Diese Landschaften waren auch nach der Sesshaftwerdung über Jahrtausende der Lebensraum für Nomadengruppen, Kleinbauerndörfer und saisonal stationäre Hirtenfamilien. Große Menschenzusammenballungen wie in Mesopotamien, die Verwaltung erfordert und zentrale Herrschaft nach sich gezogen hätten, gab es in diesem Land bis zum 2. Jahrtausend v. Chr. nicht. Und wenn ein Klan-Häuptling zu Reichtum und Macht kam, dann herrschte er über ein Tal oder zwei Ebenen; das „Fürstentum" war jedenfalls überschaubar, die „Untertanen" immer problemlos zählbar. Bis zu den Hethitern gab es kein einheitliches Herrschaftsgebilde in Anatolien. Und nach dem Ende des Großreichs, um 1200 v. Chr., zerfiel die Weltgegend wieder in zahllose Einzelregionen, die immer Teil fremder Imperien (Assyrer, Perser, Römer) wurden. Erst das Byzantinische und später das Osmanische Reich dehnten ihre Herrschaft wieder über das ganze Land; ihr politisches und kulturelles Zentrum lag dabei aber jeweils am Rand des Territoriums.

Das hethitische Großreich war das einzige aus und in der Mitte Anatoliens. Und was für eins! Ich verhehle nicht, dass diesem Reich und seinen Akteuren meine spezielle Neugier gilt. Die Hethiter waren in vielen Dingen ihrer Zeit geistig weit voraus, aber es gibt bei ihnen ebenso viele Ungereimtheiten und Besonderheiten, dass man aus der Verblüffung und dem Mehrwissenwollen gar nicht heraus kommt. Woher sie kamen, weiß man nicht. Warum diese Großmacht des Alten Orients für fast drei Jahrtausende völlig vergessen wurde, kann man nicht erklären. Woher ihre Ideen, wie Interessenausgleich statt Vernichtung des Gegners oder Verfassung statt Herrscherwillkür, kamen, ist unbekannt. Sie bauten ein gewaltiges Reich und verspielten es durch menschliche Unzulänglichkeiten. Das Geschichtsbuch der Hethiter ist noch nicht geschrieben, bestenfalls einige Kapitel.

Das gilt für viele Bereiche der anatolischen Historie, und je erfolgreicher geforscht wird, umso mehr Fragen tauchen auf, die bislang als sichere Erkenntnis angesehene Abläufe erneut in Zweifel ziehen: Gab es wirklich ein phrygisches Reich? Fand der Trojanische Krieg doch statt? Warum schütteten die Tempelbauer vom Göbekli ihre Kultanlage wieder zu? Viele Fragen werden neu hinzukommen, denn in weiten Bereichen des Landes ist noch gar nicht oder nur punktuell archäologisch gearbeitet worden. Die Türkei ist so groß und so vollgestopft mit Geschichte, dass auch reichere Staaten in vergleichbarer Situation Probleme hätten, ein solches kulturelles Vermächtnis rasch und flächendeckend zu sichern. Umso unverständlicher sind da die immer wiederkehrenden, amtlichen und halbamtlichen Nadelstiche gegen ausländische Archäologen, wie verzögerte oder stornierte Arbeitserlaubnisse auch bei schon jahrelang existierenden Grabungen. Denn die Zeit läuft mit der zunehmenden Entwicklung des Landes (Stichwort Staudämme) gegen die Erforschung und Bewahrung des reichhaltigen kulturellen Erbes – das ja nicht nur ein türkisches ist.

Aus 10.000 Jahren Vor- und Frühgeschichte und aus der geografischen wie kulturellen Eigenständigkeit der Regionen entstand in diesem Land ein kreatives Gemisch, das, wie ich es empfinde, auch heute spürbar ist. Und das macht die Türkei so spannend – und so widersprüchlich.

Aber schauen Sie einmal selbst, denn ich kann Ihnen hier nur über einen Bruchteil der archäologisch dingfest gemachten Geschichte dieses Landes berichten. Ich hoffe, Ihnen mit den nachfolgenden Informationen die Grundausstattung für eigene Erkundungen geliefert zu haben. Neugier und Offenheit müssen Sie selbst ins Gepäck tun.

Tradition und Moderne: Das Neben- und Miteinander verschiedener Lebensformen ist, zumindest im Westen der Türkei, nahezu selbstverständlich. Kein Wunder: Kleinasien hat über Jahrtausende stetig wechselnde Kulturen erlebt.

Unsere Kultur reicht immer weiter in die Vorzeit zurück. Die Archäologen haben – nach aufsehenerregenden Entdeckungen im letzten Jahrzehnt – die Wiege von Geist und Zivilisation inzwischen im 10. Jahrtausend v. Chr. aufgestellt. Und ausgerechnet bei Menschen, die als völlig geistlos galten, und in einer Region, die noch vor einer Forschergeneration als zu vernachlässigendes Randgebiet der Hochkulturen in Mesopotamien angesehen wurde.
Das Adelsprädikat „Hochkultur" wird meist erst mit dem Aufkommen von Schrift verliehen. Doch schon 6500 Jahre vor der Schriftlichkeit wurde Unirdisches gedacht und so phantastisch in Kunst und Großarchitektur umgesetzt, dass man die kulturellen Leistungen und Innovationen der Menschen in der frühen Jungsteinzeit durchaus zur „Neolithischen Hochkultur" erheben kann.

MORGENRÖTE DER MENSCHHEIT

DIE STEINZEIT

DER MENSCH ERFINDET DIE KULTUR

GÖBEKLI TEPE UND NEVALI ÇORI

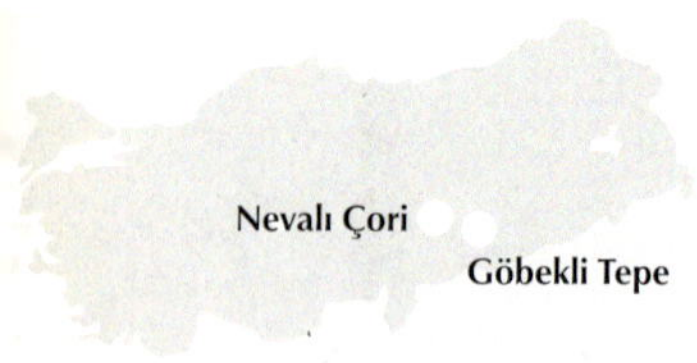

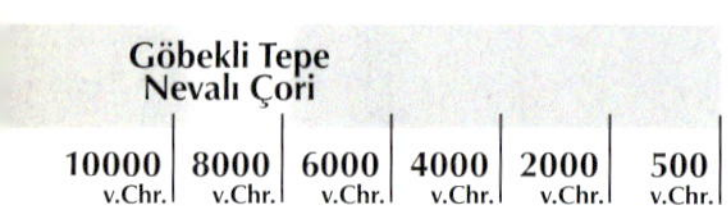

Sie konnten Ton noch nicht zu Keramik brennen, nährten sich von Beeren und Bären und schweiften vor 12.000 Jahren jagend durch die hügeligen Grassteppen Nordmesopotamiens, dem Südosten der heutigen Türkei. Die Jäger und Sammlerinnen an der Schnittstelle zwischen Alt- und Jungsteinzeit werden oft als „primitiv" eingestuft – als Menschen ohne feste Siedlungen, Sozialgefüge und Sinn für Höheres, denen man Geschichtlichkeit nicht zusprechen will.

Das ist nicht mehr haltbar. Vor allem zwei deutsche Archäologen haben uns mit ihren spektakulären Funden im Südostzipfel der Türkei das Tor geöffnet zu einer Welt, von der wir vorher gar nicht wussten, dass es sie in dieser Form gibt. Harald Hauptmann, Doyen der deutschen Anatolienforschung, und Klaus Schmidt, Steinzeitexperte des Deutschen Archäologischen Instituts (DAI) in Berlin, haben mit ihren Ausgrabungen in Nevalı Çori und Göbekli Tepe die ersten Schritte in Gefilde gesetzt, als der Mensch sich seiner selbst und seiner Endlichkeit bewusst wurde: In Nevalı Çori verehrten archaische Jäger vor 10.500 Jahren das erste personifizierte Götterwesen. Auf dem Göbekli Tepe (Bauchiger Berg) klotzten sie vor mindestens 11.600 Jahre einen Kultkomplex in die Kuppe eines Kalksteinplateaus, zu dem es nichts Vergleichbares gibt.

Auf dem „Bauchberg" zeugen noch heute Rundbauten mit weiten Räumen, mit drei Meter hohen Mauern und T-förmigen monolithischen Pfeilern, zwischen drei und sechs Metern groß, von einem Gestaltungswillen, der weit über das Leben von der Hand in den Mund hinausging. Gekrönt wird dieser steinzeitliche Kulturausbruch durch eine ganze Menagerie von reliefier-

☙ Zwischen kargen Äckern im weiten und windigen Hügelland Südostanatoliens liegt die sensationellste archäologische Ausgrabung des letzten Jahrzehnts: die ältesten Tempel der Menschheit auf dem Göbekli Tepe.

ten, geritzten oder vollplastisch ausgearbeiteten Tieren auf den Pfeilern. Hier wurde, spätestens 9600 Jahre v. Chr., Unirdisches gedacht und in Monumentalarchitektur umgesetzt. Die Wissenschaft ist nach den Funden von Nevalı Çori und Göbekli Tepe gezwungen, diese Menschheitsepoche neu zu erklären. Und das neue Bild des Menschen wird viele bisherige Vorstellungen in die Asservatenkammer wissenschaftlicher Erkenntnis verbannen.

Doch nähern wir uns dem Uralt-Mysterium langsam. Der amerikanische Archäologe Peter Benedict hatte in den sechziger Jahren des letzten Jahrhunderts die südöstliche Ecke der Türkei durchstreift und in seinen Notizen einen Hügel namens „Göbekli Tepe Ziyaret" mit Unmengen von Feuersteinstücken festgehalten, die Spur in die Vorgeschichte jedoch nicht weiterverfolgt. Artefakte aus Feuerstein (Flint oder Silex) lassen normalerweise jeden Prähistoriker aufhorchen. Denn aus diesem „Stahl der Steinzeit" konnte man Gebrauchsgegenstände – Schaber oder Sichelklingen – und Waffen – Pfeilspitzen oder Messer – der Premiumklasse herstellen. Auf den etwas vagen Bericht Benedicts stieß Klaus Schmidt, 1994 Stipendiat der Deutschen Forschungsgemeinschaft (DFG) der Abteilung Istanbul des Deutschen Archäologischen Instituts und machte sich auf die Suche. Mit einer für Wissenschaftler erstaunlichen Lebendigkeit schildert Klaus Schmidt den Beginn des größten archäologischen Abenteuers im letzten halben Jahrhundert – eines geistigen Abenteuers mit noch nicht absehbaren Folgen für unser Verständnis der frühen Menschheitsentwicklung.

„Es war im Oktober 1994, das Land war in die kräftigen Farben der herbstlichen Abendsonne getaucht, und unser Weg führte durch ein sehr unübersichtliches Gelände, übersät mit grossen, oft übereinander getürmten Basaltblöcken. Spuren einstiger Anwesenheit prähistorischer Menschen waren nicht auszumachen – keine Mauerreste, keine Gefäßscherben, keine Steingeräte. Zweifel am Sinn dieser Wanderung stiegen allmählich, aber unabweislich auf", schreibt Schmidt in seinem überaus lesenswerten Buch (s. Schmidt, Sie bauten die ersten Tempel). Nach Überwindung der anbrandenden Frustration entdeckten die Vergangenheitssucher dann aber doch noch einen mächtigen, die baumlose Eintönigkeit des südostanatolischen Berglandes überragenden Hügel mit einem einsamen Baum. An Bäume wie diesen heften noch heute Hilfesuchende ihre auf Papierschnitzel geschriebenen Bitten oder Wünsche und übergeben sie damit dem Wind. Solche „Wunschbäume" kennzeichnen einen Ziyaret, frei übersetzt einen Wallfahrtsort. Und die liegen zumeist an Landmarken, die seit alters her religiös aufgeladen sind.

„Wir erblickten den einsamen Baum auf der höchsten Kuppe des Erdhügels und waren uns sicher, wir hatten den Göbekli Tepe gefunden", berichtet Schmidt weiter und fährt fort: „Und selbst aus der Ferne war sofort klar, dass dies keinesfalls ein natürlicher Hügel sein konnte. Welche Kraft der Natur sollte diesen Erdhaufen auf dem höchsten Punkt des Kalkrückens aufge-

Jäger und Sammler erbauten vor 11.600 Jahren die monumentale Kultanlage auf dem Göbekli Tepe. Ihnen hatte die Wissenschaft bislang keine geistigen Höhenflüge zugetraut. Allein schon die monolithischen Drei-Meter-Pfeiler mit ihren Tierreliefs beweisen das Gegenteil.

türmt haben? Das, was wir sahen, konnte ohne Zweifel nur Menschenwerk sein."
Die Schritte der Archäologen beschleunigten sich trotz des ansteigenden Geländes, und dann „begann die bisher graue und kahle Plateauoberfläche wie von Kristallen überzuckert zu glitzern. Es war ein Teppich aus Abertausenden von Feuersteinen, der jetzt die Felsflächen überzog. Doch war das Ganze keinesfalls ein Spiel ausschließlich der Natur. Hier hatte der Mensch nachgeholfen. Immer wieder überzeugten wir uns davon: Es waren keine natürlichen Absprengungen von Feuersteinknollen, es waren Abschläge, Klingen, kurz Artefakte, von Menschen hergestellte Objekte, die diesen Teppich bildeten."

Der Jahrhundertfund

Die Glitzerdecke setzte sich bis auf die Hügelkuppe fort und machte klar, dass hier mehr Feuersteingeräte hergestellt wurden als für den Hausgebrauch erforderlich gewesen wären. Der Gedanke an eine Flint-Manufaktur tauchte auf. Doch etwas anderes elektrisierte Schmidt noch mehr: Aus den Lesesteinmauern, zu denen die Bauern ausgepflügte Steinbrocken aufschichten, klaubte er das Bruchstück eines sauber bearbeiteten T-förmigen Pfeilers. Auf dem Rückmarsch entdeckten die Wanderer zudem das Fragment einer Großplastik. Und: Da jüngere Fundstücke fehlten, musste der Ort zwischen 11.000 und 12.000 Jahre alt sein. Der Göbekli Tepe, so war sich Schmidt sofort sicher, war eine riesige frühneolithische Ruinenstätte – ein Jahrhundertfund, die einsame Krönung eines Archäologenlebens.
Ein Jahr später begannen die regulären Grabungen auf dem Göbekli Tepe, die bis heute andauern und pro Saison mindestens eine faustdicke Überraschung hervorbringen – ein Ende ist nicht abzusehen. Als die Archäologen die gerölldurchsetzte Erdschicht ankratzten, wurde schnell klar, dass auf dem Bergkamm mehr anstand als eine Freiluftwerkstatt für Flintprodukte. Kurz unter dem „Heute" kamen riesige T-Pfeiler, Mauern runder und rechtwinkliger Räume sowie fein geschliffene Terrazzoböden zum Vorschein – die kennt man sonst erst aus römischer Zeit. Die Mauern sind relativ grob geschichtet, die Drei-Meter-Pfeiler dagegen sauber geglättet und mit einer ganzen Menagerie an reliefierten Tiergestalten verziert. Schon bei den ersten Kampagnen tauchten auf den Breitseiten der Monolithe zähnefletschende Füchse, horngewaltige Stiere, Schlangen, schnatternde Enten, hauerbewehrte Wildschweine und ein brüllender Löwe (oder Panther) auf. Inzwischen – nach 45 ausgegrabenen Pfeilern – beherbergt der Steinzeitzoo zusätzlich Gazellen, Geier, Wildesel, Skorpione, Spinnen und Insekten. Mindestens fünf dieser T-Pfeiler mit ihrem Querkopf und seitlich angedeuteten Armen sind als stilisierte Menschen gestaltet.
Die meisten Pfeiler sind etwa drei Meter hoch und in Bruchsteinmauern eingebunden. Die wurden zum Teil nachträglich eingezogen, ab und an stößt eine Mauer so auf den Pfeiler, dass sie ein Relief verdeckt, quasi einmauert. Die Räume sind groß, 15 und 20 Meter im Durchmesser, einige wurden mehrfach umgebaut. Jeweils in der Mitte stehen zwei Sechs-Meter-Monolithe, die zur Raummitte „schauen". Die Pfeiler dienten vermutlich nicht als Dachstützen, sie sind meist niedriger als die Mauern. Bei der Grabungskampagne 2006 stießen die Archäologen abermals auf ein Unikat: An einem der Kalksteinpfeiler schleicht ein 70 Zentimeter großes Raubtier kopfüber die Stirnseite des Monolithen hinab. Das fast vollplastische und mit seinen gefletschten Zähnen sehr naturalistische Tier wurde mit steinernem Werkzeug so aufwendig und sorgfältig aus dem Felsblock skulptiert, dass ihm eine besondere Bedeutung zukommen muss. Auch der schroffe Gegensatz zwischen dem realistisch runden Tier und dem stilisierten kubischen Pfeiler wird einen Symbolgehalt gehabt haben. Die Darstellung wirkt auch für heutige Betrachter anstößig – warum läuft das Tier nach unten, und wozu dieser immense kunsthandwerkliche Aufwand?
Das tierische Unikat beantwortet Klaus Schmidt eine andere Frage: Woher stammen die Fragmente von Tierfiguren, die er im Laufe der Jahre aus dem Grabungsschutt geklaubt hat, und warum weisen mindestens fünf Pfeiler an der Frontseite heftige Bruchkanten auf? Nach dem neuen Fund zu urteilen, trugen offenbar etliche der T-Stelen solche Tierplastiken, die aber irgendwann gewaltsam weggeschlagen wurden – „das mutet bilderstürmerisch an, wie zur Reformationszeit hierzulande", meint Schmidt.
Eine abermals andere, abermals einzigartige und mit nichts aus der Zeit zu vergleichende Symbolwelt offenbarte der Pfeiler 43 mit einem überbordenden Bildinventar. „Da muss man erst dreimal Luft holen, bevor man weiterdenkt", stoppt Klaus Schmidt aufkommende Gedankenflüge:

Die Grabungen auf dem Göbekli Tepe bringen ständig Neues – wie dieses nahezu vollplastische, sorgfältig ausgearbeitete Raubtier, das auf der Stirnseite einer Stele kopfüber hinunterschleicht. Der T-förmige Monolith steckt noch zwei Meter im Boden. Wozu betrieben die steinzeitlichen Kunsthandwerker einen solchen Aufwand?

☙ **Ein neues Bilderrätsel auf Pfeiler 43: Was wird hier erzählt? Die bislang lebhafteste Darstellung gruben die Archäologen 2006 aus. Das überbordende Bildinventar können sie noch nicht deuten. Ganz unten rechts erscheint ein kopfloser Mann mit erhobenem Arm und erigiertem Penis – das älteste Relief eines Menschen auf dem Göbekli Tepe.**

In der Grabung 2006 tauchte auf dem (bislang) aufregendsten Monolith zum ersten Mal ein reliefierter Mensch auf – kopflos, aber mit erigiertem Penis. Darstellungen kopfloser Menschen mit über ihnen kreisenden Geiern erscheinen erst 3000 Jahre später wieder auf den Wandgemälden der ersten steinzeitlichen Großsiedlung Çatal Höyük in der zentralanatolischen Konya-Ebene. Das Männlein auf dem Monolith fristet, neben den anderen Akteuren auf dem Kalksteinpfeiler, ein völlig untergeordnetes Dasein. Neben dem Geköpften reckt ein noch nicht definierter, eventuell hühnerartiger Vogel seinen Hals, links verschwinden ein Fuchs und eine Schlange im Gemäuer. Darüber fläzt sich ein riesiger Skorpion – auch er der erste auf dem Göbekli.

Doch richtig spannend wird die Bildgeschichte erst auf dem Pfeilerkopf: Neben Ibis, Schlange und zwei H-Zeichen hockt ein wohl als Küken zu deutender Vogel. Darüber füllt, ebenfalls erstmalig in der Göbekli-Bildwelt, ein geflammtes und gebündeltes Motiv Teile der Fläche, „was das sein soll, weiß ich noch nicht", muss Schmidt passen. Darüber nehmen drei Taschen oder Henkeleimer die ganze Breite des Pfeilerkopfes ein. An den Griffen betonen ein Frosch, ein Raubtier und ein Vogel die Individualität des jeweiligen Behältnisses – wenn es denn welche sind. Klaus Schmidt erinnern die Tiere an die Gau-Standarten auf ganz frühen ägyptischen Darstellungen, 6000 Jahre später. Ähnliche Handtaschen oder Eimerchen kennt man, ebenfalls rund sechs Jahrtausende nach Göbekli, aus dem frühen Iran und, noch einmal um 3000 Jahre später, von geflügelten Mischwesen (Genien) aus Assyrien.

Der Star des Ensembles ist eindeutig ein großer (sitzender?) Geier mit gespreizten Flügeln. Die Flügelhaltung erinnert Schmidt an Gesten, „die wir aus altorientalischen Herrscherbildern kennen" – auch das Jahrtausende später. Der Geier vom Göbekli ist nicht nur Geier, er ist so dominierend und in Bewegung, dass er eindeutig zum Hauptakteur des Bildes wird. Er hat es dem Ausgräber angetan: „Das ist eindeutig der Boss. Die anderen Individuen erzählen auch etwas, aber er hat das Sagen." Nicht nur der Ausgräber wüsste gar zu gern: Was sagt er uns?

Die andere Seite des Pfeilerkopfes, so ergab die Frühjahrsgrabung 2007, war leer. Das hatte Schmidt erwartet, denn die Reliefs auf den T-Köpfen schmückten bislang immer nur die rechte Seite. Ob der Schaft der Stele auch auf der linken Seite reliefiert wurde, ist unklar, denn sie steckt noch im Boden. Überrascht wurde der Ausgräber von einem ganz neu ergrabenen Pfeiler: Da taucht nicht nur abermals ein Mensch auf, sondern der hat sogar noch seinen Kopf und wird von einem Hund begleitet. „Das passt irgendwie nicht in das, was wir eigentlich wollten, das es kommt", übt sich der Archäologe als rätselgebende Sphinx. Genug aktuelle Aufgaben also für die nächsten Grabungskampagnen.

Vier Räume der riesigen Kultanlage haben die deutschen Archäologen, zusammen mit ihren türkischen Kooperationspartnern vom Archäologischen Museum Urfa und kurdischen Arbeitern, in den letzten 13 Jahren freigelegt. Sie gehören zu der ältesten Schicht auf dem Göbekli Tepe und datieren damit in die Zeit zwischen 9600 bis 8800 v. Chr. Bei der Chronologie stützen sich die Wissenschaftler auf Vergleiche mit zeitidentischen, bereits erforschten Siedlungen im Umland und auf Radiokarbondaten aus der Grabung selbst. Zur Absicherung ziehen sie noch die sogenannte Versinterungsmethode heran. Dabei wird der Kohlenstoffgehalt in den Minitropfsteinen an Pfeilern und Mauern gemessen; die Versinterung setzt erst ein, wenn „alles unter der Erde ist", präzisiert Schmidt. Damit kann er zum Beispiel sagen, dass um 8000 v. Chr. die Kultanlage auf dem Göbkli Tepe endgültig beerdigt war. Nach den schwierigen und nicht immer eindeutigen geophysikalischen Prospektionen verbergen sich mindestens noch 15 Räume mit 200 Pfeilern im steinigen Boden – Arbeit für Jahrzehnte, weitere Überraschungen inbegriffen. Bei der Menge und der Qualität der Novitäten auf dem Göbekli ist der sonst überstrapazierte Begriff „Sensation" angebracht, denn alles, was die Archäologen des DAI aus der anatolischen Erde holen, ist einmalig – seien wir wissenschaftlich zurückhaltend und sagen wir: bis jetzt einmalig. Auf alle Fälle aber stoßen die Funde auf dem Bauchberg reihenweise festgefügte Lehrmeinungen vom Sockel: Die „Tempel" sind die ältesten der Welt, sie wurden entgegen allen bisher gültigen Altertumsgesetzen von einer reinen Jäger- und Sammlergemeinschaft errichtet und betrieben. Die Erbauer dieser gigantischen Architektur hatten noch keine dauerhaften Siedlungen und konnten – oder mochten – noch keine Keramik herstellen. Ihre Zeit wird deshalb als das „Vorkeramische Neolithikum" bezeichnet, das man in die Abschnitte Prepottery Neolithic A bis C (PPNA, PPNB und PPNC) unterteilt und zwischen 10.500 und 7000 v. Chr. datiert. Irgendwann im 10. Jahrtausend v. Chr., so die gebräuchliche Skala, endet die Altsteinzeit (Paläolithikum) und beginnt das Neolithikum, die Neusteinzeit, *vulgo* Jungsteinzeit. Die Unterscheidung kennzeichnet eine frühe Innovation: Im Paläolithikum wurden die Werkzeugklingen von der Feuersteinknolle gezielt und mit großem Geschick abgeschlagen, im Neolithikum wurden sie zusätzlich geschliffen. Die Kultanlage vom Göbekli Tepe liegt im PPNA (9600 bis 8800 v. Chr.) und damit messerscharf an dieser Grenze – bislang, denn Klaus Schmidt ist noch nirgends bis auf den gewachsenen Fels vorgedrungen, teilweise hat er noch ein Dutzend Meter Vergangenheit vor, beziehungsweise unter sich. Die stratigrafische Abfolge ist dabei

Eine faustdicke Überraschung und brandaktuell: Als neuester Bewohner der steinernen Welt auf dem Kultberg tauchte 2007 aus Schutt und Schotter abermals ein Mensch auf, er wird – hier nicht sichtbar – von einem Hund begleitet. Das passt wieder überhaupt nicht zu den bisherigen Themen der Darstellungen in der ältesten Kultanlage der Welt.

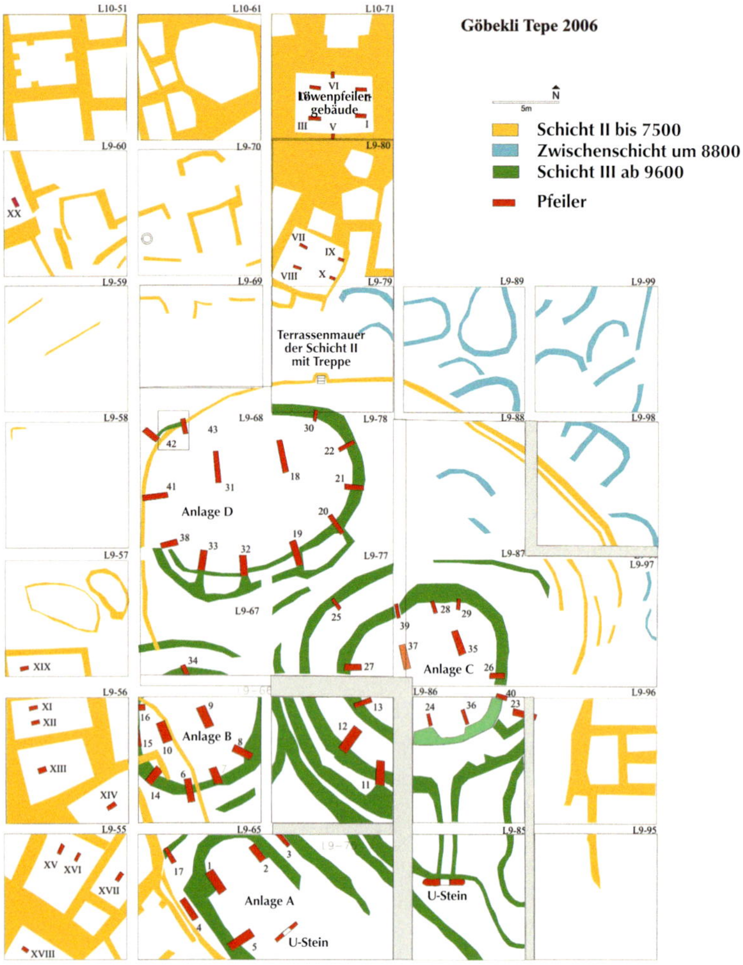

Der Plan gibt einen vagen Einblick in die komplizierte Bebauung des Göbekli Tepe. Grün kennzeichnet die bislang ältesten Schichten der Kultbauten, gelb die jüngere Periode. Die Anlage D ist die am besten erhaltene und – mit 20 Metern Durchmesser – die größte. Nach den geophysikalischen Untersuchungen stecken noch 19 Kultquartiere mit etwa 200 Pfeilern im Boden.

nicht klar; wenn es das moderne archäologische Ethos zuließe, würde der Ausgräber am liebsten einen „Schliemanngraben" von ganz oben bis ganz unten durch den Berg ziehen, um die komplizierte Bebauung zu verstehen. Jedenfalls rechnet Schmidt damit, am Grund in der Altsteinzeit zu landen – „die zwölf Meter passen ja gar nicht in die paar Jahrhunderte PPNA rein".

Neben dem berechtigten Finderstolz packte den Archäologen in den ersten Jahren auf dem Göbekli ab und an die schiere Verzweiflung: Er konnte seine Funde mit nichts vergleichen. Ähnliche Bauten und Pfeiler aus der 50 Kilometer entfernten, seit 1992 im Atatürk-Stausee versunkenen Steinzeitsiedlung Nevalı Çori (s. S. 5-29) sind 1000 Jahre jünger. Die alttestamentarischen Mauern von Jericho in Palästina wurden etwa gleichzeitig wie Göbekli Tepe aufgeschichtet, jedoch ohne Pfeiler und künstlerischen Anspruch. Das zentralanatolische Çatal Höyük, als Paradebeispiel einer steinzeitlichen Großsiedlung gepriesen, wurde erst 2000 Jahre nach dem Niedergang der Göbekli-Anlage errichtet. Die altägyptischen Pyramiden erscheinen um 2600 v. Chr. – also rund 7000, das europäische monolithische Vorzeigestück Stonehenge (1500 v. Chr.) gar erst 8000 Jahren nach dem Kultkomplex auf dem südostanatolischen Kalksteinhügel.

Trotz verstärkter Suche vor allem türkischer Archäologen ist noch kein „zweites Göbekli" aufgetaucht. Das könnte sich ändern: Zumindest an zwei Stellen ragen in der Region um Şanlıurfa die Spitzen von T-Kopfpfeilern aus dem Boden. „Wir konnten wegen der kühlen Jahreszeit den Pesthauch der Abfallfelder gerade noch ertragen", beschreibt Harald Hauptmann den Besuch eines solchen Fundplatzes 10 Kilometer südlich der Provinzstadt. Auf diesem Hamzan Tepe, der mit einem Teppich von Feuersteinabschlägen und -geräten bedeckt ist, ragen die charakteristischen T-Pfeiler wie Pilze aus dem Boden. Und rund 60 Kilometer östlich von Şanlıurfa liegt der 30 Hektar große Siedlungsplatz Karahan Tepe, auf dem der türkische Archäologe Bahattin Çelik über 260 teilweise reliefierte Pfeiler gezählt hat. Hauptmann: „Offensichtlich handelt es sich hier um einen zentralen Siedlungsplatz mit Kulteinrichtungen, der ähnlich wie Göbekli Tepe eine überregionale Bedeutung besaß." Da die an der Oberfläche erkennbaren Baustrukturen hauptsächlich rechteckig sind, also eindeutig jünger als die ältesten Göbekli-Strukturen, ordnet er allerdings Karahan Tepe und Hamzan Tepe, in die 1000 Jahre jüngere Nevalı Çori-Epoche ein. Zwei weitere Orte stehen zumindest im Verdacht, eine vergleichbare Vergangenheit zu bergen. An keinem dieser vielversprechenden Plätze ist bislang gegraben worden.

Noch also ist Klaus Schmidt mit seinem Göbekli Tepe allein und so muss er sich in Interpretationen üben. Für ihn ist die Anlage das rituelle Zentrum einer 200-Kilometer-Region, deren Bewohner, Sammlerinnen und Jäger, periodisch und für beschränkte Zeit quasi-sesshaft wurden. Die Jäger mutierten zu temporären Handwerkern: Aus dem Kalkstein des Bergrückens pickelten sie mit Feuersteinmeißeln die T-Pfeiler, errichteten die Kultanlage, die sie, wie es die Grabungsbefunde belegen, auch renovierten und mehrfach umgestalteten. Und sie machten das hier nicht zum ersten Mal: Die Pfeiler, die Skulpturen, die Reliefs sind Meisterwerke, keine Lehrlingsstücke. Auf 500 Mann schätzt Schmidt den neolithischen Bautrupp. Eine solche Menge ernährt man nicht mehr allein mit Bärenjagd und Beerensammeln. Also nutzten die Sammlerinnen, so eine Interpretationsmöglichkeit, das vorhandene Wildgetreide, halfen dem Wuchs durch Pflege nach und kamen so vielleicht zu einer Vorstufe der Getreidekultivierung – eine kulturelle Innovation, die man den nicht-sesshaften Steinzeitlern bislang nicht zugestehen mochte. Auch die Lehrmeinung zur Sozialstruktur muss revidiert werden, denn ein solch komplexes Bauvorhaben auf dem Berg setzt einen vorausschauenden Projektentwurf, einen bestimmenden Willen und eine zumindest in Ansätzen hierarchisch strukturierte Gesellschaft voraus; ein solches Vorhaben ist nicht mit einer lockeren Stammesgemeinschaft zu bewältigen.

Wo sind die Menschen?

Aber wo ist der Mensch auf dem Göbekli Tepe? Das DAI-Team hat bislang keinerlei Lebensspuren gefunden – keinen Wohnraum, keine Herdstelle, keine Alltagsgegenstände und – bisher – kein Grab, nur ein paar vereinzelte Knochen. Wie lange die Menschen jeweils dort oben blieben, ist ungewiss. Gemütlich war es gewiss nicht, der Wind pfiff damals sicher so stetig und steif wie heute. Das Wasser mussten die unbekannten Bauleute ebenso auf den Berg schleppen wie die Feuersteinknollen und den Lehm für das Mauerwerk. Sie lebten zwar auf dem Berg, aber sie haben dort nicht gewohnt.

Deshalb verfestigt sich bei Schmidt die Überzeugung: „Dies ist ein Ort der Toten, eine gigantische Anlage für einen komplexen Jenseitskult." Er denkt dabei an die mehrstufigen Rituale der vielschichtigen Bestattungssitten, wie die Anthropologen sie für das Neolithikum andernorts nachweisen können: Das Aussetzen des Leichnams zum Entfleischen der Gebeine durch Geier, Abtrennung des Kopfes, Übermodellieren der Schädel mit Gips und deren getrennte Aufbewahrung, die Beisetzung der Langknochen in Steinkisten, eventuell unter dem Fußboden der Wohnräume.

Das große Mysterium aber ist: Die ältere Kultanlage auf dem Bauchigen Berg wurde nicht von Feinden zerstört, vom ewigen südostanatolischen Bergwind zugeweht oder durch einen Vulkanausbruch verschüttet. Sie wurde nach einer noch unbestimmten Zeit der Nutzung (Schmidt: „vielleicht nur Jahrzehnte") beerdigt. Die Erbauer schütteten sie vorsichtig zu. Die Räume, die Mauern, die Böden, die Reliefs, die Stelen – alles verschwand unter einer meterhohen Sand- und Geröllschicht. Die so entstandenen Flächen blieben offenbar tabu, sie wurden nicht überbaut, obwohl angrenzend, den Berg hinauf, ein neuer Kultraum angelegt wurde. Woher die Leute vom Göbekli Tepe die Schutt- und Schottermassen – immerhin mehrere hundert Kubikmeter – für die Beerdigung des ersten Tempels nahmen, ist noch völlig unklar. Allein der Zuschüttung verdanken wir es, dass diese Unikate menschlichen Geistes überhaupt erhalten blieben – 12.000 Jahre lang. Um 7500 v. Chr., also nach insgesamt etwa 2000 Jahren, ist endgültig Schluss mit der Nutzung des Göbekli Tepe. Keine der nachfolgenden, nun keramischen neolithischen Siedlungen hat das zu Stein gewordene kulturelle Bewusstsein

Der Blick in die Grube vermittelt einen Eindruck von der Monumentalität der Tempelanlage. Hier sind die kurdischen Grabungsarbeiter aus dem Nachbardorf dabei, die Stelen mit Geröllsteinen „einzupacken", um Beschädigungen der Reliefs – oder Schlimmeres – in der wissenschaftlichen Winterpause zu verhindern.

Pfeiler 33 ist nahezu lückenlos mit Reliefs verziert. Auf den Seitenteilen erscheinen Kraniche und Fuchs, aus denen Linien entspringen, die sich hier auf der Stirnseite (unten rechts und links) mit ihren trapezförmigen Köpfen als Schlangen enttarnen. Zwei Dreiergruppen schlängeln sich in der Mitte nach unten. Dazwischen ein Insekt oder ein Spinne mit sechs Beinen und ein H-Zeichen. Darüber wird die Darstellung undeutlich, eventuell sind die Motive dort ausgepickelt worden.

der Jäger und Sammlerinnen vom Göbekli weitergeführt. Was ist passiert? Schmidt zuckt die Achseln und bietet eine von vielen möglichen Interpretationen an: Die religiöse Welt hat sich verändert, die Rituale der Sammler und Jäger sind bedeutungslos geworden, es treten neue kultische Formen auf. Damit bricht das kulturelle Bewusstsein der Jäger und Sammler weg.

Nun, zu Beginn des keramischen Neolithiums um 7000 v. Chr., finden die Archäologen Siedlungen im Tiefland, etwa in der Harran-Ebene, möglichst in Wassernähe, wie im Euphrattal. Dort placken sich die Bauern, Getreide wird angebaut, Vieh gezüchtet, Fische gefangen. Es wird in tönernen Töpfen gekocht, Vorräte werden obligatorisch. Breithüftige Frauenfigurinen beschwören Fruchtbarkeit und deuten für manche auf eine alles umfassende Große-Mutter-Göttin in einer matriarchalischen Gesellschaft, die es nie gab (s. S. 39). Dieser Übergang von der „aneignenden" (Jäger, Sammler) zur „produzierenden" (Bauern, Viehzüchter) Wirtschaftsweise wird als die „Neolithische Revolution" bezeichnet. Es war gewiss keine Revolution im Sinne von rasch, rabiat und radikal, sondern eher eine Evolution, die sich bis zur vollen Ausprägung über Jahrtausende hinzog und auch regional sehr unterschiedlich vonstatten ging. Am Ende dieser in der Tat jedoch umstürzlerischen Entwicklung ist der Mensch sesshaft, bearbeitet seinen Acker, hütet sein Vieh, legt Vorräte an und wird aggressiv – Besitz macht neidisch und muss verteidigt werden. Warum der Mensch – nach zwei Millionen Jahren erfolgreichem Jägerleben – diesen risikoreichen Schnitt tat, birgt ausreichend Stoff für wissenschaftlichen Disput (s. S. 35). Manche Völker haben diesen Schritt bis heute verweigert.

Der große Umbruch, neben „Neolithischer Revolution" auch kurz „Neolithisierung" genannt, ist der faszinierendste und nachhaltigste Wandel in der Geschichte der Menschheit – ohne die „Neolithische" keine „Städtische" und keine „Industrielle Revolution". Mit der Sesshaftwerdung veränderte sich neben der Siedlungsweise auch die soziale Organisation: Aus weitgehend egalitären Jägergruppen wurden komplexe Gesellschaften mit Spezialisten und einer wie auch immer gearteten Elite, die Besitz und Prestigegüter anhäufte. Die Glaubenswelt wandelte sich ebenfalls: Die schamanistische Vorstellung von der Einheit des Menschen mit der Natur und dem einen „großen Geist" wich allmählich personifizierten Göttern, die jeweils für einen Teilbereich des alltäglichen Lebens – oder des Unerklärbaren – zuständig waren.

Für diesen Sprung in die neue Welt machen die meisten Wissenschaftler in wechselnder Zusammensetzung Überjagung, Klimawandel, beginnende Rivalitäten um Ressourcen und Land und/oder rapide wachsende Bevölkerung verantwortlich. Schmidt wagt eine neue These: Die befristeten, aber immer wiederkehrenden Treffen vieler Jäger und Sammlerinnen zu Kulthandlungen in Zentren wie Göbekli Tepe waren die Initialzündung für Pflanzenbau und Viehzucht. Teilzeit-Sesshaftigkeit mit Feierabend-Ackerbau, Ansätze von Pflanzenkultivierung und – vor allem – Großarchitektur in grauer Vorzeit, geben dieser Überlegung Gewicht. Warum kam die Wissenschaft nicht früher darauf, dass es diese entscheidende Zwischenzeit gab – als der

Mensch zwar noch nicht töpfern konnte, als Sammler und Jäger von der Hand in den Mund lebte und dennoch Megalithbauten errichtete und Kunst produzierte? Die Antwort ist ein Stück Wissenschaftsgeschichte in drei Schritten. Sie belegt, dass der forschende Mensch meist das findet, was ihm vertraut ist: Das Heilige Land war durch die biblischen Berichte bekannt, vielfach bestand der wissenschaftliche Drang, die Bibel zu beweisen. Also entdeckte man zuerst Jericho mit seinen gewaltigen Mauern. Ohne viel Widerrede wurde der Ort am Jordan zum Beginn der Zivilisation stilisiert.

Die Schritte der Erkenntnis

Weitere Siedlungen der Vorgeschichte suchte und fand man im zweiten Schritt, durchaus logisch gedacht, in den fruchtbaren Flusstälern von Tigris und Euphrat; so wurden die sumerische und babylonische Hochkultur aufgespürt. Im dritten Schritt kamen die Quellregionen dieser beiden Ströme im südtürkischen und syrischen Obermesopotamien hinzu. Man fand Erstaunliches, und schon war der „Fruchtbare Halbmond“, der Bogen von Jordanien über die Levante, Nordsyrien und die Südosttürkei bis ins Zweistromland, als Wiege der frühen menschlichen Zivilisation ausgemacht.

Alles folgerichtig und belegt – aber was war vorher? Nur dumpf denkende, allein auf alltägliche Bedürfnisbefriedigung erpichte Wesen? Mit diesen neuen Fragen zogen zu Beginn der sechziger Jahre etliche meist jüngere, Archäologen in die – als „Peripherie“ herabgesetzten – bergigen Randgebiete des Fruchtbaren Halbmondes. Sie wurden prompt fündig: An den Gebirgshängen von Taurus und Zagros fanden sie Stätten einer hoch entwickelten Steinzeitkultur (s. Karte S. 34), die vor Landwirtschaft und Sesshaftigkeit Hochkulturelles schuf. Nach den archäologischen Entdeckungen der letzten Jahre gilt jetzt als wissenschaftliche Gewissheit: Großarchitektur ist nicht an Sesshaftigkeit, Geistiges nicht an Keramik gebunden.

Nicht genug, dass Klaus Schmidt auf dem Göbekli Tepe immer wieder wider den traditionellen Lehrstachel löckt – nun hat er auch noch das älteste Notationssystem ausgemacht, das ihm signalisiert: „Hier wollten Menschen anderen Menschen dauerhaft etwas mitteilen.“ Die Sensation ist auch hier das Alter: Vor 11.500 Jahren pickelten die Leute vom Göbekli Nachrichten in Stein, „die andere lesen konnten“. Den Begriff „Schrift“ nimmt Schmidt allerdings nur in den Mund, um ihn strikt zu dementieren. „Neolithische Hieroglyphen“ will der Prähistoriker des DAI die abstrakten Symbole und realistischen Zeichen jedoch ganz gern nennen. Es spricht nichts dagegen, die altanatolischen Piktogramme als Hieroglyphen zu bezeichnen, denn der Begriff heißt zunächst nur „heilige Zeichen“. Die Bedeutung als sprachlich gestützte Schriftsymbole bekamen sie erst im alten Ägypten. Und was sollten Sinnbilder in der transzendent aufgeladenen Göbekli-Kultanlage anders sein als heilig?

Auf vielen der gesäuberten Reliefpfeiler entdeckte Schmidt im Laufe der Grabungen verschiedene abstrakte Embleme: stehende und liegende Hs, Scheiben, Kreise, Halbmonde, Winkelreihen, waagerechte Balken. Daneben waren kleine stilisierte Stierköpfe (Bukranien), Miniaturfuchs und -schaf, Schlangenbündel, -netz und Spinnen abgebildet. Die ordnet Schmidt den Symbolzeichen zu. Manchmal werden die Symbole gemixt. Auf Pfeiler 33 zum Beispiel taucht das H-Zeichen zweimal in einem Reliefband auf, zu dem noch das Schlangenbündel, Spinnen und ein Minischaf gehören. Das war sicherlich mehr als bloße Dekoration – das sind die ersten „Morsezeichen“ der Menschheit.

Hier nun wird Schmidt schmallippig und vorsichtig: „Das muss alles erst noch diskutiert werden.“

Piktogramme, wie H, Kreis, Sichel, Balken und miniaturisierte Tiere, fanden die Archäologen reihenweise auf den Pfeilern. Oft waren die verschiedenen Zeichen in wechselnden Zusammensetzungen hintereinandergeschaltet. Der Ausgräber interpretiert sie als Notationssystem, mit dem die Steinzeitler Nachrichten haltbar machen wollten. Es wäre das älteste der Welt.

ABRAHAM IN ANATOLIEN
DIE URZEITLEGENDEN AUS DER TÜRKEI

☙ Die alleinstehenden Säulen auf dem Burgberg von Şanlıurfa – lassen sie nicht an die „Gabel" eines Riesenkatapults denken? Damit soll der Patriarch Abraham in ein loderndes Monsterfeuer geschleudert worden sein, doch er wurde errettet. So zumindest will es die Legende der multiethnischen Provinzmetropole im Südosten der Türkei.

Die Schlagzeile lautet: Rotrachige Karpfen retten Erzvater. Indem sich die glühenden Kohlen seines Scheiterhaufens in rotrachige Karpfen in lieblichen Teichen verwandelten, retteten sie das Leben des Erzvaters Abraham, und so entkam er dem Feuertod. Eine lokale Legende verlegt die im Koran tradierte Geschichte nach Şanlıurfa, früher Urfa, und vereinnahmt so den Stammvater der drei großen monotheistischen Religionen ganz für die Stadt im orientalischen Südosten der heutigen Türkei. Urfa war demnach nicht nur Station auf den Wanderungen Abrahams, sondern sein Geburtsort.

Nach den Erzählungen des Alten Testaments war Abram (erhabener Vater), so zunächst sein Name, mit seiner Sippe aus Ur im südlichen Mesopotamien nach Harran, einer Nachbarstadt Şanlıurfas, ausgewandert. Die beiden weit auseinanderliegenden Städte, Ur und Harran, waren Zentren des Kultes um den Mondgott Sin. In Harran erschien Jahwe dem Abram und forderte ihn auf, seine Familie zu verlassen und in eine unbekannte Ferne zu ziehen. Der Mensch folgte seinem Gott in blindem Gehorsam und zog nach Kanaan, wo Jahwe ihm erneut erschien, ihn in „Abraham" (Vater eines großen Volkes) umtaufte und ihm das Land Kanaan für seine Nachkommen zum Eigentum gab. Nach einem durch eine Hungersnot bedingten Ausweichen nach Ägypten siedelte Abraham wieder in Kanaan bei Hebron. Seine Frau Sarah starb mit 127 Jahren, Abraham mit 175.

Verkürzt gesagt, ist Abraham für die Juden der Ursprung des Volkes Israel, für die Christen der Vater aller Gläubigen und für den Islam der erste Muslim überhaupt. Auch wenn sich diese drei monotheistischen Lehren auf Abraham als Ursprung berufen, geben sie ihm doch recht unterschiedliche theologische Funktionen. Die Person Abraham, die nur in der Bibel und im Koran genannt wird, ist eher mythisch als geschichtlich, aber von einer nachhaltigen Wirkmächtigkeit bis in die Gegenwart, in der man versucht, über den gemeinsamen Stammvater zu einem Dialog der Religionen zu kommen.

So kompliziert machten es sich die antiken Legendenerzähler aus Şanlıurfa oder Urfa – klingt das nicht verdächtig nach Ur? – nicht. Für sie wurde Abraham in einer Kalksteingrotte in der Nähe des Ortes heimlich zur Welt gebracht und wuchs innerhalb nur weniger Tage heran. Nach einem Erweckungserlebnis erkannte der Knabe, dass weder Sterne noch Sonne oder Mond Gottheiten waren, sondern alle von einem unsichtbaren, allmächtigen Gott bewegt werden. Als er daraufhin begann, in Urfa die Bildnisse der Götter und des Herrschers umzustürzen, verurteilte ihn der König zum Tode. Mit einem riesigen Katapult sollte er vom Burgberg in ein Flammenmeer geschleudert werden. Doch als die Henkersknechte Abraham den Hang hinabschossen, „verwandelte sich das Feuer in Wasser, die brennenden Holzscheite wurden zu Fischen und Abraham fiel in einen Rosengarten hinein", so die Lokal-Legende. Als Beleg für die gemütsbewegende Geschichte werden heute in Şanlıurfa die beiden alleinstehenden Säulen auf dem Burgberg herangezogen (daran war angeblich das Katapult montiert) und die Fischteiche (umgeben von Blumenrabatten), deren Karpfen (mit feuerrotem Schlund) jeden Sonn- und Feiertag von gläubigen Besucherscharen gemästet werden.

In Anatolien sollen aber noch zwei weitere Urzeit-Geschichten beheimatet sein: Die Sintflut und die Arche Noah. Da der Mensch Mythos offenbar nicht Mythos sein lassen kann, gibt es jede Menge versponnene oder auch hochwissenschaftliche Erklärungsmodelle und Beweise für das alles verschlingende Überschwemmungsdesaster und die wundersame Errettung daraus. Die aktuellste, etwas ernsthafter diskutierte These der beiden US-amerikanischen Geophysiker Walter Pittman und William Ryan zur Sintflut ließ vor 7600 Jahren das Mittelmeer mit Urgewalt ins Schwarze Meer schwappen. Inzwischen werden ihnen falsche Messungen und überzogene Interpretationen in einem Ausmaß vorgehalten, dass auch diese Geschichte ein Mythos bleibt.

Die zur legendären Sintflut passende Arche Noah wurde 1960 in versteinerter Form in 2000 Meter Höhe an einer Flanke des ostanatolischen Ararat entdeckt. So zumindest der gläubige Hobbyarchäologe Ron Wyatt. Inzwischen ist das versteinerte Gebilde zum beliebten Ziel für Arche-Pilger geworden. Ob der türkische Geologe Murat Avci den Mythos des Mythos wird kippen können, erscheint zweifelhaft: Er hatte jüngst den schiffsähnlichen Felsblock als abgerutschten Brocken aus der Steilwand 500 Meter höher detektiert, Gesteinsstruktur und mineralogische Zusammensetzung seien bei beiden identisch. Zudem sei das Gestein fünf Millionen Jahre alt – etwas zu viel „Methusalem", selbst für eine biblische Geschichte.

Es bleiben bestehen: Die Sucht zur Erklärung, der Glaube und die Wissenschaft. Ach ja, auch der Garten Eden und die Vertreibung aus ihm sollen in Anatolien beheimatet sein.

Wo Traditionen noch etwas zählen, leben auch die Legenden fort – und zwar sehr hartnäckig: Im Osten der Türkei wurde nicht nur Erzvater Abraham geboren, am Ararat strandete auch die Arche Noah und der Garten Eden blühte ebenfalls hier.

Die provozierenden Zeichen werden in der gelehrten Szene für Unruhe sorgen. Bei aller wissenschaftlichen Zurückhaltung, die er in großen Portionen verteilt, will er sich eine Interpretation seiner Funde nämlich nicht streitig machen lassen: „Die Erbauer und Nutzer vom Göbekli hatten und gebrauchten einen komplexen Symbolschatz, mit dem Nachrichten formuliert und hinterlassen werden konnten."

Staubwischen in der Steinzeit: Ein kurdischer Grabungsarbeiter säubert die Mulden auf der Oberseite der T-Pfeiler auf dem Göbekli Tepe. Die Funktion dieser Steinvertiefungen ist völlig unklar.

Auch wenn bislang kein Pendant zum Göbekli Tepe gefunden wurde, spürt Schmidt immer mehr Belege dafür auf, dass sein Kultzentrum ein gesellschaftliches Umfeld hatte. In einer Entfernung von rund 150 bis 200 Kilometern liegen frühsteinzeitliche Siedlungsplätze, wie Çayönü, Demirköy, Hallan Çemi, Körtik Tepe, Djerf al-Ahmar, Tell Qaramel und Tell Scheikh Hassan. Die sind teilweise sogar älter als das erste Göbekli-Zeitalter (9600 bis 8800 v. Chr.), und bei genauem Hinsehen findet der Steinzeitforscher dort oft die gleiche, wenn auch verkleinerte Symbolwelt wie auf seinem Tepe: Minihase und Schlangenwesen auf einem mit Rillen versehenen Stein zum Glätten der Pfeilschäfte (Schaftstrecker), Zickzacklinien und Kreise auf einer Steinplatte in Djerf al-Ahmar oder Schlangen und Tausendfüßer auf einem Schaftstrecker in Tell Qaramel.

3000 Jahre später, um 6500 v. Chr., verschließen die Leute von Sabi Abyad – einem Siedlungshügel keine 100 Kilometer südlich von Göbekli Tepe – ihre Schätze mit Siegeln, die ein meist sechsbeiniges Zickzackmotiv mit Kopfdreieck haben. Klaus Schmidt sieht darin die Spinne vom Göbekli: „Das ist eine stilisierte Fortsetzung unserer alten, monumentalen Zeichen." Skeptischer Wissenschaftler, der er ist, würde ihm das nicht reichen, „doch es tauchen auch andere deutliche Zeichen auf: etwa der Tausendfüßer, die Schlange, der Stier, der Keiler."

Ab hier redet Schmidt nur noch im Konjunktiv: „Ich würde sagen, wir haben erste Anhaltspunkte, dass sich die Göbekli-Ikonographie auf diesen Sabi Abyad-Siegeln wiederfindet." Wenn dem so ist, dann „paust sich da etwas durch" – und zwar gleich bis in die sumerische Hochkultur in Uruk. Die erblüht um 3500 v. Chr., also noch einmal 3000 Jahre später.

Spiegelt sich in der Symbolwelt Sumers, das doch nach bisheriger Lesart der Beginn der Kultur sein soll, ein letzter Abglanz der großartigen Jäger und Sammler-Kultur vom Göbekli Tepe? Harald Hauptmann, emeritierter Anatolien-Experte des DAI und Schmidts ehemaliger Chef, hat dazu eine ziemlich feste Vorstellung: „Es dürfte ja so sein, dass die mesopotamische Götterwelt des 4. und 3. Jahrtausends ihre Vorläufer hatte. Ich denke, dass in der bergigen Randzone des Fruchtbaren Halbmondes, wie in Çayönü, Göbekli Tepe und anderen, etwas vorgeformt wurde, das wir später in der sumerischen Hochkultur wiederfinden."

Der Mann von Urfa

Wie weit sich in der Vorgeschichte Interpretationen dehnen lassen, zeigen die etwas waghalsigen Spekulationen des Archäologen Ofer Bar-Yosef vom *Peabody Museum* im amerikanischen Cambridge: Er zieht eine direkte Verbindungslinie zwischen den Skulpturen vom Göbekli Tepe, speziell dem „Mann von Urfa", und der ersten Großplastik im frühen Ägypten – mindestens 4000 Jahre später. Da Gedankenexperimente ja reizvoll und manchmal auch weiterführend sind, wollen wir den Kasus etwas näher betrachten: „Über den ‚Urfa-Mann', der 1993 bei Bauarbeiten in Şanlıurfa entdeckt wurde, bin ich im Depot des Museums regelrecht gestolpert", erzählt Harald Hauptmann. Wegen der Ähnlichkeit der vier Bruchstücke mit Skulpturen von Nevalı Çori konnte Hauptmann das Meisterwerk zur bisher einzigen vollständig erhaltenen monumentalen Steinfigur des akeramischen Neolithikums zusammenfügen. „Die 1,93 Meter hohe Figur erinnert in ihrer starren frontalen Ausrichtung und pfeilerartigen Gestaltung an prähistorische Idole, die oft ein naturalistisches Abbild mit abstrahierenden Formen verbinden", beschreibt der Finder den Urfa-Mann. Der in einem Zapfen statt in Füßen endende Körper war offensichtlich zur Verankerung in einem Untergrund bestimmt, möglicherweise in einem Kultbau, wie in Nevalı Çori oder Göbekli Tepe. Als früheste Beispiele für altägyptische Großplastik gelten vom britischen Archäologen William Matthew Flinders Petrie 1894 im Tempel von Koptos entdeckte fast vier Meter hohe Kolossalstatuen aus dem 4. Jahrtausend v. Chr. Diese stelenartigen und, wie der Urfa-Mann, ithyphallischen Figuren stellen den lokalen oberägyptischen Gott Min dar, der unter anderem als Gott der Fruchtbarkeit und Herr der östlichen Wüstenstraßen fungierte.

Der Prähistoriker Bar-Yosef argumentiert nun mit der Tatsache, dass es, nach dem bisherigen Kenntnisstand, im Niltal keine allmähliche Entwicklung von der Alt- zur Jungsteinzeit gegeben hat, sondern dass im 4. Jahrtausend plötzlich eine „fertige" neolithische Kultur „da ist". „Es gab tatsächlich eine kulturelle Einwanderung nach Ägypten", stellt Klaus Schmidt den Stand der Wissenschaft dar – aus Vorderasien, so die europäische, aus den Wüsten Afrikas, so die amerikanische Forschungsmeinung. Bar-Yosef favorisiert die asiatisch-anatolische Schiene für den Kulturtransfer und propagiert mit dem Urfa-Mann und den Statuen des Gottes Min eine direkte Linie von Südostanatolien nach Ägypten. Das einzige, was ihn etwas stört, ist die Lücke von 4000 Jahren zwischen den beiden Herren. Aber auch die beginnt sich, seiner Auffassung nach, durch neue Funde in Mesopotamien zu schließen. „4000 Jahre sind eine lange Zeit", sinniert Schmidt, „aber vielleicht finden wir die fehlenden Zwischenglieder ja noch." Harald Hauptmann ist da ganz anderer Meinung: „Bar-Yosef liegt mit seiner Deutung etwas neben der Forschungsmeinung. Es gibt großartige, fast monumentale Felsbilder mit Wildtieren und weiblichen Figuren aus dem Spätpaläolithikum, etwa 15.000 Jahre alt, die im oberägyptischen Niltal nahe Edfu gefunden wurden. Sie zeigen, dass die ägyptische Hochkultur wohl andere und sehr eigene Wurzeln besitzt, die wir erst noch suchen müssen."

Gott in der Steinzeit

Fündig geworden ist Hauptmann bei seinen Grabungen in Nevalı Çori. Dort entdeckte er bereits vor 25 Jahren ein richtiges Gotteshaus mit einem veritablen personifizierten Götterwesen. Dieser Gott der Steinzeit war eine Sensation – auch wenn sie nicht so recht ins öffentliche Bewusstsein rückte – und ist auch heute noch spektakulär. Denn Nevalı Çori setzt offenkundig fort, was in Göbekli Tepe ein Jahrtausend zuvor begonnen hatte.
Hauptmann, damals Archäologie-Professor an der Freien Universität Berlin, wurde 1979 von der türkischen Antikenverwaltung angesichts der entstehenden Euphrat-Staudämme für archäologische Rettungsaktionen zu Hilfe gerufen. Am Anfang solcher weiträumigen Unternehmungen steht die Geländeprospektion (Survey). Hauptmann: „Bei einer Geländebegehung sieht man die großen und kleinen Siedlungshügel, die sich in der Talaue und auf den höher gelegenen Terrassen erheben; wenn man auf dem einen steht, erkennt man schon den nächsten. Sie werden kartiert, und aufgrund der eingesammelten Funde – Keramik, Feuersteinstücke, Figurenfragmente – kann man dann die Geschichte dieser Landschaft rekonstruieren."
Im zweiten Schritt erkundet der Geoarchäologe die Bäche und Flüsse, von der Quelle bis hinunter zum Euphrat, und taxiert die Terrassen auf antike Besiedelungsreste. „Dem damaligen Berliner Archäologie-Studenten Hans-Georg Gebel gelang auf diese Weise die Entdeckung von Nevalı Çori," schildert Hauptmann, „und ein Arbeiter brachte die ersten Feuersteinspitzen." Nevalı Çori, eine Ur-Siedlung auf einer Terrasse des Kantara, eines Nebenflusses des Euphrat, war gefunden. 1983 begann der nunmehr Heidelberger Professor gemeinsam mit dem Archäologischen Museum Urfa die Notgrabung vor den anrückenden Stau-

War dieser markante Hinterkopf mit Schlangenzopf die erste Darstellung eines personalisierten Gottes? Er war im Tempel von Nevalı Çori verbaut, sein Gesicht ist abgeplatzt.

ଓ Der Şanlıurfa-Mann ist fast zwei Meter groß und um die 10.000 Jahre alt. Er wurde bei Bauarbeiten in der Altstadt von Şanlıurfa zerbrochen gefunden. Seine vier Teile ließen sich problemlos zusammenfügen und ergeben die am besten erhaltene Skulptur der frühen Menschheit: ein Ahne, eine Wächterfigur – oder doch schon ein Gott?

dammwassern. Die Überraschung kam schon während der ersten Woche: „Praktisch gleich unter der Erdoberfläche" stießen die Menschheitsforscher auf Fundstücke aus dem 9. Jahrtausend v. Chr. Hauptmann verhehlt seine damalige Stimmung nicht: „Es war schon Entdeckerfreude. Vor allem als wir merkten, dass wir nicht eine der üblichen frühjungsteinzeitlichen Ansiedlungen, sondern das Zentrum einer größeren Gemeinschaft entdeckt hatten. Es ist schön, einen wirklichen Beitrag zur Menschheitsgeschichte zu leisten und nicht nur zum Bekannten einen weiteren Mosaikstein hinzuzufügen." Insgesamt konnte der Ausgräber in Nevalı Çori menschliche Aktivitäten von 8600 bis 8000 v. Chr. nachweisen.

Die Tür zu einer neuen Erkenntnis stießen die Archäologen etwa anderthalb Meter unter der Oberfläche auf. Sie fanden exakt rechteckige Häuser, mit der beachtlichen Größe bis zu 18 mal 7 Metern – akkurat nebeneinander gesetzt wie eine heutige Reihenhaussiedlung. Aus den umgestürzten, 50 Zentimeter dicken Außenmauern errechneten die Wissenschaftler eine Haushöhe von mindestens zwei Metern. Die Dachkonstruktion bestand vermutlich aus Holzbalken, abgedeckt mit Schilf und Lehm. Die Steinmauern waren mit Lehm verputzt. Der vordere Teil der Häuser diente als Wohnraum, der größere, hintere als Speicher. Damit, so Hauptmann, „tritt zum ersten Mal der Prototyp des traditionellen anatolischen Bauernhauses auf".

Eine überraschende steinzeitliche Innovation offenbarte sich im Untergrund: Die Grundplattform, auf der die Außen- und Innenmauern hochgezogen wurden, war von mehreren Kanälen durchädert, die mit Kalksteinplatten abgedeckt waren. Die Archäologen vermuten, dass diese Konstruktion zur Belüftung und Kühlung diente. Der Kantara floss in vorgeschichtlicher Zeit auf der Höhe der Siedlung und wurde vielleicht von den Bewohnern durch die Kanäle unter den Häusern hindurchgeleitet. So schufen sie Vorratsräume mit gleichbleibender Temperatur und Luftfeuchtigkeit – klare Kennzeichen einer schon sehr stationären Lebensweise.

Die sesshaften Jäger

Eine solch ausgeklügelte Lagerungsmöglichkeit für Getreide, Feldfrüchte, vielleicht auch für Dörrfleisch hätte die Erfordernisse einer reinen Jäger- und Sammlerinnen-Gesellschaft bei weitem überschritten. Die Bewohner von Nevalı Çori waren regelrecht sesshafte Jäger. Mit Sicherheit gab es einen fortgeschrittenen Hackbau mit Getreide, wie Einkorn, Emmer und Spelzgerste. Aber es gab auch reichlich gejagtes Wild: Gazellen, Wildziegen, Auerochsen, Wildschweine und -pferde. Die Archäologen registrierten zudem einen hohen Anteil an domestizierten Tieren. Hauptmann: „Schaf und Ziege sind sicher, Schwein wohl auch, Rind ist noch etwas unklar, da haben wir zu wenig Knochen." Jedoch: Die Leute von Nevalı Çori grillten ihr Fleisch und buken ihre Getreidefladen auf heißen Steinen, sie kochten keine Suppe – sie hatten noch keine tönernen Töpfe, sie lebten, wie die Erbauer von Göbekli Tepe, noch in der akeramischen Periode der Menschheit.

Für Hauptmanns Überzeugung, dass Nevalı Çori keine bloß dörfliche Siedlung, sondern die Zentrale für eine größere Menschengruppe gewesen sei, vielleicht das kultische Zentrum einer großen Sippe oder eines Stammes, lieferte das Haus Nr. 6 weitere Hinweise: Es enthielt Feuergruben und eine Art Atelier, in dem Steingeräte hergestellt wurden – Handwerkszeuge und Skulpturen. Aber es wurde nicht nur geschuftet: Hauptmann: „Hier haben die Leute gewohnt, das Wildbret gegrillt und gearbeitet."

Die Fabrikation von Kunstgegenständen und Geräten aus Feuerstein war enorm. Hauptmann: „Wir haben in Nevalı Çori eine Kunstproduktion, die größer ist als in allen anderen Orten dieser Zeit in Westasien zusammen." Und die ist von einer Qualität, die alle überrascht hat. Die kleine Plastik eines Bären ist ebenso darunter wie der naturalistische Kopf einer Raubkatze mit fein ausgearbeiteten Schnurrhaaren. Weiter kamen zum Vorschein: Statuetten von Vögeln, Wildschweinen und Pferden. Die menschlichen Darstellungen reichen von stark abstrahierten Figuren bis zu absolut naturalistischen Köpfen. Das Prunkstück ist ein anatomisch ausgeformter weiblicher Kopf von rund 50 Zentimetern Höhe. Die Skulptur ist, nach ihrer Machart zu urteilen, kein selbständiges Kunstwerk, sondern Teil einer nicht erhaltenen Stele.

Also: Feste Häuser, Vorratshaltung, Herstellung von Gebrauchsgegenständen und Kunst. Für den Beweis, dass Nevalı Çori eine zentrale Siedlung ist, fehlte nur noch ein Kultbau. Der ließ nicht auf sich warten. Der Grabungsbericht von 1990: „Ganz im Westen der Siedlungsterrasse kam eine Anlage zum Vorschein, die sich aufgrund ihrer Bautechnik, Grundrissgestalt und Ausstattung deutlich von den bisher untersuchten Häusern in Nevalı Çori unterscheidet. Das fast quadratische Gebäude besitzt mit einer Grundfläche von 107,8 Quadratmetern fast monumentale Ausmaße."

Ein Blick ins Innere zeigte: Es ist der gesuchte Tempel. Drei Meter hoch waren die Mauern erhalten. Vor ihnen waren aus Steinen Bänke aufgeschichtet, die mit Platten abgedeckt wurden. Unterteilt werden diese Podeste – mit 80 Zentimetern zum Sitzen zu hoch – durch zwölf Pfeiler. Der erste Blickfang für den Eintretenden in der Mitte des fast runden Innenraumes bildeten zwei nahezu drei Meter hohe monolithische Stelen mit T-Kopf und stilisierten Armen an den Seiten, die sich vorn zu zwei Händen vereinten. Das waren damals völlig unbekannte, aufregende Unikate, denn der Göbekli Tepe war noch nicht entdeckt. Hauptmann und Schmidt bezeichnen sie als „Wächterfiguren", die Ahnen oder Dämonen einer Gesellschaft symbolisieren, deren Denken und Fühlen uns im Detail naturgemäß verschlossen bleibt.

Eine Stele im Tempel stand noch aufrecht in den Boden eingelassen, als die Archäologen

Der Tempel in Nevalı Çori besaß einen aufwendigen Terrazzoboden. Die ehemals zwei T-Kopfpfeiler in der Mitte waren als stilisierte Menschen gestaltet. (oben). Auf einer Steinscherbe tanzen zwei Menschen um eine Schildkröte – Symbol des Lebens – herum (unten).

das Gebäude freilegten. Die andere war aus der Verankerung gerissen – vermutlich von einem Raubgräber, der darunter vergebens nach einem Schatz suchte. Durch die beiden Stelen hindurch blickte der steinzeitliche Besucher auf eine Nische in der gegenüberliegenden Wand. Hier war, so die Überzeugung Hauptmanns, das Abbild einer Gottheit eingefügt. Vor der Nische hatte er den Torso dieser möglichen Kultfigur im Schutt gefunden. Und ein überlebensgroßer Kalksteinkopf mit abgeplatztem Gesicht, glattrasiertem Schädel, abstehenden Ohren und einem Schlangenrelief auf dem Hinterkopf war als Spolie in die Nische eingemauert. In dem kantigen Bildnis sieht der Heidelberger Archäologe eine klare Verbindung zu seinem Urfa-Mann.

Dieser Tempel hatte einen Vorgänger, in der Anlage sehr ähnlich, aber mit einem Innenraum von 152,12 Quadratmetern um einiges größer. In den Steinbänken dieses Kulthauses fanden sich weitere Skulpturen aus Kalkstein von höchster Qualität. Darunter eine knapp 60 Zentimeter hohe Figur eines Mischwesens aus Mensch und Vogel. Hauptmann begeistert: „Das ist das Neue: Mensch und Tier in einer Figur. Hier ist ein überirdisches Wesen personifiziert. Das ist keine animalistische Vorstellung mehr wie bei den Höhlenzeichnungen. Das geht einen Schritt weiter. Wir haben hier möglicherweise eine personifizierte Gottheit vor uns." Eine, die blutige Opfer forderte? Im Haus 21 entdeckten die Ausgräber unter dem Fußboden ein Grab mit dem Skelett einer jungen Frau. Es war vom Genick bis zu den Zähnen von einer langen Feuersteinklinge durchbohrt. „Damit liegt der erste Hinweis vor, dass möglicherweise auch Bauopfer üblich waren", meldet der Grabungsbericht.

Während der Grabungsarbeiten stieg der Pegel des Atatürk-Stausees täglich um zwei Meter. In einer Rettungskampagne bauten die 20 deutschen Wissenschaftler der Universitäten Heidelberg und Karlsruhe, zusammen mit teilweise 40 einheimischen Arbeitern und tollkühnen türkischen wie deutschen Lastwagenfahrern, den Tempel 1991 ab. Stein für Stein wurde nummeriert und ins Museum von Urfa geschafft. Die Stelen und ein Quadratmeter des Terrazzofußbodens wurden ebenfalls geborgen. Dort liegen sie bis heute im Magazin. Den ganzen Boden zu retten, war technisch und zeitlich nicht mehr möglich. Den Kultbereich hat Hauptmann zuschütten lassen, in der festen Überzeugung, dass das Atatürk-Stauwerk irgendwann in der Zukunft einmal aufgelassen wird. Dann kann man weiter forschen. Seit 1992 ruht der Tempel des Steinzeitgottes von Nevalı Çori auf dem Grund des Sees.

Nevalı Çori: Siedlungsidylle am Ufer eines Flusses, der vielleicht das Kühlmittel einer steinzeitlichen „Klimaanlage" unter dem Fußboden der Häuser war.

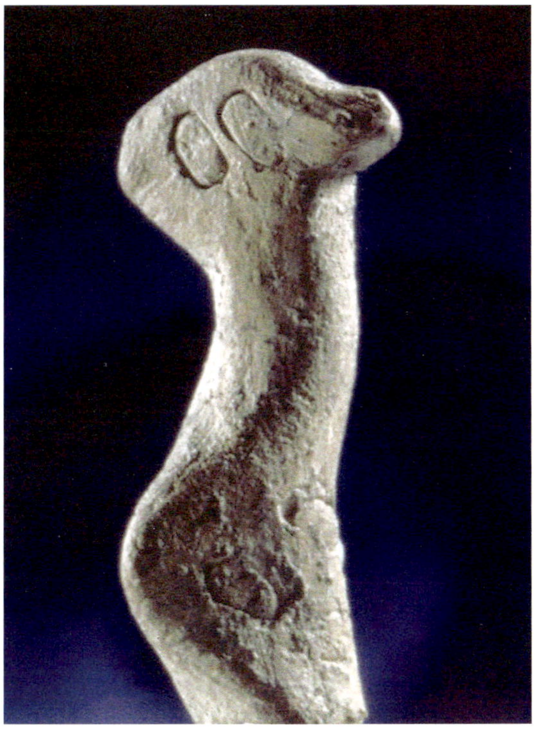

In der Megalithkunst setzt Nevalı Çori, so viel ist klar, die Tradition des Göbekli Tepe fort. Aber es kommt ein anderer Akzent hinein: Der Mensch tritt in den Vordergrund. Hauptmann interpretiert dies als Ausdruck eines neuen Bewusstseins und einer gewandelten religiösen Vorstellungswelt. Das wird besonders deutlich bei den rund 700 Tonfigürchen, die in Nevalı Çori gefunden wurden: 30 Tierdarstellungen stehen 670 Abbildern menschengestaltiger Wesen gegenüber – in gleicher Anzahl nackte Frauen und mit einem Schurz bekleidete Männer.

Göbekli Tepe ist der Gipfelpunkt – und zugleich krönender Abschluss und die letzte glanzvolle Manifestation der altsteinzeitlichen Jäger- und Sammlerinnen-Kultur. Nevalı Çori fußt in dieser Tradition, weist jedoch, obwohl auch noch ohne feuerfestes Geschirr, mit seiner veränderten geistigen Welt in eine neue Zeit – die heraufdämmernde Ära der Bauern und Viehzüchter. Beide Plätze sind Türöffner in für uns weitgehend dunkle Gefilde der Menschheitsgeschichte. Beide Stätten sind Unikate, doch sind sich Klaus Schmidt, der Finder des Göbekli Tepe, und Harald Hauptmann, der Liebhaber anatolischer Kultur, einig: Es gibt noch mehr „Göbeklis" und „Nevalı Çoris". Hauptmann: „Die sind da, wir haben sie nur noch nicht gefunden."

Dabei könnte die Bedeutung der beiden anatolischen Orte für die ganz frühe Entwicklung menschlicher Zivilistation noch wachsen, denn ein religiöses Zentrum, wie Göbekli Tepe, entwickelt sich nahezu zwangsläufig auch zu einem politischen Machtmittelpunkt. Und, nicht zu vergessen, sowohl auf dem Bauchberg wie in Nevalı Çori wurde in großem Umfang produziert, steinerne Pfeilspitzen, Messer, Sicheln, Schaber und irdene Idole – weit über den Eigenbedarf hinaus. Das macht nur Sinn, wenn Spezialisten oder Eliten Arbeitsteilung und Handel betreiben – von einer Zentrale aus? Wo könnte die liegen? Harald Hauptmann wüsste schon, wo man als erstes suchen müsste, wenn es denn ginge: Die Altstadt von Şanlıurfa bedeckt, seiner Meinung nach, das Zentrum der frühneolithischen Epoche – zumindest die Kinderstube, wenn nicht gar die Wiege menschlicher Kultur und Zivilisation.

Von den über 600 menschlichen Tonfigürchen, die in Nevalı Çori ausgegraben wurden, ist die Hälfte nackt, anmutig, weiblich (links), die andere bekleidet und männlich. Sie belegen die Abkehr von der Ideenwelt der Göbekli-Leute, bei denen es keine Menschen-Idole gab. Die „Mona Lisa von Nevalı Çori" genannte Kopfskulptur (rechts) gehörte vermutlich zu einer Kompositfigur mit einem Greifvogel.

DER JÄGER WIRD HÄUSLICH

DIE NEOLITHISCHE REVOLUTION

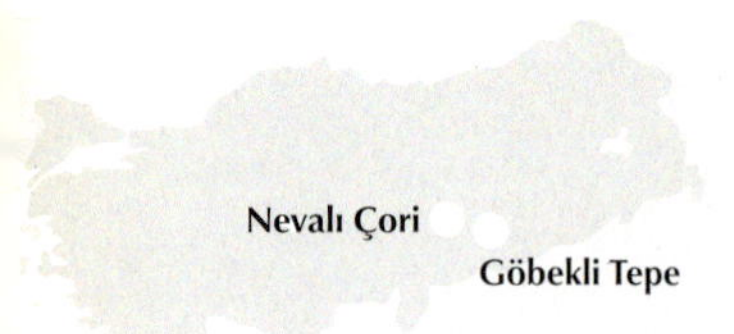

„Der Glanz der alten Kultzentren mit den grandiosen Steinplastiken und der Vielfalt der Tierdarstellungen verschwindet", bedauert Harald Hauptmann. Doch wird nach dem Niedergang von Göbekli Tepe die Prepottery-Periode in Südostanatolien noch spannender. Nevalı Çori muss in einigen Punkten den Superlativ des jeweils ältesten (Kultbau) oder ersten (Monolithpfeiler) an den Göbekli Tepe abtreten. Aber der im Stausee versunkene Kult- und Siedlungsplatz bleibt das Ausrufezeichen hinter einem einsamen Höhepunkt – Nevalı Çori gehört zu den letzten Manifestationen einer, wie wir nun erkannt haben, geistig überraschend agilen und innovationsfreudigen Gesellschaft von Jägern und Sammlern, die zwei Millionen Jahre den Rahmen für das Menschsein bildete. Zugleich ist Nevalı Çori das eindrucksvolle Beispiel für den Start in eine neue, ganz anders geartete Welt.

Etwa ab 8500 v. Chr. erfindet sich nämlich der Mensch neu – aus den Sammlerinnen und Jägern werden Viehhirtinnen und Ackerbauern. Dieser „Neolithisierung" genannte Prozess verläuft in den verschiedenen Gegenden Anatoliens jeweils anders. Und bis der Mensch richtig sesshaft geworden ist und seine Nahrung selbst produziert, vergehen Jahrhunderte. Mit dem Abschluss dieser auch „Neolithische Revolution" genannten Entwicklung war der Mensch abhängig von seiner eigenen Technologie; die große Linie der Entwicklung bis heute war damit vorgegeben. Seitdem, so hat es den Anschein, haben sich nur noch Nuancen verändert.

Die ersten, noch zaghaften Schritte in die neue Welt hatten die Menschen schon im 12. und 11. Jahrtausend v. Chr. getan. In der Levante beginnen sie langsam, ihre bis dahin saisonalen Siedlungen dauerhaft zu nutzen. Sie wohnen in Rundbauten, die in den Boden eingetieft sind und deren Steinsockel vermutlich zeltartige Dächer tragen. Sichel, Mörser und Stößel zeugen davon, dass sie, neben Früchten und Wurzeln, erstmals auch andere Nahrungspflanzen, vermutlich schon drei Sorten Wildgetreide, verwenden. Dieser Pioniertrend ist bislang nur in Palästina archäologisch belegbar. Deshalb galt der westliche Bogen des Fruchtbaren Halbmondes lange Zeit als Urmutter des modernen Menschendaseins. In den anderen Bereichen der Region – Nordsyrien, Südtürkei, Westiran – konnten die Archäologen für das 12. und 11. Jahrtausend v. Chr. noch nichts Entsprechendes nachweisen. Aber in dieser Gegend haben sie bisher auch wenig geforscht und sie sind nun wild entschlossen, dort etwas zu finden.

Nachdem sich die Archäologen von der Bibel als Arbeitsleitfaden emanzipiert hatten, suchten sie ab den sechziger Jahren des letzten Jahrhunderts in Obermesopotamien, der Südosttürkei und weiter im Osten am Zagrosgebirge nach Orten der Sesshaftwerdung. Die Zagros-Region lieferte bis heute nur wenig neue Erkenntnisse dazu. Dagegen wurden die Forscher im Norden mit einer ganzen Palette von Siedlungen aus dem 10. Jahrtausend fündig, so dass „die südliche Levante weder als die einzige noch als die tatsächliche Wiege des Neolithikums angesehen werden kann," rückt Olivier Aurenche die Dinge richtig. Der französische Archäologe weiter: „Allmählich zeichnet sich eine ganz neue, auf die Gebiete der modernen Staaten Türkei, Irak und Syrien verteilte, Kulturprovinz ab. Sie liegt in dem Gebiet, in dem die beiden Flügel des Fruchtbaren Halbmondes zusammentreffen." Aurenche nennt die neue Kulturregion das „Goldene Dreieck" (s. Karte S. 34): Mit dem strahlenden Nevalı

Çori und älteren Orten, wie Hallan Çemi, Körtik Tepe, Çayönü in der Südosttürkei sowie Djerf al-Ahmar, Qaramel und Tell Scheikh Hassan in Syrien, wurden Siedlungen erschlossen, in denen Rundbauten, saisonale Sesshaftigkeit, domestizierte Tiere und beginnender Bodenbau zum Bestandteil des Alltagslebens geworden waren. Die Bewohner waren Jäger und Sammler, Bauern und Viehzüchter – eine Mischgesellschaft. Spätestens ab 8500 v. Chr. weisen diese Orte nun sicher auf eine sozial differenzierte Gemeinschaft hin. Eine zuverlässige Ernährungsgrundlage erlaubte die Erwirtschaftung von Überschüssen, jedenfalls gab es klug durchdachte Speicherräume mit Lüftung. Die Bevölkerung wuchs. Die Wohnbauten der planmäßig angelegten Siedlungen gruppierten sich um einen freien Platz. Aus den simplen Rundbehausungen wurden rechtwinkelige, freistehende Häuser. Den rechten Winkel musste man ja auch erst einmal erfinden. Dabei musste das Problem gelöst werden, zwei senkrechte Mauern stabil zu verbinden. Das ging nur mit zugehauenen Steinen oder Lehmziegeln – eine weitere steinzeitliche Innovation. Schnell bekamen die Bauwerke zwei Etagen. Ein aufwendig ausgestattetes „Kommunalgebäude", meist abseits der Wohnviertel, diente als Versammlungsort der Gemeinschaft oder dem Kult, vielleicht beidem. In Çayönü steht das am besten erhaltene Beispiel für einen offenbar üblichen Sonderbau nur für die Toten: ein Schädelhaus, in dem mehrere Hundert

Die grandiose Kultur der Jäger und Sammlerinnen verschwand um 8000 v. Chr.; die sesshafte Lebensweise mit Viehzucht und Ackerbau breitete sich in Anatolien langsam und in den einzelnen Regionen höchst unterschiedlich aus. Es dauerte jedoch Jahrtausende, bis der Mensch endgültig die neue – bäuerliche – Lebensform angenommen hatte.

Auch Stein kann man schön machen, wie dieser Becher (links) aus dem 10./9. Jahrtausend v. Chr. beweist. Seine Wandung ist nur einen halben Zentimeter stark, seine Oberfläche mit einem Kreuz und Schlangenlinien verziert. Mit der Muschel- und Steinperlenkette (rechts) schmückte sich ein anatolischer Mensch im 6. Jahrtausend v. Chr. Die Muschelschalen sind zwei Millimeter dick.

Die Vielfältigkeit der anatolischen Landschaften auf relativ engem Raum ist kaum irgendwo besser zu erleben als in der Region der pisidischen Seenplatte westlich von Konya: Weite Ebenen, verdunstende Seen und über 2000 Meter aufragende Gebirgszüge.

Menschen bestattet waren. Mit Gips oder Lehm übermodellierte, getrennt gelagerte Schädel gaben dem Haus seinen Namen.

Vor allem aber: In diesen „Dörfern sesshafter Jäger und Sammler" wuselten Schafe, Ziegen, Schweine durcheinander und vermutlich trotteten auch schon Rinder durch die Gassen. Der Hund war schon länger Begleiter des Menschen. Harald Hauptmann sieht die Menschen dieser PPNB-Zeit (8800 bis 7500 v. Chr.) sogar bereits weiträumigen Handel treiben: Anatolischer Obsidian und Feuerstein werden weitergereicht, der Wunsch der „politischen" und religiösen Eliten nach Statussymbolen befördert gar Karneol und Muscheln vom Roten Meer und dem Indischen Ozean nach Obermesopotamien. Hauchdünn geschmirgelte, aber große Gefäße aus massivem Stein mit Verzierung, Armreifen und Steinperlen belegen das Begehren nach Schönem und die hohe Fertigkeit der steinzeitlichen Handwerker. Auch erste Schmuck- und Gebrauchsgegenstände aus natürlich vorkommendem Kupfer tauchen auf.

Der Rohstoffreichtum der südostanatolischen Gegend – vor allem der Obsidian aus den zahlreichen Vulkanen, aber auch Naturfarben, Feuerstein und Kupfermineralien – hatte schon früher eine beträchtliche Anziehungskraft auf die Nachbarn von Zentralanatolien bis hin zur Levante. Deshalb vertreten einige Wissenschaftler die These, dass über den Austausch von Bodenschätzen auch das Know-how für Pflanzenzucht und Tierhaltung von Südost- nach Zentralanatolien gekommen sei. Wie die frühe Neolithisierung jenseits der Taurus-Barriere tatsächlich verlief, ist jedoch bis heute nicht befriedigend geklärt. Es gibt im Hochland von Kappadokien und der Ebene von Konya noch zu wenige archäologische Untersuchungen. Einige türkische Prähistoriker beharren dennoch auf dem strikt eigenständigen Weg Zentralanatoliens zur Sesshaftigkeit. Wobei man unterscheiden muss: Das Konya-Becken mit den weiten Ebenen und den großen Tierherden hat, trotz des trennenden Taurus, einen eher nordmesopotamisch-orientalischen Charakter. Das an das Konya-Becken nördlich anschließende zentralanatolische Hochland Kappadokiens – 1000 Meter hoch, stark bewaldet – nahm einen ganz anderen Weg.

Die bislang einzige großflächige Ausgrabung in der Region westlich des Taurus, in Aşıklı Höyük bei Aksaray, zeigt eine akeramische Besiedlung um 8400 v. Chr. Domestizierte Tiere gab es dort noch nicht. Schaf, Ziege, Schwein und Rind wurden in ihrer Wildform gejagt. Die Beute wurde auf einem gesonderten Areal nahe der Siedlung verarbeitet. Erst 1000 Jahre später, als Çatal Höyük (s. S. 37) in der Tiefebene von Konya gegründet wurde, kennt man Viehhaltung auch auf dem Aşıklı Höyük. Zwar lieferte die Grabung die frühesten Belege für kultiviertes Getreide (Einkorn, Emmer, Hartweizen), das spielte aber für die Ernährung offenbar noch keine entscheidende Rolle. Die Frage nach Eigenentwicklung oder Import bleibt aber damit weiter ungeklärt. In anderen Bereichen Kleinasiens, etwa von der ägäischen Küste, existieren noch weniger Nachrichten aus der Steinzeit – die Türkei hat einfach zu viel Prähistorie und Geschichte, um überall archäologisch grabend präsent sein zu können.

Ab der Mitte des 8. Jahrtausend v. Chr. gibt es dann ohnedies ein „gewaltiges Problem" (Hauptmann). In der sogenannten Neolithischen Krise werden die meisten Siedlungen des akeramischen Neolithikums verlassen und nie wieder aufgesucht. Nur wenige Orte, wie Çayönü, überstehen den nach 7500 v. Chr. einsetzenden Kollaps des frühneolithischen Kultursystems. Alles wird mickriger, kleinteiliger und bäuerischer. Die materielle Kultur verarmt, es werden keine Tempel mehr gebaut. Nevalı Çori ist schon um 8200 untergegangen, Göbekli Tepe wird um 7500 v. Chr. endgültig aufgegeben.

Was ist geschehen? Hauptmann entwirft ein mögliches Szenario: Die wachsende Bevölkerung hat die Wildressourcen geplündert, die Feldfrüchte aus dem einfachen Ackerbau reichen nicht aus, die Landwirtschaft muss ausgeweitet werden.

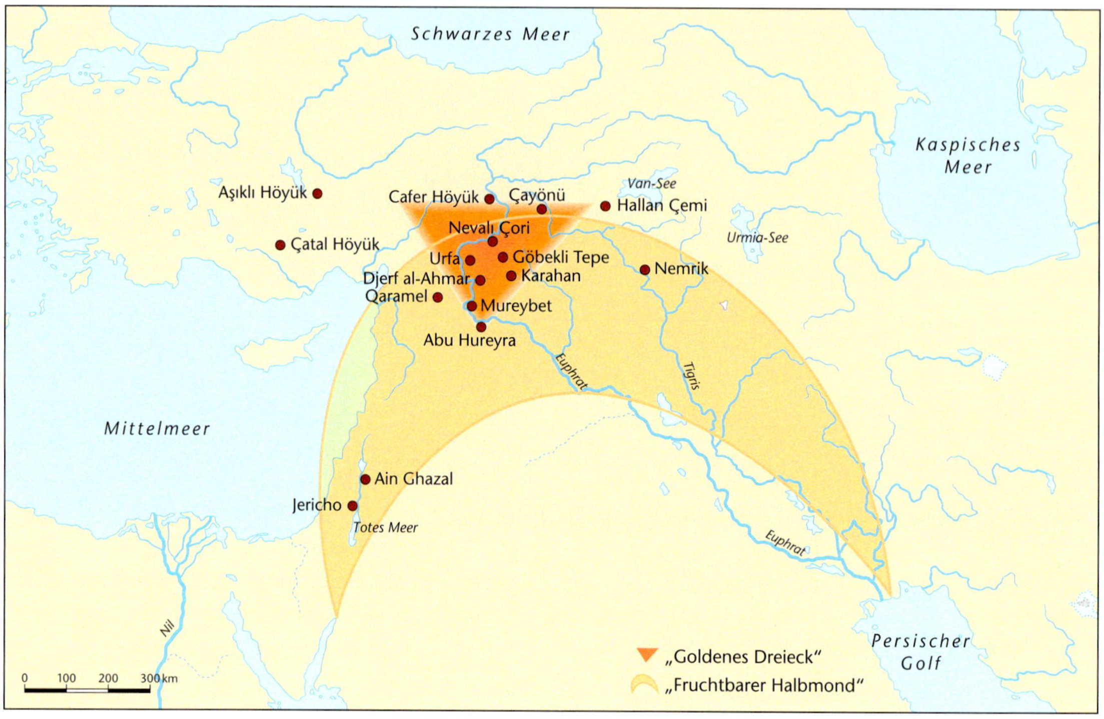

Beides zusammen führt zu Konflikten um gute Böden und Jagdreviere. Menschen gehen auf Wanderschaft. „Man sollte nicht gleich wieder von Migration sprechen", relativiert Hauptmann den Umbruch, „aber es wanderten sicher nicht mehr nur Ideen, sondern das waren ganze Gruppen von Menschen."

Die Zeit der neuen Unruhe beginnt irgendwann zwischen 7500 und 7000 v. Chr. Und wie jede Krise, gebiert auch die neolithische am Ende etwas Neues: Feste Häuser (Sesshaftigkeit), Ackerbau und Viehzucht (produzierende Wirtschaftsweise) sind bereits vorhanden. Jetzt kommt der Kochtopf, die Gefäßkeramik tritt – als letzter Teil des „neolitischen Pakets" – ihren Siegeszug an. Das klingt zunächst banal, löst aber weitreichende Entwicklungen aus: Der Frankfurter Archäologe Peter Breunig zum Beispiel ist entschieden der Meinung, dass der Mensch Tontöpfe nicht vorrangig erfand, um darin Vorräte zu lagern. Sondern: Um aus Wildgetreide eine Suppe zu fabrizieren, musste man die Körner kochen. „Es ist durchaus vorstellbar, dass sich mit den ersten feuerfesten Gefäßen eine ‚kulinarische Revolution' in der Geschichte der menschlichen Ernährung abgespielt hat", meint Breunig und umreißt die Folgen: Eine verbesserte Ernährung zieht eine stabilere Gesundheit nach sich, was wiederum das Bevölkerungswachstum stimuliert, das lässt notwendigerweise die Siedlungen größer werden und so fort – am Ende stehen die Stadt, die Verwaltung, die Schrift, die Herrschaft weniger über viele.

Mit der erweiterten Speisekarte entstehen im nun keramischen Neolithikum während des 7. Jahrtausends v. Chr. viele neue Siedlungen in ökologisch ganz anderen Gebieten Anatoliens als bei den Sammlern und Jägern, nämlich in den Ebenen an Flüssen oder Seen. Landwirtschaft bedarf der sicheren Wasserversorgung. Die sakralen Riten verlagern sich in den privaten Bereich, es gibt keine zentralen Kulträume oder -plätze mehr. Das Handwerk explodiert, die Familie rückt in den Vordergrund, die Frau spielt eine stärkere Rolle. Andreas Müller-Karpe, der Marburger Archäologe in Anatolien, ist davon überzeugt, dass Kultivierung und Nutzung des Getreides in erster Linie der Frau zu verdanken sei. „Die Frau kannte die Pflanzen und hatte doch den weinenden Säugling am Hals, dem sie schnell eine Suppe kochen musste."

Kurz: Wir sind in der Sesshaftigkeit angekommen. Die Neolithische Revolution, begonnen im 10. Jahrtausend in Südostanatolien, hat sich um 6000 v. Chr. in ganz Anatolien endgültig durchgesetzt – und sie läuft weiter: Griechenland etwa oder Europa hinken hinterher. Aber das ist eine andere Geschichte.

WARUM WURDE DER MENSCH SESSHAFT?

Zwei Millionen Jahre lang lebte der Mensch als Jäger und Sammlerin – und war es offenbar zufrieden. Plötzlich kam ein neuer Trend auf: Ein festes Haus wurde chic und wer ein Schaf mehr hatte, als der andere, war wer. Seitdem hat sich an der Entwicklung der Menschheit nur noch graduell etwas geändert.

Dass der Mensch – nach ersten zaghaften Schritten ab 12.000 v. Chr. – sesshaft wurde, Keramik brannte, Haustiere züchtete und Getreide anbaute – die sogenannte Neolithische Revolution –, wird als der gravierendste, folgenreichste, wichtigste und radikalste Schritt in der Geschichte der Menschheit bezeichnet, nur noch vergleichbar mit der Industriellen Revolution des 18. Jahrhunderts unserer Zeit. Trotz dieser nach Erklärung schreienden Superlative weiß niemand wirklich, warum unsere Vorfahren dies taten. Sicher ist nur: Der Prozess ist nicht mehr umkehrbar. Und: Wir sind von dieser – vor Jahrtausenden geschaffenen – Technologie und ihren Erweiterungen komplett abhängig.

Zunächst gab es nur saisonale Siedlungsplätze von Gruppen, die ansonsten mit den Wildtierherden umherschweiften. In den offenbar länger werdenden Phasen der Sesshaftigkeit wurde mit Wildgräsern als Ernährungszusatz experimentiert. Die ersten domestizierten Schafe sind im 9. Jahrtausend v. Chr. in Südostanatolien nachgewiesen. Die Ziegen wurden im gesamten Fruchtbaren Halbmond weitgehend gleichzeitig gezähmt. Die Frischlinge erlegter Wildschweine liefen dem Menschen automatisch zu, um 7500 v. Chr. gehörten Schweine zum Hausstand. Das Rind kam einige Jahrhunderte später hinzu. Die gebrannten Tontöpfe, in denen man aus Getreide und Fleisch eine Suppe kochen konnte, hatten sich spätestens um 6000 v. Chr. etabliert – der Mensch war sesshaft geworden. Allerdings: Manche Völker – etwa auf den Philippinen, in Afrika, im Amazonasgebiet – wollen bis heute partout nicht Bauer und Viehzüchter werden. Die Orient-orientierte Sichtweise der traditionellen Archäologie postulierte die Abhängigkeit der Kultur von der Sesshaftwerdung. Haus und Keramik, Hof und Acker hätten geistiges Leben und Großarchitektur erst nach sich gezogen. Diese Meinung ist seit den Funden vom Göbekli Tepe nicht mehr haltbar. Die klassische Interpretation des revolutionären Schrittes hat zudem lange vernebelt, dass die Neolithisierung in den verschiedenen Weltgegenden jeweils anders ablief: In Nordafrika etwa wurde getöpfert, ohne dass es feste Siedlungen oder Ackerbau gab; an den Westküsten Südamerikas gab es schon früh dauerhafte Siedlungen, sogar mit Monumentalarchitektur, ohne Keramik und Landwirtschaft.

Gemeinsam ist den unterschiedlichen Entwicklungen nur: Warum? Die Frage ist nicht akademisch, denn die Sesshaftigkeit brachte nicht nur die andere Art der Nahrungsbeschaffung mit sich, sondern verwandelte auch die Um- und Geisteswelt des Menschen grundlegend. Die steinzeitlichen Gesellschaften veränderten sich in ihrer sozialen Zusammensetzung, es bildeten sich zum Beispiel spezialisierte Handwerker heraus. Die Bevölkerung nahm rapide zu, der Bedarf an Acker- und Weideland stieg. Statussymbole und Luxusgegenstände bekamen erkennbar eine erhebliche Bedeutung. Siedlungsform und -ort wechselten, und die Dorfgemeinschaften wurden größer. Die religiösen Vorstellungen wandelten sich.

Als Grund für den Sinneswandel des Menschen wird oft ein Klimaumschwung angeführt. Nach der „Oasentheorie" des australischen Archäologen V. Gordon Childe habe eine extreme Trockenheit nach der Eiszeit Mensch, Tier und Pflanze in wenigen verbliebenen Oasen und Flusstälern zusammengepfercht, was nahezu zwangsläufig zu Sesshaftigkeit und Domestikation geführt habe. Dieser als

Im 6. Jahrtausend v. Chr. verfeinerten die Anatolier ihre Lebensart: Aus simplen Kochtöpfen zur Nahrungszubereitung wurden Prestigeobjekte zum Vorzeigen – in Zentralanatolien kamen kunstvolle Reliefgefäße auf. Die wurden mit reliefierten Szenen aus Mythos oder Alltag geschmückt, wie hier ein Jungtier zwischen zwei Wildeseln. Menschengruppen und tanzende Frauen gehörten ebenfalls zum Repertoire.

zu simpel verworfene Erklärungsversuch wurde von der „Verknappungstheorie" abgelöst, nach der ein dörflicher Bevölkerungsüberschuss in die Jäger- und Sammlergebiete auswich. Das habe dort zu Nahrungsengpässen und - im Sinne einer evolutionären Auslese - zur Durchsetzung der „besseren" Wirtschaftsform geführt. Andere Hypothesen gehen von einer Überjagung der großen Wildtierherden aus, was die Suche nach alternativen Nahrungsquellen verstärkte.

Das alles kann - jeweils für sich allein genommen - nicht restlos überzeugen. Denn eins ist klar: „Die Sesshaftigkeit hat ja dem einzelnen Menschen nicht unbedingt Vorteile gebracht", meint Ulf-Dietrich Schoop, der sich mit einer Ausgrabung bei Hattuscha speziell dieser Übergangsperiode widmet, „und er wusste nicht, was auf ihn zukommt, denn es gab ja keine Vorbilder."

Die landläufige Meinung, dass Jäger und Sammlerinnen immer nahe am Hungertod entlang lebten und erst die Bauern zuverlässig satt wurden, ist nicht richtig. Ethnologische Untersuchungen bei heutigen Steinzeitgesellschaften zeigen, dass ein Jäger den Tagesbedarf für seine Familie und sich mit einem Arbeitsaufwand von zwei bis drei Stunden täglich erwirtschaften kann.

Mit dem tönernen Kochtopf wurde der steinerne Mörser nicht überflüssig, aber die Speisekarte der steinzeitlichen Familien wurde durch Kochen und Garen erheblich erweitert.

Das Argument: Die Jäger und Sammler seien von der Natur geknebelt, wird allein schon durch die Abhängigkeit des Bauern vom Wetter, sprich Regen und Sonne, relativiert. Eine Dürre gefährdete zudem die ganze dörfliche Gemeinschaft, sie konnte ihrer Nahrung ja nicht hinterher ziehen. Gesünder gelebt haben die Landwirte auch nicht: Die dauerhafte Ballung vieler Menschen auf engstem Raum bringt allemal Hygieneprobleme mit sich. Dies und Vorräte ziehen unweigerlich Ratten und andere Schädlinge an. Es traten die ersten Epidemien auf. Der Hinweis, mit seinen Vorräten konnte der Bauer eine Notlage überbrücken, ist nur bedingt richtig, denn dann fehlte ihm das Saatgut für die nächste Saison.

Einfache oder gar eindeutige Erklärungen sind für den revolutionären Akt offenbar nicht zu haben. Ganz pragmatisch sieht Andreas Müller-Karpe, der Ausgräber von Kuşaklı, den Umstieg: „Man musste seiner Nahrung nicht mehr hinterherlaufen, man konnte Vorräte anlegen, die nicht gleich verschimmelten wie Fleisch. Andererseits ergab sich daraus die Notwendigkeit, sesshaft zu bleiben: Man konnte seine Vorräte nicht mit sich herumtragen."

Damit spricht der Marburger Forscher den stets strittigen - und immer wieder spannenden - Kernpunkt solcher Wissenschaftsdispute an: Bestimmten die Umweltbedingungen das - reaktive - Handeln des Menschen (ökologische Determiniertheit) oder spielten kulturelle Faktoren eine Rolle im - aktiven - Verhalten des Menschen? Die Vorderasiatische Archäologin Astrid Nunn bezieht dazu klar Stellung: „Ackerbau und Viehzucht waren - finde ich - auch eine Wahl. ... Die Menschen haben sich nicht nur von ihrer Umgebung leiten lassen, sondern aktiv nach neuen Lebensformen gesucht und sie erprobt." (bei Nunn, Alltag im alten Orient).

Die Frage: Warum wurde der Mensch sesshaft? ist wohl nicht zu lösen, man kann sich ihr nur mit mehr oder minder guten Erklärungsversuchen nähern. Nur eins ist sichere Erkenntnis: Mit der Sesshaftigkeit wurde Land zu Besitz, das Risiko von Konflikten stieg und so, seufzt Andreas Müller-Karpe, „begannen all diese Schwierigkeiten des menschlichen Zusammenlebens".

DIE KÜNSTLER IN DER KONYA-EBENE

ÇATAL HÖYÜK

Bevor wir den weiteren Siegeszug der neolithischen Idee und die Folgen der Sesshaftwerdung verfolgen, machen wir einen Zwischenstopp in Zentralanatolien. Die Touristenchauffeure verfahren sich oft erst einmal in der topfebenen, von unzähligen maroden Bewässerungskanälen und -leitungen durchzogenen Ebene 50 Kilometer südlich der Provinzhauptstadt Konya. Die Wegweiser nach Çatal Höyük sind spärlich und der Siedlungshügel ist, trotz seiner 21 Meter Höhe, als Landmarke kaum auszumachen. Man ist gespannt, denn Çatal Höyük – als erste Stadt gepriesen und von fabulösen Bildern bekannt – weckt die Neugier auf die Lebenswelt unserer über 8000jährigen Vorfahren.

Die Enttäuschung ist berechtigt, wenn man, von Wächter und zwei jungen Hunden begleitet, den Hügel hinaufsteigt und sich die beiden überdachten Ausgrabungsareale anschaut. Vor dem geistigen Auge will sich kein plastisches Bild formen, die Präsentation ist für die Bedeutung der Stätte stiefmütterlich. Also helfen nur ein guter Führer und eine ausführliche Vorbereitung, wenn man sich das immense kulturelle Inventar dieser prähistorischen Siedlung erschließen will. Leichter tut sich, wer in Ankara schon die Çatal Höyük-Exponate im Museum für Anatolische Zivilisationen gesehen hat. Denn an Ort und Stelle erfährt man wenig von den grandiosen archäologischen Funden, die (bislang) mit nichts zu vergleichen sind. Und man erfährt nichts von den teilweise recht abenteuerlichen Deutungen der frühen Ausgrabungen durch manche Archäologen.

Aber beginnen wir mit der Forschungsgeschichte, die hier Teil des Problems ist. Als der britische Archäologe James Mellaart von der *Cambridge University* 1961 (bis 1965) im Ostteil des riesigen Siedlungshügels in Zentralanatolien zu graben begann, war von den vorkeramischen Siedlungen Südostanatoliens kaum etwas und von den Monumentalbauten auf dem Göbekli Tepe gar nichts bekannt. Umso gewaltiger der Eindruck, den das Innenleben des Çatal Höyük (Gabelhügel) auf Fach- wie Laienwelt ausübte. Zum Vorschein kam ein Gesamtkunstwerk kultureller wie zivilisatorischer Entwicklung, das bis heute einzigartig ist.

Unter den Schaufeln der Archäologen und aus der Interpretation der Befunde erstand eine Großsiedlung für bis zu 8000 Einwohner mit aneinander gebauten, weitgehend standardisierten Häusern. Die Besitzer betraten ihr fensterloses Heim über Leitern vom Dach her, das zugleich als private Arbeits- und öffentliche Verkehrsfläche fungierte, denn Gassen oder Straßen zwischen den Gebäuden gab es nicht. Zwei deutlich unterscheidbare Siedlungs-

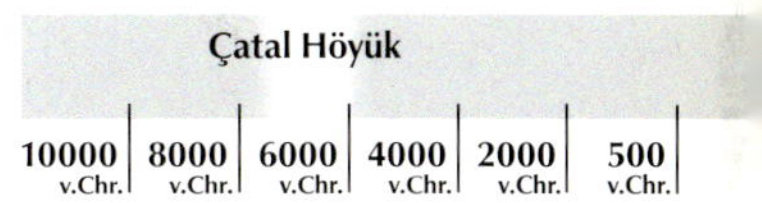

Die dicken Damen aus Çatal Höyük wurden zum Erkennungszeichen einer angeblich matriarchalischen Gesellschaft in der ausgehenden Steinzeit. In der Tat erleben respekteinflößende Frauendarstellungen, teilweise gar mit Großkatzen, ab dem 8. Jahrtausend v. Chr. eine – sicher symbolträchtige – Blüte. Aber sie waren in der Kleinkunst nicht dominierend.

ℭ Um das Unikat Çatal Höyük ranken sich auch wissenschaftliche Mythen, von denen einige durch die neuen Grabungen zurechtgerückt wurden. So war der Ort in der Konya-Ebene keine Stadt, sondern eine Großsiedung sesshafter Jäger und Sammlerinnen. Was sie aber einzigartig macht, ist die kreative Wut, mit der die Bewohner ihre Behausungen ausschmückten. Es gibt keine Vergleiche dazu und eine Erklärung natürlich auch nicht.

bereiche deuten auf sozial unterschiedliche Gruppen. Die Wohnbauten waren aus luftgetrockneten Lehmziegeln errichtet und hatten ein Innenskelett aus Holzbalken, das für Stabilität sorgte. Die Behausungen waren meist in einen größeren Wohnraum und zwei kleinere Nebenkammern unterteilt, die wohl der Vorratshaltung dienten und nur über zum Bücken zwingende Durchlässe erreichbar waren. Eine Feuerstelle und ein Lehmpodest zum Sitzen und Schlafen rundeten die Raumgestaltung ab. Unter den Podesten legten die Bewohner von Çatal Höyük ihre Toten zur letzten Ruhe, so blieben sie offenbar weiterhin Teil der lebenden Gemeinschaft. Die frühen Zentralanatolier waren dauerhaft sesshaft, beackerten Land, säten und ernteten und züchteten Haustiere. Daneben wurde aber weiter gesammelt und gejagt.

140 Häuser aus rund 800 Jahren der permanenten Besiedlung des Çatal Höyük deckte James Mellaart in kürzester Zeit auf. Der Erhaltungszustand war frappierend gut. Der jetzige (seit 1993) Ausgräber Ian Hodder, ebenfalls von der *Cambridge University*, beschreibt warum: „Wenn ein Haus aufgegeben wurde, wurden ... die oberen Wandabschnitte abgerissen, die untere Hälfte des Hauses mit recht sauberer Erde verfüllt. Auf diese Weise blieben die unteren Teile des Hauses erhalten" – ein halbes Haus über dem anderen mit Fußboden und Wandverputz. Dadurch ist die riesige Ruine zwar schwierig auszugraben, aber voll mit Detailinformationen über Jahrhunderte. Die kalkhaltigen Lehmfußböden und der Wandverputz waren weich und deshalb pflegebedürftig; sie mussten mindestens einmal im Jahr erneuert werden, zehn Zentimeter Renovierung können Hunderte von Putzschichten, samt Informationen, enthalten.

Die Faszination des Orts speiste sich vor 50 Jahren aus der Größe – allein der ansatzweise ausgegrabene Osthügel umfasst 14 Hektar –, seinem Alter (7400 bis 6000 v. Chr.) und aus der Tatsache, dass dieses offensichtlich hochentwickelte Gemeinwesen fernab aller großen Kulturzentren des Vorderen Orients lag. Vor allem aber die einzigartige künstlerische Ausgestaltung der Häuser versetzte die Ausgräber und Betrachter ins Staunen – und Grübeln.

Die Leute von Çatal Höyük schmückten ihre Wohnungen mit Skulpturen, geritzten oder erhabenen Wandreliefs und mehrfarbigen, aber meist roten Wandmalereien in naturalistischer oder abstrakter, ja nahezu surrealistischer Manier. Tempel oder Paläste, in denen prestigeträchtige Kunst normalerweise stattfindet, kann-

ten sie nicht. Die spektakulärsten Stücke der Hauskunst datieren in das Jahrhundert zwischen 6600 und 6500 v. Chr.; aus dieser Zeit stammt auch die Großzahl der ausgegrabenen Häuser.
Unter den zu Hunderten zählenden, meist kleinen Figurinen aus Çatal Höyük fallen viele wohlbeleibte, um nicht zu sagen feiste, weibliche Statuetten auf, die durchaus dominierend wirken, vor allem, wenn sie auf einem Thron mit Leopardenlehnen sitzen. Andere Plastiken sind aus Hauswänden oder Pfeilern ragende, lehmüberzogene Stier- oder Schafsköpfe, die teilweise noch ihre echten Hörner tragen. Diese Schädelskulpturen treten einzeln oder – ehrfurchtheischend – in ganzen Staffeln auf. Ihre rituelle Bedeutung muss groß gewesen sein. Der kann man sich naturgemäß nur über Interpretationen nähern – was viel Raum für phantasievolle Ausschmückungen schafft. Gleiches gilt für die geritzten oder halbplastischen Reliefs, die meist Leoparden oder Eberköpfe darstellen.

Beweise für ein Matriarchat?

Zu spekulativem Ansehen aber kamen hauptsächlich Flachreliefs eines Wesens mit hochgeklappten Armen und Beinen, mit einer Vertiefung in der Leibesmitte. Mellaart fand zwölf solcher Figuren, die er als Göttinnen, in einem Fall gar als gebärende Muttergöttin, in die Diskussion einbrachte. Eine hochwillkommener Hinweis für Anhänger einer angeblich matriarchalischen Gesellschaft in der Vorzeit. In Umzeichnungen bekamen die Reliefbilder im Lauf der Zeit gar veritable Brüste, die bei keinem Original vorhanden sind.
Während der Grabungskampagne von 2005 wurde in Çatal Höyük allerdings ein Stempelsiegel aus Ton gefunden, das ein Geschöpf mit hochgeklappten Armen und Beinen und einem Loch in der Mitte darstellt – nur hat es auch Kopf und Extremitäten, die es eindeutig als Bären ausweisen. Schon Jahre zuvor hatte Klaus Schmidt auf dem Göbekli Tepe eine Darstellung mit gleichen Attributen wie die angeblichen Göttinnen vom Çatal Höyük entdeckt – nur hatte auch diese einen Kopf, der sie als zähnefletschendes Reptil identifizierte. Schmidt zurückhaltend: „Man sollte die Funde vom Göbekli Tepe zum Anlass nehmen, die Deutung der Çatal Höyük-Figuren als gebärende Göttin kritisch zu überdenken."

Anatolien-Kenner Harald Hauptmann nach dem Bärensiegel-Fund apodiktisch: „Eine Muttergöttin und daraus folgend ein Matriarchat hat es nicht gegeben." Zumindest taugen die Phänomene vom Çatal Höyük nicht als Kronzeugen.
Das untermauerte der jetzige Ausgräber, Ian Hodder, durch gezielte naturwissenschaftliche Analysen. Wenn die Çatal Höyük-Frauen, so sein Ansatz dazu, eine privilegierte Stellung innerhalb der Gesellschaft gehabt haben, müsste sich das anthropologisch nachweisen lassen. Knochen- und Zahnuntersuchungen belegen aber: Es gab keine Unterschiede in der Ernährung der Frauen und Männer. Charakteristische Skelettverformungen durch andauernde kniende Haltung, etwa beim Getreidemahlen (weiblich), oder durch das Tragen schwerer Lasten (männlich) lassen sich ebenfalls nicht nachweisen. Die Bewohner verrichteten offenbar weitgehend die gleichen Arbeiten. Eine herausgehobene Sonderbehandlung mancher Verstorbener – das nachträgliche Abtrennen des Schädels für einen Ahnenkult – wurde Frauen nicht öfter zuteil als männlichen Toten. Ian Hodder britisch zurückhaltend: „Es gibt keinerlei Hinweis für eine unterschiedliche soziale Bedeutung der Geschlechter" in Çatal Höyük.
Die dritte Kategorie des künstlerischen Hausdekors in Çatal Höyük sind die Wandmalereien – die sind maskulin geprägt. Und sie sind überall. Als hätten die Leute von Çatal Höyük einen Horror vor freien Flächen gehabt, schmückten

Ein leicht angeschlagenes Reliefwesen mit hochgeklappten Extremitäten, Kopf und einem Loch in der Mitte (links) wurde vom ersten Çatal Höyük-Ausgräber zur „Großen Göttin", gar zur gebärenden Göttin hochstilisiert. Durch Funde (Reliefs und Stempel) gleicher Figuren an anderer Stelle wird jedoch klar: es handelt sich um Raubkatzen oder Bären (rechts).

ɞ **Kein Fleckchen in ihren Häusern haben die Leute von Çatal Höyük unbemalt gelassen, so überliefert es der erste Ausgräber: Wandgemälde, Reliefs und Skulpturen von Rinderschädeln schmückten die Wände (links) und schufen ein unverwechselbares Ambiente – manchmal ein grausiges, wenn etwa auf den Mauern ganze Scharen von Geiern über kopflosen Menschen dahinjagen (rechts).**

sie Wände, Nischen, Türleibungen und Plattformen mit ein- oder mehrfarbigen geometrischen Mustern und naturalistischen Darstellungen. Rot dominiert, es kommen aber auch die Farben Schwarz, Blau, Ocker und Grün vor. Themen sind die Jagd – auf eine Hirschkuh oder einen überdimensionalen Stier –, Ornamente wie ein Kelim-Wandteppich und ein angeblicher Stadtplan vom Çatal Höyük mit feuerspeiendem Berg im Hintergrund – eine Deutung, die heutige Archäologen nur vage mit „na ja ..." beurteilen.
Schließlich Spektakuläres auch in dieser Kunstgattung: Vier Mensch-Vogel-Ensembles, die, nach den Zeichnungen von Mellaart zu urteilen, einen ganzen Raum ausfüllen und massiv auf Wirkung gestaltet sind. Wer durch den niedrigen Einlass gebückt in das „Totenhaus" oder das „Geierheiligtum" trat, sah sich einer – nach heutigen Begriffen – surrealen Situation ausgeliefert: Stilisierte rote Geier mit furchterregend ausgebreiteten Schwingen stürzen sich auf kopflose Strichmännchen, wie auf Pfeiler 43 von Göbekli Tepe – *action pure*, und keine friedliche. Da die Häuser keine Fenster hatten, war es bestenfalls dämmrig in dem Raum, vielleicht kokelte ein kleines Feuer. Die Szenerie erhielt noch zusätzlich Dynamik durch zwei Geier, die quasi über Eck angerauscht kamen und so auf zwei Wänden präsent waren – die flogen wirklich, und das war sicher kein Zufall. Die dramatische Darstellung, so die Auslegung, zeige den Totenkult, bei dem der Verstorbene vor der eigentlichen Beerdigung den Raubvögeln zum Entfleischen preisgegeben wurde.
Viele Erklärungsversuche Mellaarts und seiner Epigonen werden, nach der Wiederaufnahme der Ausgrabungen vor 15 Jahren, verworfen. Beim Finder des Çatal Höyük waren offenbar

des Öfteren Wunsch und Wissenschaft kollidiert. Aber darüber wird in der Archäologengemeinde, wenn überhaupt, dann erst nach dem dritten Glas Wein gesprochen. Die von Mellaart als „Schreine" oder „Priesterwohnungen" interpretierten kunstvoll ausgeschmückten Räume gelten mittlerweile als normale Wohnräume. Die gewaltsame Deutung der einen Stier gebärenden Muttergottheit ist *ad acta* gelegt. Der Ritterschlag der bäuerlichen Siedlung zur ersten Stadt wird zurückgenommen, weil alles fehlt, was dazu gehört: Handwerkerviertel, öffentliche Gebäude, Kultzentren, Friedhöfe. Und auch die Totenszene mit den Geiern wird inzwischen eher als Symbol für Rituale unbekannten Hintergrunds gelesen.

Vieles ist heute zudem bei weitem nicht mehr so frappierend wie vor 50 Jahren, seitdem die Altertumsforscher mit ihrer Zeitmaschine weit ins vorkeramische Neolithikum zurückgestoßen sind. Das alles ist Archäologen-Schicksal, und möglicherweise wird es die jetzigen Interpreten irgendwann ähnlich treffen. Allerdings sind sie nicht mehr so forsch wie ihre Kollegen in der archäologischen Sturm-und-Drang-Periode. Sie formulieren verhaltener und sprechen vage von einem festen System von Glaubensvorstellungen und Bräuchen, die von einer Generation an die nächste weitergegeben werden sollte.

Çatal Höyük bleibt spannend und ein Leuchtturm im immer noch dichten Nebel der Steinzeit, es ist bislang einzigartig, aber vermutlich – wie Nevalı Çori und Göbekli Tepe – nicht das einzige Beispiel einer dominanten zentralen Großsiedlung des 7. Jahrtausends v. Chr. Hier werden die laufenden Forschungsarbeiten neue und vermutlich überraschende Erkenntnisse bringen. Man hört und sieht allerdings wenig von der aktuellen britischen Grabung in einer der spektakulärsten Siedlungen des Neolithikums; vielleicht ist der neugierige Laie aber – wieder einmal – auch nur zu ungeduldig.

Wie auch immer die Grabungen in Çatal Höyük weitergehen – sie werden die eine Frage nicht beantworten: Warum schmückten die neolithischen Bauern Zentralanatoliens vor 8000 Jahren diesen einen Ort zu genau dieser Zeit so spektakulär aus?

DER GUTSHERR LEBT FÜRSTLICH

DIE AUSBREITUNG DER AGRIKULTUR

Ausbreitung der Agrikultur

10000 v.Chr. | 8000 v.Chr. | 6000 v.Chr. | 4000 v.Chr. | 2000 v.Chr. | 500 v.Chr.

Die gesellschaftliche Struktur Çatal Höyüks war für das 8. und 7. Jahrtausend v. Chr. in Anatolien sicher ein Unikat, und sie ist noch weitgehend unverstanden. Wie aber verlief die „normale" Entwicklung der Neolithisierung weiter? Für Mehmet Özdoğan ist die Sache unstrittig klar: „Die Kulturen aus Anatolien und dem Nahen Osten bildeten die Grundlage für die Neolithisierung in Europa." Landwirtschaft, Sesshaftigkeit und Viehzucht wurden demnach in Zentralkleinasien erfunden, kultiviert und als Erfolgsmodell nach Europa weitergetragen. Nicht erst im 3. Jahrtausend v. Chr., mit den mesopotamischen Hochkulturen von Sumer und Akkad, sei das Licht aus dem Osten gekommen – nein, so Özdoğan, es gab schon ein steinzeitliches *ex oriente lux*. Allerdings muss der Archäologie-Professor an der Istanbuler Universität zugeben, dass noch erhebliche Wissenslücken über die Einzelheiten dieses Transfers klaffen.

Und die beginnen schon in seinem eigenen Land. Zwar ist auch für den Heidelberger Archäologen Harald Hauptmann „die Vorreiterrolle Anatoliens für das Neolithikum unbestritten", aber wer die neuen Ideen auf welchem Weg nach Westen trug, ist trotz großer archäologischer Erfolge im letzten Jahrzehnt weiterhin unklar. Wanderten Menschen oder wanderten Ideen? Ist das Goldene Dreieck in Obermesopotamien die Stammzelle? Ist Zentralanatolien ein eigenständiges zweites Zentrum? Oder startete der Transfer von Südostanatolien über den Taurus ins zentrale Hochland und von dort gen Westen?

Hauptmann vertritt die Meinung, dass die Kunst des Getreideanbaus vom mittleren Euphrat, also aus dem Goldenen Dreieck, nach Zentralanatolien gekommen ist: „Genetisch, das ist nachgewiesen, kommt das Getreide von südlich des Taurus." Und: Aus dem vorkeramischen Neolithikum – mit seinen grandiosen Zeugnissen Göbekli Tepe und Nevalı Çori in Südostanatolien – gibt es in Zentralanatolien (bislang) keine überzeugenden Spuren.

Auch der Istanbuler Mehmet Özdoğan sieht Zentralanatolien erst nach der Neolithischen Krise erwachen. In der Tat lässt sich das nun keramische Neolithikum ab etwa 7000 v. Chr. in zahlreichen archäologisch gut dokumentierten Siedlungen, wie Pinarbaşı, Aşıklı Höyük, Suberde und Köşk Höyük nachvollziehen: „Hier haben sich nicht nur sämtliche Sozialformen der neolithischen Lebensweise sowie grundlegende Elemente, wie Architektur, Domestizierung von Pflanzen und Tieren, entwickelt, sondern ebenso Elemente, wie organisierter Rohmaterialaustausch, Kunst und Kultsysteme", so der türkische Altertumsforscher. Für ihn wird Zentralanatolien in der Folge zum Motor des „neolithischen Trecks" nach Westen.

Der Flug der Fantasie hob im 6. Jahrtausend v. Chr. ab: Aus unscheinbaren Alltagsgegenständen, wie Töpfen oder Bechern, die bis dahin meist unverziert waren, formten die „fortgeschrittenen" Steinzeitler Gefäße in Menschenform, die neben ihrem Gebrauchs- einen zusätzlichen ästhetischen Wert besaßen.

Über rund 800 Jahre – von 7000 bis 6200 v. Chr. – schwappten drei Wanderwellen von Zentralanatolien über die pisidische Seenplatte bis an die Ägäis und das Marmarameer. Über den Ablauf dieser „Bevölkerungsbewegung“ (Özdoğan) ist wenig bekannt. Über die an den Küsten lebenden Menschen und ihre Kultur sind die Kenntnisse noch geringer. Sicher ist nur, dass die neolithische Lebensweise in diesen westlichen und nordwestlichen Gebieten abrupt und ohne jegliche Vorläuferformen auftritt – also wohl importiert wurde.

Die eingesessenen Jäger und Fischer – etwa die der Siedlung Ulucak Höyük bei Izmir und an der ägäischen Westküste – fügten sich zwar in das – nun moderne – bäuerliche Dorfleben ein, gingen jedoch weiter auf Pirsch und Fischfang. Sie übernahmen also nur Teile der neolithischen Lebensweise und passten sie ihren Gepflogenheiten an – ein sogenannter Akkulturationsprozess und keine Kolonisierung. Hier in Westanatolien sind die archäologischen Funde zur Neolithisierung noch sehr mager, es fehlt an Ausgrabungen. Und, gibt Mehmet Özdoğan zu bedenken: „Viele der damaligen Stätten liegen heute unter dem Meeresspiegel – wir werden sie nie finden.“ Dennoch erwartet Harald Hauptmann vor allem aus der Region um Izmir (s. S. 56-63, Frühbronzezeit) große archäologische Entdeckungen, die das Dunkel der frühen Jahrtausende lichten werden.

Weiter im Norden – am Orient und Okzident verbindenden (oder trennenden) Marmarameer – weisen Knochenlöffel den Archäologen den

Ab etwa 6000 v. Chr. hatte sich die Sesshaftigkeit mit Ackerbau und Viehzucht, Kochtöpfen und Vorratshaltung in Anatolien endgültig durchgesetzt. Auch Sozialstruktur und Verhalten änderten sich: Arbeitsteilung und Besitz ließen allmählich Eliten entstehen.

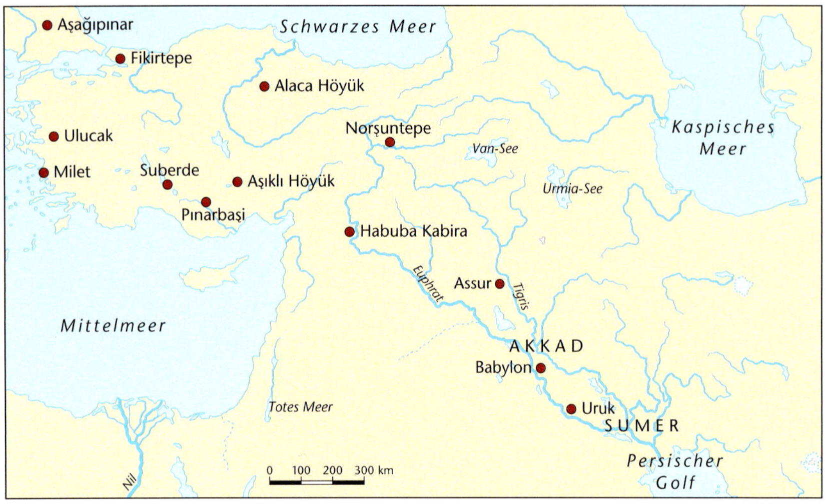

Weg durch die multiethnischen Gesellschaften des 7. und 6. Jahrtausends v. Chr.: Keramikformen und -dekor, Stein- und Knochenwerkzeuge der steinzeitlichen „Fikirtepe-Kultur" an der asiatischen Küste des Marmarameeres haben große Ähnlichkeit mit entsprechenden Stücken in Zentralanatolien. Vor allem die einfarbige, glatt polierte und ritzverzierte Keramik ist häufig in beiden Gebieten zu finden. Dass die Fikirtepe-Kultur mit vereinzelten Zeugnissen auch noch in Thrakien auftritt, ist ein weiteres Puzzlestück für die Ausbreitung der neolithischen Lebensweise gen Europa.

Thrakien, der europäische Zipfel der Türkei zwischen Bulgarien und Griechenland im südöstlichen Teil des Balkans, ist das natürliche Verbindungsstück zwischen dem Vorderen Orient und Europa. Hier kennt Mehmet Özdoğan jeden vorgeschichtlichen Ort. Im kupfersteinzeitlichen Aşağı Pınar, bei der heutigen Stadt Kırklareli, fand er, zusammen mit dem ehemaligen Präsidenten des DAI, Hermann Parzinger, bemalte Keramik aus Osteuropa und ritzverzierte Tongefäße eindeutig anatolischer Herkunft. Auf dem Hügel Hoca Çeşme, der im 7. Jahrtausend v. Chr. bewohnt war, konnte er die älteste – nach den Funden eindeutig aus Anatolien stammende – neolithische Lebensform aufdecken, die zugleich der Vorläufer der ältesten neolithischen Kultur Bulgarien ist (Karanova I). Diese beiden und – viel zu wenige – andere Fundorte in Thrakien unterstreichen mit ihrer Zwitterhaftigkeit die Bedeutung dieses Gebiets für die Vermittlung der neolithischen Lebensweise nach Europa, aber auch für die Anpassung des Fremden an die jeweils eigene Kultur.

Die Verbreitung von Agrikultur und Viehzucht aus dem Osten nach Europa war keine organisierte Bewegung, die von einer Kernregion ausging. Sie verlief in mehreren Wellen mit Zwischenstopps und neuem Elan über einen Zeitraum von rund 1000 Jahren. Sie nahm auch nicht nur den Landweg, bei dem nur die Meerenge des Bosporus zu überwinden war, die Expansion nach Norden ist ebenfalls über die Ägäisinseln und Griechenland belegt. Die Neolithisierung kam in Europa spät an (um 5000 v. Chr. mit den Bandkeramikern), verbreitete sich dann aber im Gegensatz zum Geburtsgebiet schnell. In der Ursprungsregion hatte sie – wenn wir beim Göbekli Tepe beginnen – fast drei sehr ortsfeste

Jahrtausende gebraucht, um über den Taurus auszuwandern. Auf ihrem Weg nach Europa wurden die landwirtschaftlichen Techniken den regionalen Bedürfnissen angepasst. Niedrigere Temperaturen und gesicherte starke Niederschläge begünstigten in Europa eine lange bäuerliche Tradition – ohne den Zwang zu übergeordneter Zentralherrschaft, wie sie sich als Folge der Sesshaftigkeit zuerst in Südmesopotamien ab dem 5. Jahrtausend v. Chr. entwickelte.

Das Ende des Neolithikums ist mithin nicht einmal mit einer Jahrhundertzahl dingfest zu machen. Es wird in Anatolien noch etwas komplizierter, weil hier zwischen 6000 und 3000 v. Chr. das sogenannte Chalkolithikum postuliert wird. Diese „Kupfersteinzeit" ist aber in ihrer Frühphase weitgehend eine Fortsetzung der Steinzeit und in ihrer Schlusssequenz der Beginn der frühen Bronzezeit. Eine abgegrenzte, eigenständige Kulturepoche ist – für den Laien – nicht erkennbar. Doch auch die Wissenschaft tut sich schwer mit dem Phänomen. „Wir strampeln noch auf der untersten Ebene der archäologischen Erkenntnis herum", sagt Ulf-Dietrich Schoop, der sich in seiner Doktorarbeit mit diesem ominösen Mittelding zwischen Stein- und Metallzeit auseinandergesetzt hat. Bei Hattuscha gräbt er eine Fundstätte des 6. Jahrtausends v. Chr. aus, die er als Siedlung einer Gemeinschaft in Klan-Größe interpretiert, die in festen Häusern wohnte, Ackerbau und Viehzucht betrieb, bis der Boden ausgelaugt war, und dann weiterzog.

Wer diese Leute waren, weiß Schoop nicht, sie haben kaum Spuren hinterlassen, geschweige

In den weiten Landschaften Anatoliens mit seiner agrarisch geprägten Gesellschaft herrschte ein Fürst über eine Ebene oder ein Tal; seine Untertanen konnte er problemlos zählen. Deshalb setzte die Urbanisierung hier sehr viel später ein als in Südmesopotamien, dem Motor der Kulturentwicklung ab dem 4. Jahrtausend v. Chr.

Die Landwirtschaft war das Rückgrat der frühen Kulturen, auch dann noch, als der Mensch begann, in Städten zu leben. Denn erst durch Überschüsse in der Nahrungsproduktion ...

denn große Siedlungen mit imposanter Architektur gebaut. Sie mussten aus landschaftlich und klimatisch noch ungünstigeren Regionen gekommen sein, dass ihnen die Wald- und Geröllgegend um Hattuscha attraktiv erschien. Im nördlichen Zentralanatolien, so viel aber weiß der junge Archäologe, setzten die Menschen die Neolithisierung rasch und konsequent um. Hier gab es keine Steppen mit jagdbaren Tieren. Und: Das Fladenbrot musste täglich hart erarbeitet werden, da blieb keine Kraft für Kolossalbauten.

Eine fortlaufende Chronologie für ganz Anatolien während dieser drei Jahrtausende zu zeichnen, ist anhand solcher Einzelbefunde nicht möglich. Als Fazit summiert Schoop: In der Konya-Ebene gab es eine Neolithisierung, die zwar eigenständig war, aber in den Grundzügen das vorderasiatische Modell aus dem Gebiet südlich des Taurus weiterführte. Im nördlichen Zentralanatolien begann die Sesshaftwerdung später, wurde dann aber durchgängig praktiziert. Ähnlich lief die Entwicklung im westanatolischen Seengebiet und an der Westküste, wobei sich dort der kulturelle Habitus ändert und dem immer ähnlicher wird, was wir aus Griechenland und vom Balkan kennen. „Warum das so gekommen ist, wie die Räder da zusammengreifen – das wissen nicht; dafür haben wir noch zu wenig zusammenhängende Informationen."

Im Osten Anatoliens sieht das vollständig anders aus. Nach dem Abbruch der jungsteinzeitlichen Hochkultur *à la* Göbekli Tepe machte der Mensch im Goldenen Dreieck und am Rande des Fruchtbaren Halbmonds seine ersten Schritte in Richtung Sesshaftigkeit und produzierende Wirtschaftsweise. Aber wirklich vollendet hat er die Neolithische Revolution hier bis heute nicht. Das anatolische Know-how entfaltete sich weiter südlich: Die fruchtbaren Gebiete Mesopotamiens zwischen Tigris und Euphrat wurden ab dem 5. Jahrtausend v. Chr. zum Träger der weiteren kulturellen Entwicklung. Sesshaftwerdung, Ackerbau und Viehzucht, Nahrungsüberschuss, Bevölkerungswachstum münden in Menschen-

zusammenballungen, Urbanisierung, Spezialisierung, Elitenbildung, Verwaltung, Schrift und kumulierter Macht – die ersten Hochkulturen und Reiche entstehen.
Doch hielten selbst die frühen südmesopotamischen Stadtstaaten, zum Beispiel Uruk, die Verbindung in den anatolischen Norden aufrecht. Nordsyrien bildete dabei die Kontaktzone. Uruk, um 3500 v. Chr. reich und mächtig, war mit seiner städtischen Zivilisation so dominierend, dass die nordsyrische Siedlung Habuba Kabira als eine Dependance am Tor zu Anatolien angesehen wurde. Doch hatten die Südländer keine Ambitionen, das Gebiet zu kolonisieren, die wollten nur einhandeln, was sie selbst nicht hatten. Also musste es im hohen Norden, neben den begehrten Stoffen Kupfer, Silber, Holz, edle Steine, handlungsfähige Ansprechpartner geben.
Südostanatolien wurde im 3. Jahrtausend v. Chr., wie Nordsyrien und Mesopotamien, vermutlich von vielen kleineren und größeren Fürsten- oder Kleinkönigtümern beherrscht. Im Zweistromland entstand um 2320 v. Chr. daraus das Königreich von Akkad. Dessen Gründer Sargon wurde immer mächtiger und überzog die gesamte Region bis weit nach Nordsyrien hinein mit Krieg. Neben seinen offiziellen Inschriften ist auch eine epische Dichtung erhalten, in der er – literarisch überhöht, aber glaubhaft – versichert, bis nach Zentralanatolien vorgedrungen zu sein. Auch Sargons Enkel Naram-Sin machte sich die „Herren der Hochländer", wie er sie in seinen Kriegsberichten nennt, tributpflichtig. Einer dieser offenbar zahlreichen „Herren" wird der Fürst von Norşuntepe gewesen sein. Harald Hauptmann hat diese Siedlung am oberen Euphrat östlich von Malatya, zusammen mit Almut von Gladiss, ausgegraben und dokumentiert, bevor sie Ende der siebziger Jahre im Euphrat-Stausee versank. Der Ruinenhügel hatte einst die Höhe von imposanten 30 Metern und stammte in seinen Anfängen aus der Mitte des 4. Jahrtausends v. Chr. Reich geworden war der Herrscher von Norşuntepe durch Überschüsse an Getreide und Baumwolle. Auch Obsidian, als Rohstoff oder fertige Werkzeuge, und der Handel damit werden die Kasse gefüllt haben. Die nur 50 Kilometer entfernten Erzlagerstätten am Taurus dürften wirtschaftlich hoch interessant gewesen sein. Aber auch gefährlich: Norşuntepe war Schauplatz zahlreicher kriegerischer Auseinandersetzungen oder auch nur räuberischer Überfälle. Die frühbronzezeitlichen Kulturschichten wuchsen in dem Zeitraum von 3000 bis 2400 v. Chr., also in nur 600 Jahren, um 15 Meter in die Höhe. Um 2200 v. Chr. wurde Norşuntepe niedergebrannt und aufgegeben.
Im Gegensatz zu diesem versunkenen und damit vernichteten Stück Vergangenheit kann man den Alaca Höyük besichtigen. Der Siedlungshügel rund 30 Kilometer nordöstlich von Hattuscha ist historisch auch wieder so ein anatolisches Unikat. Heute liegt die Ruine am Rande eines Dorfes abseits der großen Straßen in einer ausgedehnten Getreidelandschaft, man muss schon extra hinfahren, um sich den Ort anzuschauen. In der frühen Bronzezeit, also 2500 bis 2000 v. Chr., war Alaca Höyük ein bedeutender Fürstensitz und wichtiges Kult- und Kunstzentrum. Es behielt seine Bedeutung in der nachfolgenden Hethiterzeit und wurde nach der Übernahme im 14. Jahrhundert v. Chr. von den neuen Herren sogar noch ausgebaut, was ausgesprochen ungewöhnlich ist (s. S. 50). Doch die Altertumsforscher, so hat es den Anschein, tun sich etwas schwer mit dem Gebilde. Viel zu lesen gibt es über diese doch offensichtlich kulturell wichtige Stätte auch nach Jahrzehn-

... konnten Experten für Verwaltung, Kult und Kultur freigestellt werden. Die einen ersannen die Schrift, die anderen etablierten die Götter – und die Künstler schufen so anrührende Wesen wie diese siamesischen Zwillinge vom Beginn des 3. Jahrtausends v. Chr.

Der Siedlungshügel Alaca Höyük war zwischen 2500 und 2000 v. Chr. ein Kult- und Kunstort erster Güte. Der Fürstensitz war so reich, dass die Herrscher mit Gold und Geschmeide beerdigt wurden. Das Bild zeigt die Prozessionsstraße, darüber der vielräumige Tempelbezirk. Rechts oben zwischen den Bäumen liegt das Sphingentor. Erkennbar wird, dass erst ein Bruchteil der Stätte ausgegraben ist.

ten Ausgrabung nicht – oder nur auf Türkisch. Weshalb auch der Besuch vor Ort ohne professionelle Führung durch einen Archäologen eher ernüchternd ausfällt. Der Gang durch die örtliche Fundausstellung hilft nicht viel weiter, denn die spektakulären Funde präsentieren sich im Museum für Anatolische Zivilisationen in Ankara.

Dabei hat Alaca Höyük durch seine Zwitterstellung – groß schon vor den Hethitern und bedeutend auch während der Hattuscha-Herrschaft – einen speziellen Reiz: Zu den von den Hethitern neu ausgestatteten Teilen gehört der Tempelbereich, den der Besucher unter Obacht von zwei beeindruckenden Sphingen betritt. Gleich links neben dem ersten großen Hof hinter den mischwesigen Empfangsdamen wird es spannend – wenn man Bescheid weiß. Etliche, insgesamt sind es 13, viereckige Löcher im Boden kennzeichnen die sogenannten Fürstengräber. Außer dem Schacht und einigen Steinplatten ist nichts mehr vorhanden, aber die Archäologen rekonstruieren ein lebhaftes Geschehen: Der Verstorbene wurde in der nur bis auf 75 Zentimeter hochgemauerten Grube in gekrümmter Lage niedergelegt und reichlich mit kostbaren Gaben umgeben. Anschließend deckte man die Grube zur Hälfte mit Holzbohlen und Lehm ab.

Auf dieser Plattform fand anschließend offenbar ein ausführliches Totenbankett statt, die Schädel und Vorderfüße der bis zu zehn dabei verzehrten Tiere (Rinder, Schafe oder Ziegen) wurden sorgfältig auf der Abdeckung deponiert – danach wurde die Begräbnisstätte endgültig zugeschüttet.

Zum Glück für die Nachwelt wurden diese Gräber nicht beraubt. Die Beigaben nun gehören zum Schönsten, was von den vorhethitischen Kulturen Anatoliens bekannt geworden ist. Neben filigran verzierten Bronze-, Silber- und Elektronstücken bargen die Archäologen aus den Grüften Güldenes *en masse*: unter anderem eine Steinkeule mit goldenem Griff und einen eisernen Dolch mit Goldgriff. Bei der Statuette einer Frau waren Brüste und Beine vergoldet. Und das künstlerische Können der bronzenen Standartenaufsätze – durchbrochene Sonnenscheiben, tänzelnde, mit Gold und Silber eingelegte Hirsche – kann man auf einen Blick gar nicht erfassen. Die Mehrzahl dieser Kunstwerke und andere aus den Alaca Höyük-Gräbern sind im Museum für Anatolische Zivilisationen in der türkischen Hauptstadt zu bewundern. Allzu gern hätten viele, vor allem frühe Forscher diese erlesenen und kunstvollen Schmuckstücke den Hethitern zugeschlagen, aber das geht nicht, sie sind um einiges älter.

Die Frage, wer sie dann gefertigt hat, ist bislang nur vage beantwortet. Die einheimischen, also anatolischen Hattier werden ins Feld geführt, jene Vorläufer der Hethiter im Land Hatti, das sich um Hattuscha nach Norden dehnte. Ihre Sprache ging nach der Eroberung des Gebiets durch die kriegerischen Kaschkäer verloren. Die Hethiter nannten ihr Reich später manchmal auch „das Land Hatti" und übernahmen einen Teil der hattischen Götter in ihren eigenen Himmel. Das ist dann aber auch schon so ziemlich alles, was wir über die Hattier wissen. Einiges zu Kult und Handwerk kann man aus den Grabfunden herauslesen oder interpretieren, aber wer sie waren, wie sie lebten, erschließt sich daraus nicht. Einiges aus ihrer Gedankenwelt scheint später bei den Hethitern wieder aufzutauchen. Sicher ist nur: Sie waren reich, sehr reich – sonst hätten sie die Gräber ihrer Elite nicht so verschwenderisch ausstatten können. Und wodurch waren sie zu altanatolischen Nabobs geworden? Das Land Hatti lag, im Vergleich zu den damaligen Machtzentren in Babylon und Südmesopotanien, weit hinter den Bergen im unwirtlichen Norden, an der Peripherie der bekannten Welt. Dennoch muss die Region, wie der Fürstensitz Norşuntepe, schon um 2500 v. Chr. voll in den internationalen Handel eingegliedert – und wohlhabend – gewesen sein.

Das Lieblingstier der Leute vom Alaca Höyük war offenbar der Hirsch. In zahllosen Varianten haben sie ihn in Bronze gegossen, mit Gold oder Silber überzogen und vermutlich – auf einer Standarte montiert – den Prozessionen vorangetragen.

ALACA HÖYÜK - KULT, FESTE UND JAGD IN DER GROSSREICHSZEIT

Als die Hethiter vom 15. bis 13. Jahrhundert v. Chr. ihr groß angelegtes Bauprogramm initiierten, erneuerten sie auch den Tempel von Alaca Höyük mit Nebengebäuden und rätselhaften Steinaufhäufungen. In den heiligen Bezirk führte ein imposanter Durchgang, der eher wie ein trutziges Stadttor anmutet. Zwei gewaltige Sphingen rechts und links des Einlasses begrüßen – auch heute noch – den Gast. Ihr eher puppenhaftes Gesicht passt nicht so recht zum klobigen Körper, aber ein Respekt einflößender Eindruck wird dennoch erzielt. Zu Füßen der Figuren saugen zwei aus großen Steinquadern erbaute Sockel den Besucher regelrecht in den Eingang. Dahinter dehnt sich eine typische Ausgrabungslandschaft mit viel Gestrüpp und Getreide, steinernen Fundamentreihen, Räumen und Türlaibungen. Steinhaufen und Schachtlöcher geben dem Besucher Rätsel auf, er muss ein gerüttelt Maß Fantasie aufbringen, um sich die Funktion der Räume vorzustellen oder etwa die Abwasserleitungen zwischen den Mauern zu erkennen.

Aber uns interessieren weniger die unerklärlichen Mauerreste – vielmehr reizen die nicht weniger rätselhaften flachen Reliefs, die rund um die beiden Sphinxfiguren angebracht sind. Sie sind in die unterste Lage zweier einstiger Tortürme gemeißelt, die vor die Fassade gesetzt waren, und zeigen einzelne Szenen eines religiösen Festes. Von der rechten Flanke sind an der Front nur noch drei Blöcke erhalten, auf denen sich die Spitze einer Prozession auf eine thronende Göttin zu bewegt. An der Torinnenseite, direkt unter der Sphinx, fliegt ein Adler mit zwei Köpfen, in

Die Hethiter übernahmen den Fürstensitz Alaca Höyük von ihren unbekannten Vorgängern und bauten ihn aus: Der monumentale Eingang zum Tempelbereich wird auch heute von zwei puppengesichtigen, aber ehrfurchtheischenden Sphingen bewacht.

jeder Klaue zappelt ein Hase. Links – hier sind noch acht Steine vorhanden – läuft eine ganze Inszenierung ab: Auf dem vordersten Block, nahe der Sphinx, steht das Standbild eines prächtigen Stiers auf einem Podest und erwartet die Opfer des von links kommenden Königspaares. Der in das Gewand eines Priesters gekleidete König hat eine Hand zum Gruß erhoben, in der anderen hält er einen gekrümmten Stab, den sogenannten Kalmus. Hinter seiner Gemahlin bringt ein Tempeldiener Tiere als Opfergaben für den im Stier symbolisierten Wettergott; dahinter schreiten Würdenträger (so laufen sie zumindest) in langen Gewändern, vielleicht auch Priester, heute ohne Kopf. Auf den nächsten Steinen dreht sich die Szenerie nach links und wird heiter: Ein Mann jongliert auf einer freistehenden Leiter, ein anderer betätigt sich als Schwertschlucker. Daneben spielt ein Musikus eine Laute, gefolgt von einem weiteren Gaukler, der ein Tier – von vielen als Affe angesehen – auf dem ausgestreckten Arm trägt. Diese beiden Gruppen wenden sich nach links auf eine zweite Stierstatue zu. Die ist aber, wie die Schaustellerszene, vom Steinmetz nicht mehr vollständig ausgeführt worden – irgendetwas kam wohl dazwischen.

Im oberen Bereich der Turmmauern – wo genau, ist nicht mehr mit Sicherheit zu sagen – war ursprünglich eine weitere Reihe reliefierter Steinblöcke angebracht. Auch die sind mittlerweile im Museum von Ankara ausgestellt. Auf ihnen sind lebhafte und ausdruckstarke Jagdszenen dargestellt: Hirsche mit ausladendem Geweih und Wildschweine, ein Stier mit zum Angriff gesenkten Hörnern und sogar ein von Hunden gestellter Löwe.

Das große Portal von Alaca Höyük flankierten zwei Türme, von denen nichts überdauert hat. Ihre unterste – erhaltene – Steinsockelreihe ist mit erzählenden Reliefs einer Prozession geschmückt. Hier schreitet ein König mit erhobenem Arm auf den als Stier dargestellten Wettergott zu. Hinter ihm folgt seine Gattin.

DIE HOCHZEIT IM GEBIRGE
DIE FELSBILDER DES LATMOS

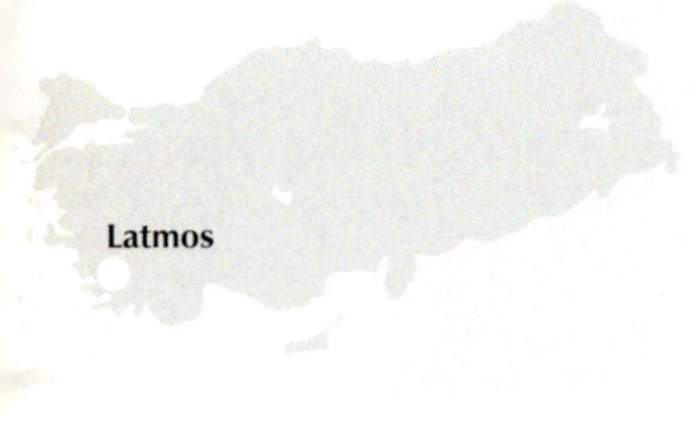

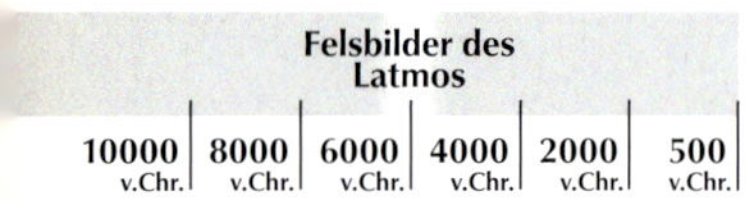

An der türkischen Westküste im Hinterland von Milet sticht schroff das Latmos-Gebirge in den blauen Ägäishimmel. Eine gottvergessene und menschenleere Gegend, so nimmt man unwillkürlich an. Doch weit gefehlt. Hier malten vor 8000 Jahren Bergbewohner ihr Leben auf die Felsen: Tanz, Götter, Hochzeit, aber nie Jagd, Krieg oder Waffen.

Die Archäologin kam uneingeladen zur Hochzeit. Aber diese einmalige Feier wollte sie sich nicht entgehen lassen. Denn das Paar und die Festrunde sind rund 8000 Jahre alt. Das Hochzeitsbild der illustren Gesellschaft wurde mit roter Farbe auf einer Höhlendecke im Latmosgebirge an der türkischen Ägäisküste fixiert. Anneliese Peschlow-Bindokat vom Deutschen Archäologischen Institut in Berlin hat mit dem neuen Fund ihre einmalige Galerie jungsteinzeitlicher Felsmalereien um ein ebenso anrührendes wie wichtiges Stück erweitert. Sie hat damit ein weiteres unbekanntes Kapitel der anatolischen Vergangenheit aufgeschlagen. Und, wie es sich nun schon beinahe für die anatolische Vorgeschichte gehört, ihre Felsbilder sind bislang einmalig und unvergleichbar. Anatolien-Nestor Harald Hauptmann: „Eine großartige Entdeckung – singulär und sehr anatolisch!"

Seit 1994 durchstreift die Archäologin die schroff aufragende Felswelt des Latmos im Hinterland von Milet mit dem vorrangigen Ziel, die Frühgeschichte dieser Landschaft zu ergründen. Deshalb war es diesmal nicht der berühmte Glückszufall, der zur Erleuchtung einer schummerigen Vorzeit führte: „Ich suchte gezielt nach neolithischen Spuren, wie Feuerstein- oder Obsidianklingen. Die habe ich nicht gefunden", erinnert sich Peschlow-Bindokat, „dafür aber mein erstes Felsbild – damit hatte ich allerdings nicht gerechnet".

Auf dieser ersten Petroglyphe haben die steinzeitlichen Künstler in einer Höhle des Latmos eine Reihe roter und naturalistisch körperlicher Menschenfiguren geschaffen: Ein Pärchen steht sich gegenüber, eine Gruppe von acht bewegten Figuren tanzt über den verwitterten Fels, gemalte linke Hände runden das Geschehen ab.

Inzwischen hat Anneliese Peschlow-Bindokat 170 weitere Felsmalereien gefunden. Die meisten davon entdeckte sie an Bächen oder Quellen, in Grotten oder unter Felsüberhängen (Abris), viele sind durch die Feuchtigkeit und andere Witterungseinflüsse beeinträchtigt oder auch schon zerstört. Gemalt wurden sie fast alle mit roter Farbe, eins in Gelb und Rot. Beide Farbtöne sind natürlich vorkommendes Eisenoxyd, das pulverisiert und verflüssigt mit dem Finger oder einem Stöckchen auf den unebenen, verwitterten Gneis aufgetragen wurde; der unruhige und schroffe Untergrund gab den Bildern ein zusätzlich mythisches Gepräge.

Der Forscherin erstes Bild fällt mit seiner naturalistischen Darstellung aus dem Rahmen, denn meist sind die steinzeitlichen Latmos-Bewohner als Strichmännchen wiedergegeben. Die sind typisiert wie in einem modernen Comic: Die Männer sind immer frontal und ohne Geschlecht, die Frauen stets in Seitenansicht dargestellt. Beide haben T- oder M-förmige Köpfe oder Kopfbedeckung mit hornartigen Auswüchsen. Die Beine scheinen des Öfteren Bewegung oder Tanz anzudeuten. Die Arme der Frauen sind oft kurze Stummelchen ohne Hände und Finger, die ziemlich willkürlich am Oberkörper angebracht sind. Die Männer spreizen fünf- oder auch nur dreifingrige Hände. Die weibliche Brust ist nie dargestellt.

Aber: Die Frauen haben alle ein explizit ausladendes Gesäß – mal rund, mal drei- oder viereckig und oft aufwendig dekoriert. Die Deutung als Tätowierungen des realen Körperteils hat Anneliese Peschlow verworfen. Die Steinzeit-Schurze erinnern an die Halbreifenkonstruktionen des *„Cul de Paris"*, mit dem in den 1880er

Jahren die modische Damenwelt Europas ihre Kehrseite betonte. „Die Sorgfalt, die auf diese Verzierung des Rockes gelegt wurde", meint Anneliese Peschlow, „lässt vermuten, dass dieses Kleidungsstück zu bestimmten kultischen Anlässen getragen wurde". Das könnte zum Beispiel ein Fruchtbarkeitsritual gewesen sein.

Bei der Katalogisierung ihrer Malereien fiel der Archäologin schnell ins Auge, dass in den Bildern nie Kampf, Krieg oder Waffen dargestellt sind und auch Tiere kaum vorkommen, wilde Bestien oder Jagdbeute schon gar nicht. Das Thema der jungsteinzeitlichen Latmos-Künstler ist allein der Mensch. Peschlow filtert aus ihren steinernen Vorlagen Mutter-Tochter-Paare, Frauengruppen in tanzenden Bewegungen, Mann-und-Frau-Zweisamkeiten, wobei der Mann oft seinen Arm um die Frau legt – immer also der Mensch in seiner Gemeinschaft, die Familie und der Erhalt der Familie. Besonders auffallend und unübersehbar exemplarisch für eine neue soziale Ausrichtung ist für Harald Hauptmann die Dominanz der Frau in den Darstellungen. Die Zeit der Jäger und Sammler war vorüber, die Sesshaften benötigten gutes Wetter und Fruchtbarkeit bei Land, Mensch und Tier – alles in allem: eine bäuerliche Thematik.

Aber vermutlich religiös aufgeladen, denn die Bildergalerie liegt rund um den Hauptgipfel des 1400 Meter aufragende Latmos, der einst Teil der ägäischen Küste war, bevor der Mäander die Bucht zuschwemmte. Der Latmos – dunkel, schroff, zackig, drohend unvermittelt in der Landschaft stehend – war schon sehr früh der heilige Berg des mächtigen anatolischen Wettergottes, der auch für Regen und damit Fruchtbarkeit zuständig war. Ihm zur Seite standen jeweils lokale Berggötter. Dazu passt ein Bild, das ansonsten aus dem „familiär" geprägten Kanon der Strichzeichnungen herausfällt: In der Karadere-Höhle haben sich auf der Felswand zwölf Personen in strenger Choreografie versammelt. Eine Figur überragt alle andern. Anneliese Peschlow interpretiert die Gruppe als personifizierte Abbilder der Latmos-Bergspitzen und das dominierende Wesen als den höchsten Gipfel, und damit als das Duo Wetter- und Berggott. Peschlow: „Die Höhle war vermutlich nach der Bergspitze selbst das wichtigste Naturheiligtum der Region, in dem die Götter des Gebirges vielleicht im Sinne eines latmischen Pantheons verehrt wurden." Also auch hier, wie in Nevalı Çori, erste Ansätze zu „fassbaren" Gottheiten.

Die Petroglyphen sind alle rund um diesen Gipfel angeordnet. Einen kultischen Zusammenhang sieht die Berliner Archäologin auch im Ambiente der steinzeitlichen Galerien: Die Grotten und Felsüberhänge wirken auf sie wie kleine Naturheiligtümer, in denen Fruchtbarkeitsriten, Initiationsfeste oder Hochzeitfeiern zelebriert wurden. Das ist auch Thema der Latmos-Bilder, die sich jedoch, anders als die eiszeitlichen Höhlenmalereien Frankreichs und Spaniens mit ihren monumentalen, naturalistischen Darstellungen, einer abstrahierend symbolischen Formgebung bedienen. Dennoch geht es in den meisten Szenen erkennbar fröhlich und bewegt zu, oft drängt sich der Eindruck von Ausgelassenheit und Tanz auf. „Woodstock in der Steinzeit", witzelt Anneliese Peschlow.

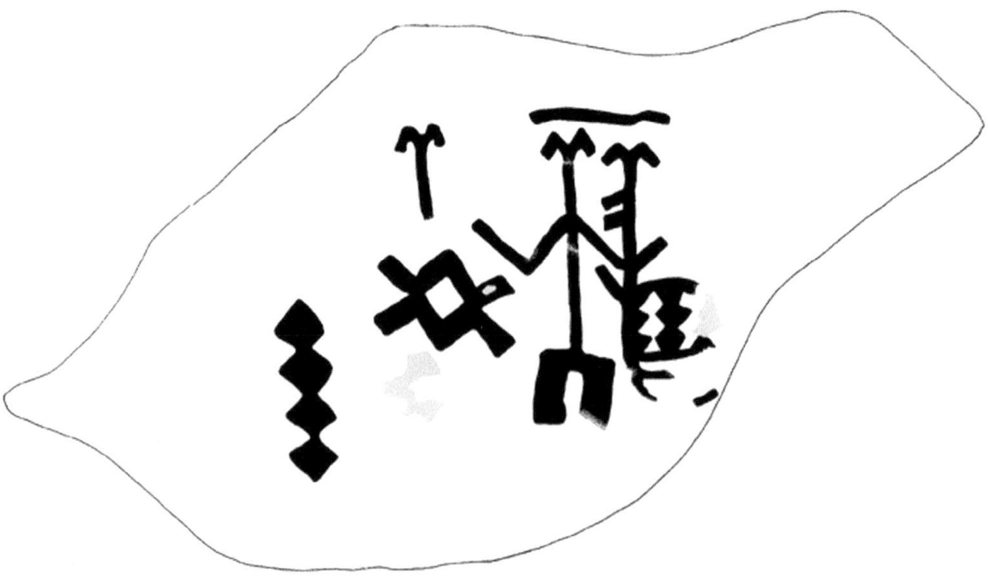

Die Datierung ihrer Bilder bereitete der Archäologin zu Beginn Probleme. Im Lauf der Jahre hat sie jedoch über Steingeräte, Keramik und Kleinplastik ausreichend Hinweise für eine zeitliche Fixierung gefunden. „An der Datierung ins 6. Jahrtausend v. Chr. kann niemand mehr zweifeln", konstatiert sie heute unwidersprochen. In einem Büchlein hat Anneliese Peschlow einige Wanderrouten zu ihren steinernen Lieblingen beschrieben (bei Peschlow-Bindokat, Herakleia am Latmos). Wer die Mühen einer Gebirgswanderung nicht auf sich nehmen will, kann die jungsteinzeitliche Comic-Welt in der Ausstellung im Museum von Muğla bei Bodrum besuchen. Natürlich auch das „Hochzeitsbild", das sie an der Unterseite eines abgerutschten Felsbrockens entdeckte: Im Mittelpunkt umarmt sich ein durch seine Größe hervorgehobenes Paar. Rechts schließen sich zwei Gruppen von je drei Frauen an, deren nach hinten abgewinkelte Beine wohl Tanz ausdrücken. Zwei männliche Wesen spielen eine absolut untergeordnete Rolle, eines scheint gar auf dem Boden zu liegen. Links wird das Bild abgeschlossen durch eine weitere weibliche Dreiergruppe. Bei aller Schematisierung ein bewegtes Bild – man könnte eine Erzählung dazu schreiben. „Ein kleines Meisterwerk", befindet Anneliese Peschlow und drückt ihre Überzeugung wissenschaftlich zurückhaltend so aus: „Wenn man nicht darauf verzichten will, Malereien einer so weit zurückliegenden schriftlosen Zeit zu deuten, dazu solche, zu denen es in der übrigen Felskunst keine Vergleichsbeispiele gibt ... bietet sich hier die Deutung als Hochzeit geradezu an." Wenn dem so ist, wäre Peschlows Deckengemälde das erste Hochzeitsbild der Geschichte – auf Gneis fixiert vor 8000 Jahren in Westanatolien.

Nach diesem Blick ins quasi private Fotoalbum der Familie Feuerstein verlassen wir die Steinzeit und wenden uns den politischen und ökonomischen Triebkräften zu, die in der nun heraufdämmernden Bronzezeit die Welt vom Persischen Golf bis Griechenland zusammenwachsen ließen. Es begann abermals ein neues Abenteuer der Menschheit – Ausgang ungewiss.

Das Hochzeitsbild: Ein beschwingtes Paar dominiert als Mittelpunkt eine bewegte Gesellschaft, tanzende Frauen und völlig untergeordnete Männer umringen ein junges Glück – eine Interpretation nach 8000 Jahren.

Linke Seite: Der Mensch steht im Mittelpunkt der Felszeichnungen im Latmos: Paarweise oder in Gruppen wird Nähe und Zusammengehörigkeit demonstriert. Darstellungen von Waffen, Kämpfen oder Tieren fehlen.

Gold aus Afrika, Bernstein vom Baltikum, Zinn aus Zentralasien, Kupfer aus Arabien, Einwanderung aus dem Irgendwo – die Welt wurde immer globaler.

Die Reiche im östlichen Mittelmeerraum waren verwoben in einem eng geknüpften Netz gegenseitiger Wirtschaftsbeziehungen. Die Machtansprüche der ersten wirklich großen Staaten trieben ein politisches und wirtschaftliches Karussell bislang ungekannter Größe zu immer rasanterer Fahrt an, das 2. Jahrtausend v. Chr. lief heiß.

Die Hethiter waren dabei das herausragende, weil innovativste Reich, das seiner Zeit in vielen gesellschaftlichen Bereichen weit voraus eilte. Doch auch diese Weltordnung zerbrach, der Krieg um Troja war dabei nur das Fanal am Ende der bronzezeitlichen Wohlstandgesellschaft.

IM BANNKREIS DER HETHITER

DIE BRONZEZEIT

DIE GLOBALISIERUNG BEGINNT

DIE ERSTEN HANDELSZENTREN IN DER ÄGÄIS

Erste Handelszentren in der Ägäis

10000 v.Chr. | 8000 v.Chr. | 6000 v.Chr. | 4000 v.Chr. | 2000 v.Chr. | 500 v.Chr.

Um 2500 v. Chr. war es wieder einmal so weit: neue Herren, neue Ideen, neue Waren, neue Architektur. In Westanatolien und den kleinasiatischen Küstenregionen der Ägäis kündigten sich moderne Zeiten an. „Jetzt können wir die internationalen Kontakte und die Kreuz- und Querverbindungen durch die ganze Ägäis – und nach Anatolien hinein – nachvollziehen", konstatiert Wolf-Dietrich Niemeier. Der Leiter der Abteilung Athen des DAI hat Milet an der türkischen Westküste durch die Jahrtausende ergründet und dadurch spezielle Erkenntnisse gewonnen über die bronzezeitlichen Schnittstellen zwischen Anatolien und der anrainenden Inselwelt.

Neben Milet, an der Mündung des Flusses Mäander ins Mittelmeer, ragen in der Mitte des 3. Jahrtausends v. Chr. – bis vor kurzen noch völlig unbekannte – Orte, wie Limantepe (bei Izmir) und Küllüoba (bei Eskişehir), aus dem Zwielicht der frühen Bronzezeit; ganz fern im Nordwesten Kleinasiens blitzt am Horizont Troja auf. Überall herrscht Aufbruchstimmung, wohin die Reise geht, ist noch nicht ganz klar, aber eine andere, neue Welt kündigt sich an – und zwar weiträumig: Auf dem griechischen Festland etwa, speziell auf der großen Halbinsel Peloponnes, erkennt Joseph Maran, Archäologie-Professor an der Universität Heidelberg, „gleichartige Entwicklungen wie in Mesopotamien und Anatolien: die Entstehung von Eliten, Administration und komplexen Gesellschaften". Es tat sich was, und der Schub kam aus Anatolien.

In Milet hatten sich schon 1000 Jahre zuvor Menschen niedergelassen. Vermutlich war die Siedlung um 3500 v. Chr. Knotenpunkt eines „bescheidenen Handelsnetzes zwischen Ägäis und Anatolien, das aber eine wichtige Voraussetzung für die ökonomischen und sozialen Entwicklungen bildete, die am Übergang zur Bronzezeit stattfanden", so Niemeier. Über Milet gelangte zum Beispiel Obsidian von der Insel Melos, der einzigen ägäischen Rohstoffquelle, flussaufwärts bis nach Aphrodisias und eventuell bis Inneranatolien. Im Gegenzug wurden metallurgische Fertigkeiten aus Ost- und Zentralanatolien in die Ägäis vermittelt. Westanatolische Keramik war so beliebt, dass sie in verschiedenen Regionen der Inselwelt imitiert wurde. Milet und der Mäander waren prädestiniert, in dieser Entwicklung eine

Heutige Grabungen im Schlick von Milet an der Mäander-Mündung bringen ...

zentrale Rolle zu spielen, der Fluss war und ist schließlich eine Hauptverkehrslinie ins Innere des Landes.
Um 2500 v. Chr. steigerte sich dieser Waren- und Informationsaustausch zwischen den Regionen, was die Archäologen an immer wiederkehrenden Artefakttypen aus Metallen, Ton und Marmor dingfest machen können. Angetrieben wurde der Handelskreislauf durch die Sucht einer aufkommenden Elite nach Prestige- und Luxusgütern – man trug jetzt eben Ringe mit Lapislazuli aus Afghanistan, Ketten mit Bernstein aus Nordeuropa und Siegel aus afrikanischem Elfenbein. Die Führungsschicht war durch das Geschäft und den Besitz der in der Ägäis raren Metalle – vor allem Zinn – aus Anatolien reich geworden; in speziellen Fällen wurde sie dann auch mächtig.
Einige Forscher meinen, dass diese modernistischen Erscheinungen in der Ägäis auf die Sogwirkung der alle anderen überragenden Zivilisationzentren in Mesopotamien zurückzuführen war; die hätten die Peripherie immer weiter ausgedehnt. In der Tat suchten die expandierenden Reiche des Zweistromlandes ständig nach neuen Lieferanten für dringend benötigte Rohmaterialien, wie Metalle, Steine oder Holz. Joseph Maran, der in der Mykene-zeitlichen Zyklopenburg Tiryns auf der Peloponnes gräbt, hält dagegen eine ständige Ausweitung der Peripherie durch ein Megazentrum für unwahrscheinlich. Es sei sicher kein Zufall, so der Heidelberger Archäologe, dass im frühen 3. Jahrtausend v. Chr., als in Mesopotamien die frühen Stadtstaaten ihren Machtbereich immer weiter ausdehnten, stärkere Handelskontakte auch in der Ägäis nachzuweisen sind. Für ihn ist jedoch die Vernetzung vieler – regionaler und unabhängiger – Kristallisationspunkte von Europa bis nach Mesopotamien ausschlaggebend für das zunehmende Zusammenwachsen der damaligen Welt. „Es gab viele kleine Zentren und das eine große Zentrum – und die waren alle miteinander vernetzt: Das ist die neue Qualität des 3. Jahrtausends."
Dabei hat die „maritime Mobilität" eine entscheidende Rolle gespielt. Die setzte früher ein, als man gemeinhin denkt: Kreta zum Beispiel wurde schon im Neolithikum besiedelt und mit „fertigem" Ackerbau und Viehzucht zivilisiert. Im westtürkischen Milet des 4. Jahrtausends v. Chr. zeugt eine schwarzpolierte Keramik mit weißen geometrischen Mustern von einem schiffsgetragenen Ideenaustausch mit den Kykladeninseln im Süden und dem griechischen Festland. Und für den Obsidian von Melos mussten die Milesier 300 Kilometer übers Wasser. Kultfiguren sind normalerweise keine Handelsware, deshalb lassen diese wunderbaren kykladischen Idole im anatolischen Milet um 2500 v. Chr. zumindest auf die – nicht nur sporadische – Anwesenheit von Händlern, wenn nicht gar Zuwanderern von den Kykladen schließen. Die Ägäis war nie Hindernis, sondern durch ihre vielen Inseln wie kein anderes Meeresbecken für den Austausch zwischen Ost und West geeignet.
„Die Motive für solche Kontakte sind Geben und Nehmen", summiert Maran, „meistens mit Gütern, die – für uns Archäologen sehr bedauerlich – kaum Spuren hinterlassen: Metalle, Stoffe, Lebensmittel, Schmuck und Prestigeobjekte, wie Straußeneier". Was wäre denn von Schliemanns Goldschatz aus Troja übrig, sinniert der Archäologe, wenn er nicht eingemauert und dann vergessen worden wäre? „Nichts. Das wäre eingeschmolzen und recycelt worden." Von der materiellen Kultur Mitte des 3. Jahrtausends v. Chr. sehen die Archäologen also nur die Spitze eines

... Zeugnisse von gestern ans Licht, wie dieses Jahrtausende alte Marmoridol von den Kykladen.

Um in Limantepe bei Urla auf der Izmir-Halbinsel „graben" zu können, mussten die Archäologen tauchen lernen. Denn die Sensation der Siedlung liegt unter Wasser: die älteste gemauerte Hafenanlage – 100 Meter lang, 40 Meter breit, mindestens 4500 Jahre alt. Die Arbeiten sind schwierig, so dass sich die Ausgräber auch über gut erhaltene Kleinigkeiten freuen.

Eisbergs. Aber die, so meint Maran, „ist immer noch beachtlich: Monumentalarchitektur, Administration, Siegel – all das gab es in Griechenland vorher nicht, das kam aus Anatolien". Er nennt das den „anatolischen Schub".

Einen solchen Anstoß von außen gab es auch in Limantepe. Die frühgeschichtliche Stätte beim Ort Urla, 40 Kilometer westlich von Izmir, ist eine archäologische Sensation, von der niemand spricht: Eine richtige Stadt mit Seehafen und gemauerter Hafenmole – der ersten und bislang einzigen im 3. Jahrtausend v. Chr.

Wenn man das Vertrauen seiner fünf Katzen gewonnen hat und sich von ihnen belagern lässt, gibt Hayat Erkanal in seiner Arbeitswohnung in Ankara einen Überblick über die heißeste Grabung an der anatolischen Westküste: Eine befestigte Ortschaft gab es in Limantepe schon um oder sogar vor 3000 v. Chr. 500 Jahre später kamen neue Herren, schütteten die alten Lehmziegelhäuser zu und errichteten darauf eine noch größere Siedlung. „Eine richtige Stadt", betont Erkanal, „mit Herrenhäusern und Magazinen. Es waren viel mehr Leute als vorher, und deshalb mussten sie die Stadt erweitern. Sie bauten eine neue Wehrmauer in einer Technik, die es sonst nirgends gibt." Über einen Teil der Verteidigungsanlage fährt man heute hinweg, wenn man die Uferstraße benutzt: Rechts der Asphaltbahn klafft das Grabungsloch mit den „Korridorhäusern", links erhebt sich eine Bastion als Part der Stadtmauer, sechs Meter hoch, sauber und schräg ansteigend geschichtet; ihre Fortsetzung verläuft unter der Straße. Weitere, drei Meter hohe Bastionen liegen unter Wasser. Die ovale City, der Elite vorbehalten, war im 3. Jahrtausend v. Chr. vermutlich 100 Meter lang. Jenseits der Mauer lagen die Häuser der Außenstadt. „Da wohnten die reichen Leute, die Händler und Schiffseigner."

Spätestens diese Neubürger von Limantepe mauerten um 2500 v. Chr. die Mole ins Mittelmeer. „So etwas gab es zu jener Zeit nicht", doziert Erkanal, „normalerweise wurden die flachbodigen Schiffe an Land gezogen." Hier nun aber eine richtige Kaianlage mit 100 Metern Länge und 40 Metern Breite, die allererste ihrer Art. Das Problem für Besucher und Archäologen: Die Mole liegt heute unter Wasser, denn das Mittelmeer ist seit der frühen Bronzezeit um fünf Meter gestiegen.

Das macht die Arbeit für die Forscher schwierig und langwierig. Hayat Erkanal, auch nicht mehr der Jüngste, musste tauchen lernen. Ein Diplom mit drei Sternen, verglast und gerahmt an der Wohnungswand, weist ihn als „erfahrenen Taucher" aus. Drei Untersuchungsareale haben die U-Archäologen angelegt und tasten sich nun mühsam im trüben Meer mit Hammer, Meißel, Bohrer und „Staubsauger" an die Wirklichkeit des frühgeschichtlichen Hafens heran – es wird noch dauern. Eine zweite, diesmal römische Hafenanlage haben sie schon gefunden, aber das ist nicht wirklich das, was sie suchen.

Limantepe 3000

An Land sind Erkanal und seine Helfer um einiges weiter in der Erkenntnis: Scherbenfunde weisen darauf hin, dass Limantepe bereits in der Steinzeit eine Ortschaft war, die haben sie noch nicht gefunden. Aus dem anschließenden Chalkolithikum (Kupfersteinzeit) kennen sie die Siedlung, kommen jedoch nicht heran, weil sie ebenfalls unter Wasser liegt. Und vom älteren „Limantepe 3000" haben sie ein Stadttor, etliche Häuser und Stücke der Wehrmauer lokalisiert, die noch der Ausgrabung harren. Immerhin haben sie in diesen Schichten das vermutlich älteste bearbeitete Stück Gold der Ägäis entdeckt, einen Armreif.

Das Limantepe von 2500 v. Chr. und seine Umgebung ist den Wissenschaftlern inzwischen ziemlich vertraut: Die Stadt war – neben ihrer Hauptfunktion als Hafen – Zentrum einer ausgedehnten Viehzucht. Bronzewerkstätten sprechen für rege Metallverarbeitung, wahrscheinlich wurde Gold und Silber aus den umliegenden Minen genutzt. Zahlreiche anatolische Scherben belegen feste Verbindungen ins kleinasiatische Binnenland. Minoische Keramik ist so häufig, dass Erkanal von ständig oder zumindest oft anwesenden kretischen Händlern ausgeht, die hier für ihre erzlose Heimat Metall orderten.

Kontinuierliche kretische Präsenz wird vollends plausibel nach aufregenden Funden in Çeşme, dem Hafen an der Spitze der Halbinsel von Izmir. Dort hat Erkanal vor vier Jahren eine weitere Grabung eröffnet, die prompt – 30 Meter vom jetzigen Hafen entfernt – einen Ankerplatz erbrachte, von dem man nur noch nicht weiß, ob er aus dem 3. oder 2. Jahrtausend v. Chr. stammt. Neben Werkstätten tauchte eine für einen Hafen unerlässliche Institution auf: ein Weinhaus mit Schänke – „die älteste Kelter, die man in Anatolien gefunden hat; so etwas gibt es sonst nur auf Kreta", frohlockt der Ausgräber.

Von Çeşme bis nach Izmir und entlang der Küste haben die Archäologen inzwischen so viele Siedlungen, Dörfer oder kleine Festungen ausgemacht, dass Erkanal die Region als politische Einheit sieht, sprich als Kleinkönig- oder Fürstentum. „Und Limantepe war das Zentrum dieses Herrschaftsgebiets." Dafür spricht in der Tat der gesamten Charakter dieser Stadt – nur eins fehlt: „Wir haben keine Schriftfunde", bedauert Erkanal, gibt sich jedoch optimistisch: „Wir erwarten aber jederzeit eine Keilschrifttafel – irgendwann kommt sie!"

Die Schriftlosigkeit teilt Limantepe mit Troja. Die antike Stätte weit oben an der anatolischen Ägäisküste, weltberühmt, mächtiger Fürstensitz, zum Handelszentrum zwischen Ost und West und zur Wiege der europäischen Kultur stilisiert, hatte einen einzigen, aber unschlagbaren Vorteil beim Rennen um einen Platz in der Geschichte: Troja hatte Homer. Und wurde so zum Mythos. Und Troja hatte Heinrich Schliemann. Und Troja hatte Manfred Korfmann. Und wurde so zu einem modernen Mythos. Limantepe hat nicht einmal einen Namen.

Hier soll nicht die Diskussion um Größe und Bedeutung oder Nichtigkeit und Geringfügigkeit der Siedlung an den Dardanellen aufgefrischt

Auch wenn der spannendste Teil von Limantepe unter Wasser liegt, sorgten die Grabungen an Land – hier zwei Areale, zerschnitten durch die Straße – ebenfalls für Überraschungen: eine Bastion bislang unbekannter Größe und Herrenhäuser, die von Lebensart zeugen.

❧ rechts: Quer durch Zentralanatolien (in der Abbildung die Tufflandschaft Kappadokiens) transportierten schon im 3. Jahrtausend v. Chr. Händler über eine lange Karawanenroute Prestigegüter aus dem Orient Richtung Troja und Balkan – und umgekehrt.

❧ Die Neureichen der Bronzezeit ließen auch ihre Götter nicht darben, die Überirdischen waren ihnen teuer. Solche Idole aus Gold und Silber symbolisierten vermutlich wichtige Göttinnen. Diese 25 Zentimeter große Statue stammt aus einer Raubgrabung. Außer dem Alter (4000 Jahre) lässt sich deshalb nichts Präzises zu ihr sagen.

werden – das alles ist an anderer Stelle ausführlich nachzulesen (s. weiterführende Literatur S. 174). Mit der Darstellung der neuen archäologischen Erkenntnisse zum frühbronzezeitlichen Milet und Limantepe – und folgend zu Küllüoba – soll vielmehr eine Prophezeiung Harald Hauptmanns bestätigt werden: Anatolien-Liebhaber Hauptmann hatte mit den ersten Nachrichten aus Limantepe vor zwölf Jahre gehofft, dass „wir Troja damit aus seiner Vereinzelung herausholen können." Inzwischen ist klar: Es gab in der Bronzezeit viele, darunter einige bedeutende Zentren für Kultur, Handel und Austausch im westlichen Teil Kleinasiens. Mit fortschreitender Erforschung werden es noch mehr werden, wie Hayat Erkanal voraussagt: „In den Schwemmgebieten der Flüsse und im Meer gibt es mit Sicherheit noch mehr ‚Trojas' und ‚Limantepes'." Für Zahlentüftler: Wie viele Siedlungen harren an der türkischen Ägäisküste rein statistisch gesehen noch ihrer Entdeckung? Der Meeresspiegel ist um fünf Meter gestiegen und die Sedimentenschichten in den ehemaligen Flussmündungen sind auch mindestens fünf Meter dick.

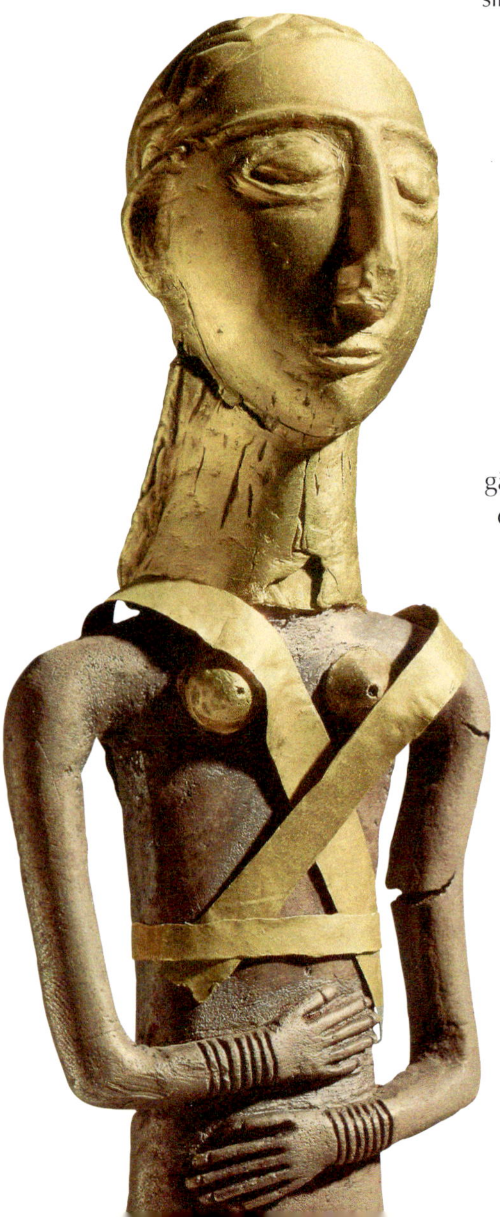

Konkretere Ergebnisse liefert Turan Efe von seiner Grabung Küllüoba bei Eskişehir im nordwestlichen Binnenland. Der Professor für Archäologie an der Istanbuler Universität, der lange Zeit in Troja mit Manfred Korfmann geforscht hat, sieht sich am Ziel seiner Arbeit. „Seit 20 Jahren vertrete ich die Meinung, dass es eine durchgängige Handelsverbindung quer durch das Binnenland zwischen Nordwestanatolien und Zentralanatolien gegeben hat. Jetzt äußern sich immer mehr Kollegen positiv dazu." Kein Wunder, denn Turan Efe kann handfeste Belege von seinem Fundort vorlegen. Küllüoba war bereits vor 2500 v. Chr. – wie Limantepe – eine befestigte Ortschaft, als es „an der Stelle von Troja noch keine Siedlung" gab. Die in-

Die bizarre Schönheit der kappadokischen Tuffladschaft begeistert mit ihren abertausend Facetten stets aufs Neue.

nere Bebauung von Küllüoba und Limantepe war identisch: Die hinteren Räume der Häuser waren mit der Stadtmauer verbunden, nutzten diese also als vierte Wand. Das frühbronzezeitliche Küllüoba war, wie Limantepe, bereits eine Siedlung mit Ober- und Unterstadt, mit Mauer um die Akropolis und Gebäuden von stattlichen 31 mal 25 Metern. Zu der an den Seiten von Wänden begrenzten und nach vorn hin offenen Vorhalle dieser Häuser mit Vorratsbehältern und Herdstellen führte eine gepflasterte Rampe hinauf. Dieses – mesopotamische – System „Tor-Hof-Palast" wurde jetzt hier zum ersten Mal auf anatolischem Boden nachgewiesen.

Die Funde in der Siedlung belegen, dass Küllüoba nördlicher Verteilerpunkt der von Efe postulierten binnenländischen Handels-Karawanenroute war. Die zog sich vom kilikischen Tarsus an der türkischen Südküste beim heutigen Adana Hunderte von Kilometern nach Nordwesten. In Küllüoba hatte sie Abzweigungen nach Troja und via Marmarameer Richtung Balkan, nach Osten eine Nebentrasse in die Region der modernen Hauptstadt Ankara. Von der Hauptarterie sprossen über die großen Flusssysteme Nebenadern nach Milet, Ephesus und in das Gebiet von Izmir.

Der Istanbuler Professor findet in seiner Grabung Bleiflaschen aus Kilikien, die allgegenwärtigen „Syrischen Flaschen", Keramik aus Westanatolien, Gussformen für Idole aus Syrien, Gewandnadeln und Schmuckspangen aus dem palästinensischen Raum und fuss- oder stiefelförmige Siegel, wie es sie auch in der Konya-Ebene und Tarsus gibt. Zeremonialäxte aus Lapislazuli deuten auf Handel mit Mesopotamien hin, ebenso die schnelldrehende Töpferscheibe, die von hier – mit Verzögerung – nach Troja gelangte. Schließlich gibt es in Küllüoba die ersten echten, nicht arsenhaltigen Gefäße aus Zinnbronze mit ihrem hohen Prestigewert.

An der Route gab es mit Sicherheit Stationen, die den Handel abgesichert haben, „aber die haben wir noch nicht gefunden", bedauert Efe. Aus zahlreichen Oberflächenbegehungen (Surveys) kennt er viele Orte in der Umgebung seines Fundplatzes, „aber Küllüoba war der größte und sicher ein Zentrum mit Elite und Verwaltung. Küllüoba lebte vom Handel und war auf dem Weg zur Urbanisierung", bewertet er die Karawanenstation im anatolischen Binnenland. Zumindest in der Frühbronzezeit, um 2500 v. Chr., war Troja allenfalls

Endstation einer langen Reise, nicht Dreh- und Angelpunkt.

Und: Für wichtige Waren, wie Zinn oder Luxusgüter und Schmuck, war schon damals kein Weg zu weit und keine Mühsal zu groß – da hatte die Welt keine Schranken. Zur Perfektion brachten assyrische Kaufleute diesen Handel ohne Grenzen. Sie richteten ab 1900 v. Chr. quer übers anatolische Land hoch profitable Handelsstationen ein – und banden Anatolien so weiterhin in den Wirtschaftskreislauf der altorientalischen Gesellschaften ein.

Die „Fürstin von Küllüoba" nennt der Ausgräber dieses Porträtköpfchen. Mit seiner Grabung bei Eskişehir belegt er, dass der bronzezeitliche Handel über viele Kontore verfügte. Troja war nur eines davon; Milet, Limantepe und Küllüoba – und andere noch unbekannte Siedlungen – sorgten ebenfalls für einen regen Waren- und Ideenaustausch zwischen Orient, Kleinasien und Ägäis im 3. Jahrtausend v. Chr.

GESCHÄFTE, NUR GESCHÄFTE WOLLEN SIE MACHEN

ALT-ASSYRER IN ANATOLIEN

Alt-Assyrer in Anatolien

10000 v.Chr.	8000 v.Chr.	6000 v.Chr.	4000 v.Chr.	2000 v.Chr.	500 v.Chr.

Alles wurde aufgeschrieben, alles wurde gesammelt: Einfache Quittungen, Warnhinweise an Kollegen, ein Kaufvertrag über eine Zweitfrau, Abrechungen für die Zentrale, Gerichtsakten, Warenbestellungen, Mahnungen an die Gattinnen zu Hause und detaillierte Vertragstexte mit den örtlichen Herrschern. In Tontafeln gestichelt und in Tonkrügen verwahrt, überstanden die Zeugnisse bürokratischen Eifers Feuer und Zerstörung, Niedergang, Vergessen und 3700 Jahre. Ende des 19. Jahrhunderts unserer Zeit, also erst vor 120 Jahren, kamen bei der heutigen zentralanatolischen Stadt Kayseri große Mengen Keilschrifttafeln zum Vorschein. Sie entpuppten sich als Goldschatz für die Schriftkundigen, denn sie lieferten die ersten Nachrichten über die „Proto-Hethiter" und die Altassyrer.

Die tönernen Archivalien stammten damals alle aus Grabungen im Ruinenfeld des Kültepe – so der heutige Name –, konnten zunächst gar nicht recht eingeordnet werden und wurden, der Landschaft entsprechend, als „Kappadokische Tafeln" bezeichnet. Doch nach langem Irren wurde klar, dass hier nicht Anatolier geschrieben hatten, sondern Assyrer auf anatolischem Boden – und zwar in Altassyrisch, einer Sprachstufe, aus der es ansonsten kaum andere Nachrichten gibt. Kültepe wurde als das in assyrischen Quellen genannte

Die Nachhut der altassyrischen Händler in Anatolien? Vor 4000 Jahren zogen vielhufige Eselkarawanen aus dem sonnigen Süden ins unwirtliche Nordland.

Kanisch identifiziert und bekam damit einen herausragenden Rang in der archäologischen und philologischen Forschung. Denn Kanisch war ab 1900 v. Chr. die anatolische Zentrale des weit gespannten Handelsnetzes der Stadt Assur.

Und da gibt es ein paar Dinge, die muss man „nachkosten", um ihre Wertigkeit zu erfassen: Assur war zu der Zeit noch nicht altorientalische Großmacht, sondern ein Stadtstaat, dessen Herrschaftsgebiet vermutlich nicht weit über die Stadtmauern hinausreichte. Dennoch waren seine Bewohner in der gesamten damaligen Welt unterwegs und machten ertragreiche Geschäfte. Sie bezogen Lapislazuli aus Afghanistan, Zinn aus den Ländern nordöstlich des heutigen Iran, Textilien aus Babylonien und schafften diese Güter über 800 Kilometer mit vielhufigen Eselskarawanen in einer mindestens sechswöchigen Tour nach Anatolien. Von dort kamen sie – ebenso beschwerlich wie gefährlich – mit Kupfer, Silber und Gold zurück. Und das regelmäßig. Die älteste Wirtschaftsnachricht stammt von 1934 v. Chr. – und da stand der Handel nicht am Anfang, sondern in voller Blüte. In Anatolien gab es also um 2000 v. Chr. potente Konsumenten und Lieferanten.

Das Handelsnetz überzog nicht nur Kleinasien, betont Guido Kryszat, „sondern war Teil eines größeren Ganzen, das den ganzen Vorderen Orient mit dem östlichen Mittelmeer verband" (s. Karten S. 65 und 68). Eine ähnliche – von einer Stadt ausgehende – Handelsmacht kumuliert sich vergleichsweise erst wieder im Venedig des 15. nachchristlichen Jahrhunderts. Warum gerade die Assyrer dieses umfassende Netz aufbauen konnten – es gab schließlich ältere und mächtigere Reiche im Vorderen Orient –, weiß auch der Altorientalist von der Universität Mainz nicht genau. Sicher trug Assurs zentrale Lage zu allen wichtigen Handelsregionen mit dazu bei. Vielleicht aber waren sie einfach nur die gewiefteren Kaufleute. Ihre Interessen jedenfalls setzten sie brachial durch. In der Vereinbarung mit einem anatolischen Fürsten wurde lästige Konkurrenz abgeblockt: „Akkader [Kaufleute aus Babylon] darfst du nicht in dein Land hinaufkommen lassen. Wenn Akkader durch dein Land [nach Anatolien] ziehen, wirst du sie uns übergeben, damit wir sie töten können. Du wirst dafür nichts verlangen."

Die Geschäftsbeziehungen waren offenbar so einträglich, dass die Händler aus Assur sie auf Dauer anlegten und in Kanisch ein eigenes Stadtviertel, „Karum Kanisch", einrichteten. Das war keine simple Handelsstation, sondern dort lebten die Kaufleute aus dem sonnigen Süden auch in verschneiten Wintern des nordischen Hochlandes – oft jahrelang. Und wenn der Prinzipal ins Stammhaus nach Assur zurückkehrte, führte die nächste Generation der Sippe die Geschäfte in Anatolien weiter. Von diesen großen „Karums" (Hafen, aus dem Akkadischen) gab es allein in Anatolien ein Dutzend, etwa in der späteren Hethiter-Hauptstadt Hattuscha und, ziemlich abgelegen ganz im Nordosten, in Samuha (s. S. 104-106). Kleinere Stationen, „Warbatum" genannt, wurden noch mehr unterhalten – bis hi-

Alles wurde aufgeschrieben: Der Schreibmanie der Handelsherren aus Assur verdanken wir tiefe Einblicke in den Warenaustausch zwischen Orient und Anatolien. In ihrer kappadokischen Zentrale Kanisch wurden Tausende Quittungen, Abrechnungen, Verträge und Briefe gefunden – hier ein Tontafelbrief mit teilweise erhaltenem und gesiegeltem „Umschlag".

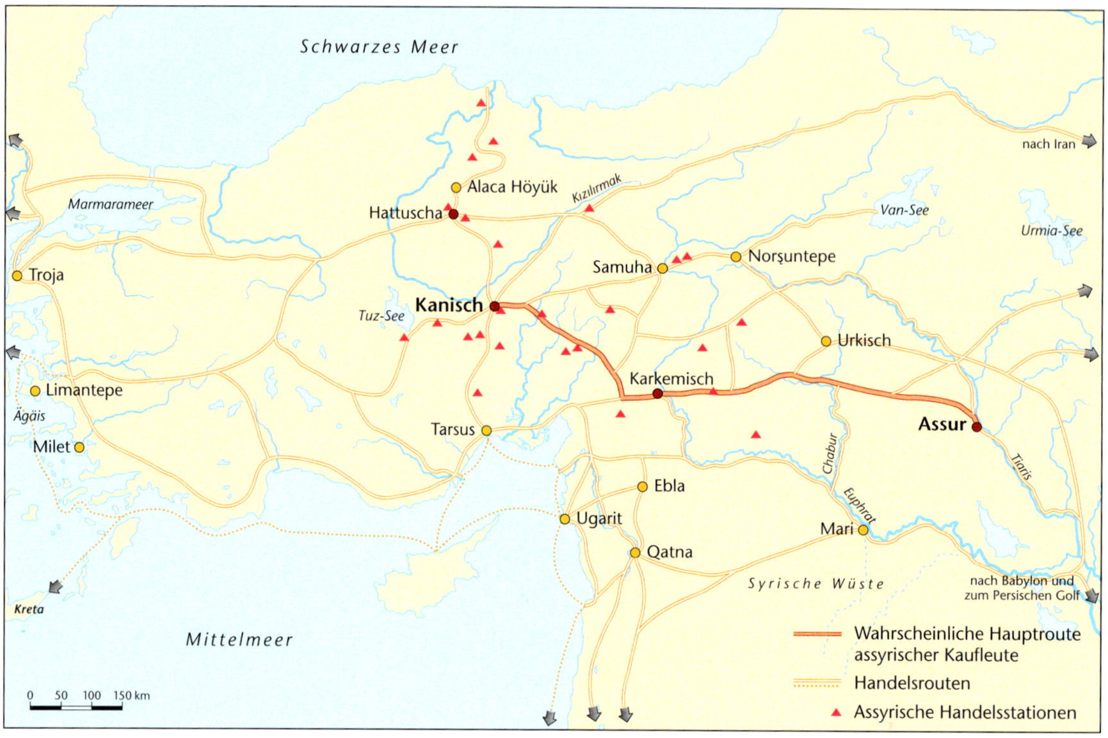

nauf ans Schwarze Meer. Es ging aber nie um „Kolonisation", die Leute aus Assur wollten Geschäfte, nichts als gute Geschäfte machen.

Alle Handelsstützpunkte, ob groß oder klein, waren Karum Kanisch unterstellt. Das könnte seinen Grund darin haben, dass hier eine besonders machtvolle – oder aggressive – anatolische Fürstendynastie ihr Stammgebiet hatte. Kanisch hieß bei den Hethitern „Nescha" und galt ihnen als Residenz ihrer ersten Könige (s. S. 77). Der in späteren hethitischen Inschriften mythisch als Ahnherr verklärte Pithana und sein Sohn Anitta tauchen in mehreren assyrischen Texten tatsächlich als oberste Rechtsherren von Kanisch / Nescha auf. Dadurch liegt mit den Nachrichten aus Karum Kanisch auch der erste Nachweis für diese bislang und selbst für die Hethiter sagenhaften Herrscher vor. „Bei den Assyrern treten sie erstmals als wirklich handelnde Personen auf", betont der Mainzer Kryszat, der letzte Forscher übrigens, der sich in Deutschland mit Altassyrisch befasst.

Ihm wird die Arbeit nicht ausgehen, denn allein die „Fundgrube" Karum Kanisch lieferte 22.500 altassyrische Texte, nur 5000 davon sind bislang publiziert, viele noch nicht einmal übersetzt. Zum Vergleich: Aus der Mutterstadt Assur stammen lediglich einige Dutzend Inschriften in dieser Sprache, die frühesten Siedlungsschichten sind dort allerdings noch nicht ausgegraben. Damit sind die Textfunde aus Karum Kanisch die dichteste Wirtschaftsdokumentation des alten Vorderen Orients – allerdings auch eine sehr punktuelle: Die Keilschriftnachrichten stammen alle aus einem Zeitraum von knapp 60 Jahren, von etwa 1896 bis 1836 v. Chr. Da wurden nämlich die altassyrischen Handelsstationen, inklusive Kanisch, eingeäschert – vermutlich im Zuge inneranatolischer Machtkämpfe. Die Händler verließen ihre Posten wohl fluchtartig und ließen dabei ihre gesamte Geschäftskorrespondenz zurück. Das Feuer der Verwüstung – was immer das Glück der Keilschriftforscher und Archäologen ist – bewahrte sie über fast 4000 Jahre. Für 25 bis 30 Jahre kam kein Kaufmann aus Assur mehr nach Anatolien. Um 1805 v. Chr. gab es eine Renaissance, der Handel erreichte aber nie mehr die Intensität der frühen Jahre und versickerte in der Mitte des 18. Jahrhunderts v. Chr. gänzlich.

Assyrischer Zinswucher

Von den Handelspartnern und Nachbarn der Assyrer in Kanisch gibt es in der Keilschriftkorrespondenz nur indirekte Hinweise, sie werden selten ausdrücklich genannt. „Sicher waren die lokalen Herrscher und ihre Eliten die wichtigsten Partner", meint Kryszat. Von den Herren einiger größerer Orte weiß er, dass sie ein Vorkaufsrecht auf bestimmte Mengen der Importe besaßen. „Aber auch der ‚normale Mann' in Anatolien war sicher am Austausch beteiligt, denn neben den Haupthandelsgütern Zinn und Textilien gab es jede Menge anderer kleinerer Waren." An Anatol Normalverbraucher verlieh der Assyrer auch gern Geld (Silber), das mit erheblichen Zinsen (30 Prozent waren üblich) zurückgezahlt werden musste. Dagegen galt es für einen Kaufmann aus dem Süden als ehrenrührig, bei einem Anatolier verschuldet zu sein.

Die Karum-Bewohner unterlagen in der Regel nicht der Gerichtsbarkeit ihrer anatolischen Gastgeber, sie regelten ihre Streitigkeiten nach assyrischem Recht. Auch die interne Administration des assyrischen Mini-Staats in der anatolischen Stadt war autonom und ein Spiegelbild assyrischer Abläufe – bis hin zu den „Akten", deren standardisierte Form die emsigen Bürokraten aus Assur für die unterschiedlichsten Verwaltungsabläufe festgelegt hatten. Zentrum der komplizierten Selbstorganisation war eine „Vollversammlung" der Handelsherren, hierarchisch abgestuft nach ihrer ökonomischen Potenz.

Die Sicherheit der Händler und ihrer Waren auf der 800-Kilometer-Tour nach Anatolien war natürlich das A und O des Geschäfts und wurde penibel mit den lokalen Potentaten ausgehandelt: „ ... keinerlei [materielle] Verluste eines Assyrers [durch Diebstahl etc.] dürfen in deinem Land entstehen. Wenn [solche] Verluste in deinem Land entstanden sind, wirst du sie suchen und uns wieder zukommen lassen. Wenn es in deinem Land Blutvergießen [gegen Assyrer] gibt, wirst du uns die Mörder übergeben, damit wir sie töten können." Solche Zusicherungen gab es natürlich nicht umsonst: „Wie schon dein Vater wirst du dafür von jeder herauf kommenden Karawane 12 Schekel Zinn [pro Esel] bekommen. Von jeder herab ziehenden Karawane wirst du wie schon dein Vater 1 ¼ Schekel Silber pro Esel essen." Trotz der insgesamt immensen Zölle an die einheimischen Herren – man kann sie auch Schutzgeldzahlungen nennen – warf der Handel enorme Gewinne ab: Bei Zinn das Doppelte des Einkaufspreises, bei Textilien das Dreifache. Zudem genossen die Händler in der Welthandelsmetropole Assur weitgehende Steuererleichterungen.

Was in den langen und dunklen Winternächten in Kanisch geschah, drang nur selten nach Assur durch. Aber man kam sich wohl durchaus näher. Anatolische Zweitfrauen für verheiratete, aber einsame assyrische Händler fern der Heimat sind urkundlich belegt. Assyrische Frauen in Kanisch fanden im Gegenzug Gefallen an anatolischen Männern – bis hin zur Eheschließung. Und eine für einen Assyrer kritische Situation – sein Angestellter hatte mit einem Verstoß gegen anatolische Religionsvorschriften geprahlt – wurde von einem anatolischen Amtsträger schon mal statt mit Strafe mit einer Zecherei beendet, wie der assyrische Händler erleichtert berichtet: Er (der anatolische Würdenträger) ließ „einen Becher darauf ausgeben, dass die Sonnengötter mir gewogen sein sollen, und trank mir beinahe zwanzigmal zu ...".

Im Pariser Louvre steht dieses löwengestaltige Gefäß aus Karum Kanisch, der anatolischen Zentrale der altassyrischen Kaufleute im 19. Jahrhundert v. Chr.

Ob das sicher alkoholische Getränk dazu aus assyrischen oder anatolischen Trinkgefäßen konsumiert wurde, wird nicht erwähnt. Vermutlich waren es einheimische Becher, denn materielle Zeugnisse ihrer Anwesenheit haben die Assyrer so gut wie nicht hinterlassen, in den Handelsstädten wurde keine assyrische Keramik gefunden. Das hat die Archäologen immer verwundert. Doch für den Philologen, so Kryszat, „stellt sich das aus den Texten sehr einleuchtend dar: Die Karawanen hatten für nichts Platz, was nicht ver-

Die Elfenbeindame aus Kanisch bietet in typisch altorientalischer Manier ihre Brüste dar und auch ihre Scham ist speziell betont. Die Interpretation dieser knapp zehn Zentimeter großen Figur aus dem 18. Jahrhundert v. Chr. als Symbol für Fruchtbarkeit liegt nahe.

kauft werden konnte, alles wurde dem Profit untergeordnet – und Geschirr war Gebrauchs-, nicht Handelsware". Die schlichte anatolische Keramik reichte den Assyrern offenbar völlig. Gäbe es die Texte nicht, hätte man kaum eine Ahnung davon, dass die Assyrer sich dort so lange aufgehalten haben – wenn man nur nach den archäologischen Belegen ginge, wären die frühen Assyrer gar nicht in Anatolien gewesen. Als „Keramik-Fetischismus" brandmarkt der Heidelberger Archäologe Joseph Maran solche, gar nicht so seltenen, Fehlinterpretationen seiner Kollegen.

Die assyrischen Kaufleute brachten zwar kein Geschirr mit, importierten aber Geistiges – weil es die Geschäfte erforderten: Notwendigerweise lehrten sie ihren schriftlosen anatolischen Helfern und Partnern die Keilschrift. Die Anatolier, so weisen es die Nachrichten aus Kanisch aus, schrieben aber nicht in ihrer eigenen Sprache, sondern in Altassyrisch. Und das sogar dann, wenn gar kein Assyrer an dem berichteten Geschehen beteiligt war. Mancher Anatolier mit Kontakt zu den auswärtigen Händlern konnte sicher lesen und schreiben, aber sie eigneten sich die Kulturtechnik nicht wirklich an: Nach dem Zusammenbruch der Handelsstationen gingen Schreibwissen und Lesenkönnen verloren. „Warum", bedauert Kryszat, „können wir zum jetzigen Zeitpunkt noch nicht beantworten." Die anatolische Gesellschaft vor dem zentralistischen Großreich der Hethiter benötigte vermutlich mit ihren überschaubaren Herrschaftsregionen und zählbaren Untertanen noch keine bürokratische Verwaltung.

Erst die Hethiter übernahmen dann im 17. Jahrhundert v. Chr. die babylonische Keilschrift. Dabei waren sie unerwartet und zielgerichtet innovativ. Die Expertin für altorientalische Sprachen, Eva Cancik-Kirschbaum von der FU Berlin: „Die Hethiter haben diese völlig unpraktische Schrift von den Babyloniern übernommen und so zurechtgestutzt, bis sie für ihre Bedürfnisse mit einem relativ geringen Zeichensatz für eine syllabische Schrift (Silbenschrift) genutzt werden konnte. Die Babylonier selbst sind nie auf diese Idee gekommen" – die angeblichen Barbaren aus dem Norden schon. Obwohl die Hethiter ihre Schreibkünste nutzten, um die Vorgeschichte mit ihren Legendenkönigen Pithana und Anitta und der Residenz Nescha ausführlich darzustellen, kommen die Assyrer darin nicht vor. Auch nach anderthalb Jahrhunderten massiver Anwesenheit in Kanisch und vielen anderen anatolischen Siedlungen, wundert sich Guido Kryszat, „sind die Assyrer nicht einmal eine Fußnote in der hethitischen Überlieferung geworden".

Spuren haben sie dennoch hinterlassen. Und zum Glück gibt es Philologen, die uns in meist unspektakulärer Kleinarbeit die Nachrichten aus dem Alten Orient, jenseits von Palast und Tempel, vorlesen. Ohne diese Schriftkundigen wäre unsere Kenntnis über solche völlig zu unrecht vergessenen Völker noch lückenhafter – wie zum Beispiel bei den rätselhaften Hurritern, denen wir uns jetzt nähern.

DAS REICH DER UNBEKANNTEN KULTURSCHÖPFER

DIE HURRITER

Der junge Gott Silber war unglücklich. Seine Freunde hänselten ihn, weil er keinen Vater hatte. Doch die Mutter klärte ihn über die überirdischen Familienverhältnisse auf: „Dein Vater ist Kumarbi, der Gott der Erde und des Getreides. Er residiert in Urkisch." Damit konnte Silber auf eine zufriedenstellende Ahnentafel blicken: Kumarbi war nicht irgendwer, er war ein Schöpfergott in der Mythologie der Hurriter.

Wer aber sind die Hurriter? Fast alles an diesem altorientalischen Volk ist unklar, unbekannt oder spekulativ. Das verwundert nicht, denn man kann die Hurriter zunächst nur über die Verbreitung hurritischer Namen lokalisieren, die ab etwa 2400 v. Chr. in Ostanatolien, Syrien und Nordmesopotamien auftauchen. Woher die Hurriter kamen, weiß man nicht, zumindest nicht genau. Als Zuzugsweg zu den Fleischtöpfen der fruchtbaren Ebenen werden einmal mehr die Kaukasusregion oder die Gegenden des iranischen Zagrosgebirges angenommen. Ebenso unbekannt ist ihre Sprache, sie gehört weder zum semitischen noch indoeuropäischen Stamm und ist nur mit dem späteren Urartäischen in Verbindung zu bringen. Und von den rund 2000 hurritischen Wörtern, die schriftlich überliefert sind, haben die Philologen inzwischen, wenn es viele sind, 1000 gedeutet. Der umfassendste hurritische Text (mit 500 Zeilen) wurde im pharaonischen Palastarchiv in Amarna gefunden. Dieser sogenannte Mitanni-Brief ist wohl das abschließende Dokument langer Verhandlungen über die Hochzeit einer Mitanni-Prinzessin mit dem ägyptischen Pharao Amenophis III. Mit der dynastischen Heirat wurden heftige kriegerische Auseinandersetzungen zwischen den beiden Staaten beigelegt. Dieses Schriftstück – zu besichtigen im Vorderasiatischen Museum in Berlin – war die Initialzündung für die wissenschaftliche Wiederentdeckung der Hurriter.

Andererseits mutieren die Hurriter nach den Ausgrabungen der letzten Jahre immer mehr zu herausragenden Kulturschöpfern des 3. Jahrtausend v. Chr. – nahezu gleichrangig mit den bislang auf Platz eins gesetzten Zivilisationsbringern Sumerer und Akkader. Ein einheitliches Reich, Mitanni genannt, schufen die Hurriter jedoch erst im 16. Jahrhundert v. Chr. Das war, neben Babylon und Ägypten, die dritte Großmacht im Vorderen Orient. Allerdings nur für knapp 200 Jahre, dann wurde Mitanni zwischen den Hethitern und den Assyrern zerrieben –

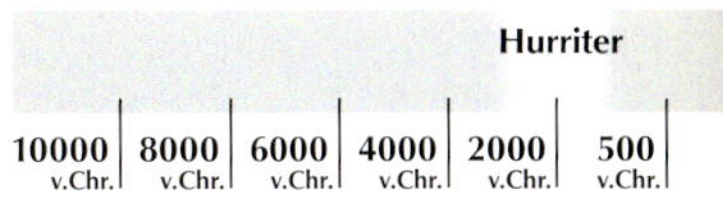

Den ersten Hinweis auf die Königsstadt Urkisch lieferte vor Jahren ein kleiner bronzener Löwe mit einer steinernen Weihetafel, auf der ein König Tisch-atal in hurritischer Sprache vom Bau eines Tempels für den Gott Nergal berichtet. Da das Stück nicht aus einer Grabung stammt, ist eine präzise zeitliche Einordnung nicht möglich.

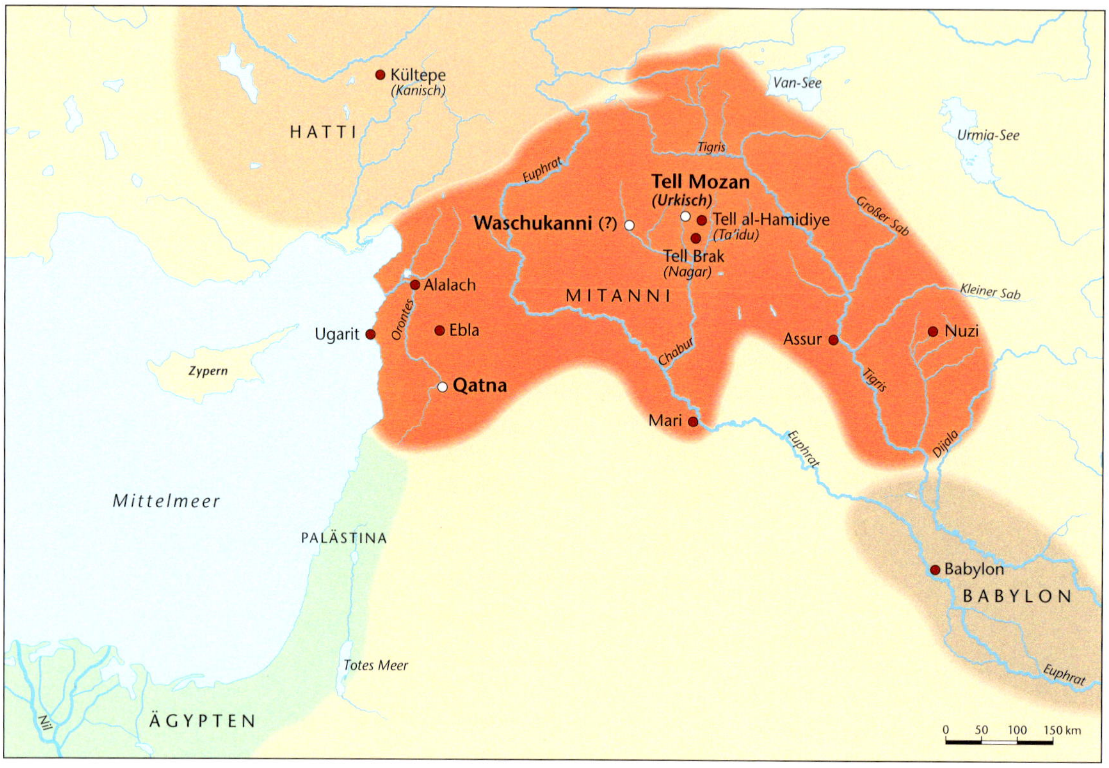

und fiel ins Dunkel der Geschichte zurück. Das Reich wurde, ebenso wie das Volk, vergessen.

Der Tübinger Archäologe Peter Pfälzner hat, zusammen mit dem amerikanischen Forscherehepaar Giorgio Buccellati und Marilyn Kelly-Buccellati, die Erinnerung zumindest teilweise wieder aus dem Boden geholt. Auf dem Siedlungshügel Tell Mozan, nahe der türkischen Grenze, legten sie einen Tempel, einen Palast, eine Stadtmauer, eine riesenhafte Terrasse, Straßen, ein Wohnviertel und einen Handelshof frei. Außerdem bargen sie unzählige Bruchstücke von in Ton konservierten Siegelabrollungen. In Ton gedrückte Roll- oder Stempelsiegel dienten in Anatolien und dem Alten Orient als unverwechselbare „Unterschrift" bei Keilschriftbriefen oder als Besitznachweis etwa bei Gefäßen. Wurden Brief oder Verschluss geöffnet, zerbrachen die tönernen Siegelabdrücke notwendigerweise und fielen als Abfall zu Boden. Mit viel Glück erkennen die heutigen Grabungsarbeiter, dass sie da kein ordinäres Dreckklümpchen zwischen den Fingern drehen, sondern ein archäologisches Beweismittel erster Güte. Die einzelnen Teile – oft kleiner als ein Quadratzentimeter – müssen nach der Reinigung in zeitraubender Fummelarbeit zusammengepasst werden.

Die Buccellatis hatten Glück: „Da es oft mehrere Abrollungen desselben Siegels gab, konnten wir schließlich eine beträchtliche Zahl rekonstruieren." Die fertigen Puzzle-Siegel nannten als Besitzer den „Tupkisch, endan [vermutlich König] von Urkisch". Das war der Beweis, dass der Tell Mozan mit der hurritische Königsstadt (und der mythischen Götterstadt) identisch ist. Denn neben der göttlichen Legende wurde die nordmesopotamische Residenz Urkisch in den Nachrichten und Kriegsberichten der südlichen Nachbarn und Konkurrenten ab etwa 2300 v. Chr. erwähnt.

Ab etwa 1700 v. Chr. liefern dann auch assyrische und babylonische Quellen Informationen über einen ganzen Kranz hurritischer Stadtstaaten, von Ugarit an der Mittelmeerküste über Alalach in Nordsyrien hinein nach Südanatolien bis zum Van-See und ins Osttigrisland, etwa bei Nuzi (s. Karte oben). Diese städtischen Macht- und Wirtschaftszentren, so die bisherige Lehrmeinung, sollten nach dem Niedergang des Reichs von Akkad (um 2150 v. Chr.) entstanden sein.

Das wird nun durch die amerikanischen Grabungen auf dem Tell Mozan zeitlich zurechtgerückt: Giorgio Buccellati nennt die wichtigsten Entdeckungen: „Eine mächtige Stadtmauer, die um 2600 v. Chr. noch existierte, aber wahrscheinlich

sehr viel früher gebaut worden war, ein in die Zeit um 2700 v. Chr. zu datierender großer Tempel, ein Palast aus der Zeit um 2250 v. Chr. und eine Unterstadt mit Funden ebenfalls aus dem 3. Jahrtausend v. Chr." Peter Pfälzner bestätigt mit seinen Arbeiten in Wohngebiet und Tempelareal diese überraschend frühe Datierung von Urkisch. In zwölf aufeinander folgenden Schichten kann er eine ununterbrochene Besiedlung von 2600 bis 1600 v. Chr. nachweisen. Um 2500 v. Chr. war der Tell Mozan schon eine veritable, voll entwickelte Stadt; die Anfänge liegen mithin noch weiter in der Vergangenheit. Dieses frühbronzezeitliche Urkisch war mit 135 Hektar die größte Siedlung Nordsyriens, beherbergte hochgerechnet etwa 50.000 Einwohner und schützte sich mit zwei sechs Meter hohen und acht Meter starken Mauern. Das regelmäßige Straßennetz belegt, dass Urkisch sich nicht aus einem Dorf heraus entwickelte – wie die meisten sumerischen Städte –, sondern am Reißbrett geplant wurde.

Nach diesem Muster entstanden offensichtlich auch die anderen Städte im nördlichen Mesopotamien; sie weisen zudem einige Besonderheiten auf, die eine eigenständige Entwicklung kennzeichnen: Sie sind oft kreisrund um einen Burgberg angelegt (Kranzhügel-Siedlungen) und haben eine ebenfalls planmäßig ausgebaute Unterstadt mit klarem, schachbrettartigen Straßenraster. Diese runde Siedlungsform war in Südmesopotamien unbekannt. Auch die Begriffe „Oberstadt" und „Unterstadt" waren den Städtern im Süden fremd, sie entlehnten dafür die Worte aus dem Norden – und die waren hurritisch. So avancieren die Hurriter auch zu Favori-

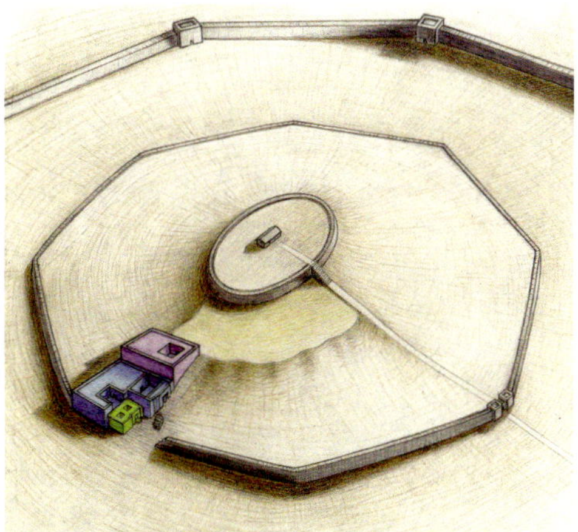

Die hurritische Herrschafts- und Sakralarchitektur lässt sich rekonstruieren, auch wenn der größte Teil des Siedlungshügels Tell Mozan (Urkisch) noch nicht ausgegraben ist. Eine lange Rampe und eine 24-stufige Freitreppe (oben und links) führten zum obersten Tempel auf einem zehn Meter hohen ovalen Podest im Zentrum. In der Zeichnung sind links unten die bislang ausgegrabenen Bereiche des Königspalastes eingezeichnet.

Eine bezaubernde Dame aus den Palastruinen von Urkisch, der bislang einzigen bekannten Königsstadt der Hurriter.

ten bei der Suche nach den Gründern der Städte an der Peripherie Anatoliens. Aber darüber streiten die Gelehrten noch: Waren die Hurriter schon urban, als sie kamen oder wurden sie es hier erst? Ein schönes Gedankenspiel auf archäologischer Grundlage sind auch Überlegungen, ob es für die nordsyrischen Städte ein bewusstes Ansiedlungsprogramm, eine Art staatlicher Wohnungsbau für angeworbene Zuwanderer, gegeben hat.

Aber noch einmal zurück zur Blütezeit von Urkisch, denn die Archäologen haben noch einen Bonbon parat: Der über die fragmentierten Abrollungen seines Siegels identifizierte König Tupkisch von Urkisch und seine Frau Uqnitum (das Lapislazuli-Mädchen) können jetzt zeitlich eingeordnet werden. Abermals war ein Siegel hilfreich: Aus 200 neu entdeckten alten Teilen puzzelten die Buccellatis eine weitere Nachricht zusammen – mit zwei Namen, die ihren Adrenalinspiegel hochschnellen ließen: Im Palast des hurritischen Königs siegelte „Tar'am-Agade, Tochter des Naram-Sim, König von Akkad." Der Herrscher von Urkisch, so legt es diese Inschrift nahe, wurde vom expansionswütigen Naram-Sim, König des ersten Territorialreichs der Geschichte, nicht, wie seine Nachbarn, mit Krieg überzogen. Vielmehr betrachtete er ihn offenbar, so die Interpretation der Buccellatis, als gleichberechtigten Partner, mit dem er eine dynastische Eheschließung vereinbarte. Da Naram-Sins Regierungszeit von den Altertumsforschern auf etwa 2151 bis 2115 v. Chr. angesetzt wird und das Tar'am-Agade-Siegel eindeutig in einer jüngeren Schuttschicht lag als das Tupkisch-Siegel, muss Tupkisch einige Zeit vor 2150 regiert haben – damit wäre er ein Zeitgenosse Sargons I. gewesen, dem Gründer des Reichs von Akkad.

Hurriter als Stadtgründer?

Weder ein etabliertes Königtum noch ausgefeiltes Stadtleben entsteht von heute auf morgen. Die Anfänge von Urkisch und der Urbanisierung Nordmesopotamiens liegen also noch weiter zurück. Es kann keine Rede mehr davon sein, dass im heutigen Grenzgebiet zwischen Syrien und der Türkei politische und kulturelle Öde herrschte. Träger dieser urbanen Kultur wären dann die Hurriter gewesen. Für Pfälzner gehören die eingewanderten Hurriter zur Stammbevölkerung Nordmesopotamiens, die friedlich neben und mit den ansässigen semitischen Völkern lebten.

Die Philologen haben in jahrelanger Puzzlearbeit ein Gebiet abgesteckt, in dem hurritische Namen so häufig vorkommen, dass man – mit vielem wissenschaftlichen „Wenn und Aber" – von einer hurritischen Mit-Bevölkerung ausgehen kann. Die Hurriter dominierten nicht, und wenn sie etwas schriftlich mitzuteilen hatten, schrieben sie Akkadisch, das „Englisch" des Alten Orients. Selbst aus der Zeit des Mitanni-Reichs gibt es kaum Aufzeichnungen in Hurritisch. Daran krankt, auch nach rund 100 Jahren Forschung, die wissenschaftliche Entschleierung der hurritischen Kultur: Von den vielen in den alten Texten erwähnten Stadtstaaten der Hurriter hat man bislang nur den Tell Mozan / Urkisch und den Tell Brak / Nagar gefunden und archäologisch bearbeitet. Und: Die Mitanni-Hauptstadt Waschukanni ist noch nicht einmal lokalisiert – ein Stachel in jeder vorderasiatischen Archäologenseele. Hier könnten Palastarchive heiß ersehnte Nachrichten aus 200 Jahren Geschichte des Alten Orients bringen.

Momentaner, aber nicht unumstrittener Favorit für das Machtzentrum des Mitanni-Reichs ist der Tell Fecherije direkt auf der türkisch-syrischen Grenze. Da graben die Archäologen zwar, aber den Platz hatten zunächst die Hethiter zerstört, dann die Assyrer und schließlich die Römer massiv überbaut – man kommt an die Mitanni-Siedlungsschichten noch gar nicht heran. Und da Archäologie *à la* Schliemann – ein gewaltiger Graben von ganz oben bis auf den tiefsten Grund – heute nicht mehr möglich ist, „kann das noch 50 Jahre dauern", peilt Pfälzner in die wissenschaftliche Zukunft.

Neben Archäologie und orientalischen Inschriften sind die hethitischen Archive in Hattuscha die dritte Quelle für hurritisches Leben. Spätestens mit der Eroberung des Nachbarreichs um 1340 v. Chr. übernahmen die siegreichen Anatolier die gesamte Götterwelt der Hurriter. Ein verblüffender Vorgang, denn die Hethiter hatten durchaus einen eigenen und gut bestückten Himmel. Auch die strengen und detaillierten Riten der hurritischen Götterdienste wurden adaptiert, die Kultsprache war hurritisch. Für Gernot Wilhelm, Hurriter-Experte Nr. Eins in Deutschland, hatte diese Übernahme zwei Aspekte: „Aus hethitischer Sicht spielte in Nordsyrien die Musik, das war das Land einer alten Kultur, einer kulturellen Verfeinerung und der tiefen Verankerung der Schriftkultur." Das war das Ziel der „ungehobelten Aufsteiger" aus den anatolischen Bergen, nicht nur die Getreidekammern. Zum anderen gab es sehr wahrscheinlich eine familiäre Verbindung zwischen der hethitischen und der Dynastie des benachbarten – hurritisch geprägten – Kizzuwadna. Über diese Familienbande wurden die hurritische Sprache und Kultur nach Hattuscha transferiert. „Das war eine Sache allein der Herrschaftsschicht", meint Wilhelm, wofür auch spreche, dass „in den späthethitischen Staaten zwar viele anatolischen Elemente fortgeführt wurden – nicht jedoch die Verehrung der hurritischen Götter".

Mit den Hurritern taucht im anatolischen Grenzbereich ein Phänomen auf, das die Kulturrevolution der Sesshaftigkeit – auch in Anatolien – weitertrieb. Rund 4000 Jahre hatten die Menschen mit wachsendem Erfolg als Bauern zugebracht. In Familiengehöften und kleinen Dörfern zähmten sie Wildtiere für den Hausgebrauch, veredelten Gräser zu Getreide und legten Vorräte an. Sie produzierten für den Eigenbedarf Nahrung, Kleidung und tönernes Geschirr und vermehrten sich redlich. Die Gruppenmitglieder waren gleichrangig. Territorialkriege gab es nicht. Im Laufe der Jahrhunderte wuchs die Bevölkerung, die Ackerflächen mussten entsprechend ausgedehnt, Herden größer werden. Irgendwann wurde ein Haus im Dorf ansehnlicher, weil der Besitzer durch Glück, Geschick oder Imponiergehabe ein paar Tiere und Äcker mehr sein Eigen nannte. Erste Ansätze einer arbeitsteiligen Gruppierung mit einer Führungsperson oder -schicht bildeten sich aus.

Ein Archäologentraum wird wahr: Im hurritischen Qatna (heute Tell Mischrife) entdeckten Tübinger Archäologen 2002 eine unberaubte Königsgruft. In einer dramatischen Grabungsaktion mit mehrfachen Verlängerungen gruben sie unter dem Palast katakombenähnliche Räume aus, deren Inventar Aufschluss über die Beerdigungsrituale gab.

Eine der beiden Wärterfiguren, die den Eingang zu den eigentlichen Grabkammern in Qatna flankierten. Die erstaunlich gut erhaltene Figur ist detailliert und kunstvoll gearbeitet.

Diese Entwicklung begann etwa ab 3500 v. Chr. im heutigen Iran und im südlichen Südmesopotamien. Siedlungen klumpten sich zu immer größeren Einheiten zusammen. Um 3300 v. Chr. ist Uruk als eine der ersten Großstädte zu bezeichnen. Sie strahlte kulturell über weite Teile des Vorderen Orient aus. Innerhalb kurzer Zeit entstanden zahllose solcher urbanen Zentren im Süden des Zweistromlandes, die sich als konkurrierende Stadtstaaten mit Herrscher, Stadtgott und Machtanspruch etablierten – Ur, Lagasch, Eridu und andere.

Die Urbanisierung – nach der „Neolithischen Revolution" nun eine „Städtische Revolution" – krempelte das menschliche Miteinander um: Nicht mehr Herkunft oder Familie allein bestimmten den Platz des Menschen in der Gemeinschaft, sondern seine Funktion in der Hierarchie einer immer arbeitsteiligeren Gesellschaft. Für die Aufbewahrung und Wiederverteilung der Nahrungsüberschüsse entstand eine zunächst religiöse, später auch eine profane Verwaltungselite. Die benötigte ein Notationssystem – die Schrift entstand. Die städtische Wirtschaft – basierend auf Handwerk und Handel – war auf „Mehrwert" und damit auf spiralförmig ansteigendes Wachstum angewiesen. Das weitete den politischen und geistigen Horizont, machte das System aber auch anfällig für Störungen. Bei einem Klimawandel kollabierten etliche urbane Zentren, weil ihr agrarisches Umfeld nicht mehr funktionierte.

Die neuen, nichtfamiliären Gemeinschaften brauchten andere soziale Organisationsformen – eine Machtelite etablierte sich, die identitätstiftende Rituale des Zusammenlebens festsetzte, die Propaganda erfand und sich mit monumentalen Bauten Denkmäler setzte. Als direkte Folge der Urbanisierung entwickelten sich verfeinerte Formen von Zivilisation und Kultur: Kunst, Geschichtsbewusstsein, Wissenschaft, Rechtsprechung, Territorialstaaten, Befestigungsanlagen, Militär und Krieg, die menschliche Zivilisation drehte sich in eine neue – global ausstrahlende – Phase hinein.

Dieser umwälzende Prozess kann nun, nach den Funden vor allem in Tell Mozan, rund ein Jahrtausend später an der südanatolischen Peripherie ebenfalls nachgezeichnet werden. Immer noch etwas schemenhaft, denn die Archäologen haben Schwierigkeiten mit dem Nachschub an Schriftzeugnissen aus dem Hurriter-Land Mitanni. Und wenn sie schon einmal Keilschrifttafeln entdecken, sind die in Akkadisch abgefasst, der Diplomatensprache des Alten Orients. Einige wichtige, hurritisch geschriebene Texte lieferte die Grabung von Peter Pfälzner im westsyrischen Qatna vor fünf Jahren, wo der Tübinger Archäologe eine spektakuläre, weil nicht beraubte Königsgruft fand. Dort waren etliche Briefe in einem altorientalischen „Denglisch" formuliert: Akkadische Wörter wechselten regellos mit hurritischen ab. „Etwa so, als würden wir sagen: Ich habe im Computer die Bilder gescannt", erläutert der Tübinger Archäologe.

Einige hurritische Wörter der Keilschriftbriefe tauchen in Qatna zum ersten Mal auf. Thomas Richter, Sprachforscher an der Universität Frankfurt und Bearbeiter der syrischen Texte, kann daraus den Besitz einer Hofdame in Qatna auflisten: unter anderem einen fahrbaren Ofen aus Kupfer, 200 Messer aus Lapislazuli und 200 Messer aus Gold. Die Übersetzung einer anderen Textsequenz war leichter: Über den dramatischen Zusammenbruch des hurritischen Großreichs berichtet lapidar eine Schlagzeile: „ ... und Mitanni ist zerfallen." Die Hethiter waren gekommen.

EIN VOLK FÄLLT AUS DEM RAHMEN

DIE HETHITER

Die Hethiter kamen, wie die Hurriter, aus dem Irgendwo im Norden – Schwarzes Meer, Kaspisches Meer, Iran – man weiß es nicht so genau. Das indoeuropäische Volk wanderte offenbar gewaltfrei in Zentralanatolien ein. Das soll ab 2500 v. Chr. passiert sein, weil sich ab diesem Zeitpunkt von Ostanatolien bis in die Ägäis grundlegende Änderungen archäologisch nachweisen lassen. Neuerdings verlegen Archäologen, vor allem aber Sprachforscher, diese Imigration liebend gern weiter in die Vergangenheit, auf 3000 v. Chr. oder gar noch früher. Die Diskussion ist noch nicht ausgestanden. Jedenfalls bestand Anatolien etwa ab 2500 v. Chr. aus vielen unterschiedlich starken Fürsten- oder Kleinkönigtümern. Offenbar stellten die Neuankömmlinge darin vielfach das Führungspersonal, die Bevölkerung dagegen bestand aus eingesessenen anatolischen „Hattiern". Dementsprechend taucht die zentralanatolische Region in den zeitgenössischen Nachrichten als das „Land Hatti" auf. Die assyrischen Händlerurkunden des 19. Jahrhunderts v. Chr. nennen mindestens 20 Fürstensitze im Land Hatti. Einige Herrscher dieser Kleinstaaten wurden reich und mächtig durch die Export-Import-Beziehungen mit den eifrigen Händlern aus Assur und anderen Anrainern.

Der mythische Urkönig Anitta von Kussara eroberte einige dieser Kleinstaaten und einte sie unter seiner Führung. Seine Residenzstadt Nescha, alias Kanisch (heute Kültepe), baute er nach eigenen Angaben mit Tempel und Palast aus. Bei den Grabungen in Kültepe wurde eine Bronzeklinge gefunden, die zum „Palast (-Inventar) des Anitta" gehörte, wie ihre Inschrift besagt – ein schönes archäologisches Belegstück für die späteren Gründungslegenden und Ergänzung der altassyrischen Texte. Dieses erste Territorialreich in Kleinasien reichte immerhin vom Schwarzen Meer bis ans türkische Mittelmeer. Für Andreas Müller-Karpe, den Ausgräber der bedeutenden hethitischen Provinzstädte Sarissa und Samuha (s. S. 99-106), ist Kanisch „das Zentrum der frühhethitischen Kultur. Ein Großteil der Bevölkerung, das wissen wir jetzt, hat hethitisch gesprochen." Ein hethitisches Reich entstand aus diesen Anfängen jedoch noch nicht. Nach Anitta klafft für über 100 Jahre ein Nachrichtenloch, aus dem ein Mann, der sich „Labarna" nannte, hervortrat. Ob Labarna sein Name war oder nur ein Titel, den nach ihm auch andere hethitische Könige trugen, weiß man nicht. Ebenso wenig, ob

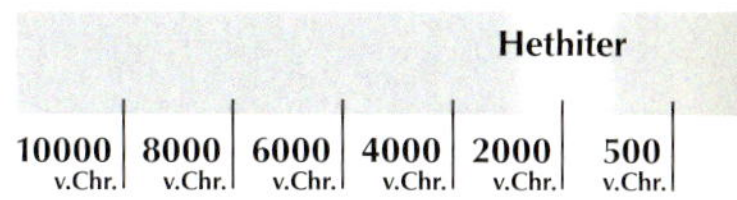

Eine der schönsten hethitischen Kultanlagen – das Quellheiligtum Eflatunpınar nördlich von Beyşehir am gleichnamigen See. Die Stierskulpturen wurden erst vor wenigen Jahren wiederentdeckt.

er mit dem ersten althethitischen König identisch ist, der Hattuscha zu seiner Hauptstadt machte und sich als „der von Hattuscha", Hattuschili I., bezeichnete. Hattuschili I. jedenfalls setzte die politischen Nachrichten aus dem Land Hatti wieder in Gang.

Und das mit einem Paukenschlag: Vom Wettergott persönlich geleitet, überquerte er mit seinen Truppen den Taurus und brachte die Statue des Wettergottes aus dem Heiligtum von Halab (Aleppo) nach Hattuscha. Es war der erste Vorstoß der Anatolier über den trennenden Taurus hinweg in den Süden. Nicht zuletzt dieser Reliquienraub machte Hattuschili zum großen, zum Großkönig. Sein Sohn und Erbe, Murschili I., eroberte in einem reinen Imponierfeldzug gar das ferne Babylon, das zwar nicht mehr die politische Vormacht, aber immer noch das geistige und kulturelle Zentrum des Vorderen Orients war. Von dem militärischen Parforceritt zurückgekehrt, wurde er von seinem Schwager ermordet. Die erste Expansion der Hethiter über den Taurus hinweg war glanzlos beendet.

Das Reich versank, durch anschließende familiäre Querelen mit Mord und Thronraub geschwächt, in Agonie. Archäologisch nicht fassbare Völkerstämme im Norden, die Kaschkäer, das Mitanni-Reich im Osten und Arzawa in Westkleinasien keilten die Hethiter in ihrem Kerngebiet um Hattuscha ein. So weit also ein typisches altorientalisches Auf und Ab, um 1500 v. Chr. aber gab es bei den Hethitern offenbar eine geistig-moralische Wende: Großkönig Telipinu machte seiner hochwohlgeborenen Familie klar, dass Hattuscha immer dann schwach wurde, wenn die Sippe uneinig war. Er diktierte den später sogenannten Telipinu-Erlass, der weitere Mordtaten im Königshaus verhindern, die Thronfolge regeln und die Einigkeit an der Staatsspitze stärken sollte. Diese Beschreibung der Staatsorgane und die Abgrenzung ihrer Kompetenzen war eine Art Staatsverfassung – die erste der Welt. Das politische Denken der Hethiter sollte nach diesem Edikt geprägt sein von Einigkeit, Loyalität und Verantwortungsbewusstsein.

Der Telipinu-Erlass war ziemlich erfolgreich, denn zumindest in den Grundzügen hatte er Bestand bis zum Niedergang des Reichs 300 Jahre später, als der königlichen Sippe Einigkeit, Loyalität und Verantwortungsbewusstsein wieder einmal

Die zerklüftete Landschaft Zentralanatoliens bot nur geringe Anbauflächen; die prekäre Getreideversorgung bereitete den hethitischen Großkönigen immer wieder Probleme. Am Ende waren sie sogar auf Hilfslieferungen aus Ägypten angewiesen.

abhanden kamen. Daneben regelt die Verfassung – etwas verwunderlich – detailliert die Versorgung der Städte und das Verhalten gegenüber der einfachen Bevölkerung. Schließlich verbietet das hethitische Grundgesetz die Zauberei. Das macht wieder Sinn, denn Hexerei wurde gern eingesetzt, um einen Konkurrenten um Hab und Gut, vor allem aber um den Thron zu bringen.

Um 1400 v. Chr. eröffneten die wieder erstarkten hethitischen Großkönige eine zweite Expansionsrunde über den Taurus. Ziel waren zum einen die Kornkammern in den fruchtbaren Ebenen Südanatoliens und Nordsyriens, zum anderen die Fernhandelswege durch Syrien und Palästina und, über die Städte der Levante, der Zugang zu den Häfen des östlichen Mittelmeers. Der Griff nach den Gegenden mit einer gesicherten Getreideproduktion war für das größer werdende Reich lebenswichtig; schließlich lag das Stammland in einem Gebiet, das – was die Versorgung anbetraf – „jedes Jahr auf Messers Schneide stand", so Andreas Schachner, seit 2005 der neue Ausgräber von Hattuscha: „Dieser Landstrich hier ist eine sehr prekäre Region – mal geht's gut, oft geht's schlecht." Mit einer solchen Unsicherheit im Hintergrund gegen die Assyrer, Babylonier, das Reich Mitanni und die ägyptische Großmacht antreten zu wollen, war nahezu tollkühn. Die Logistik für die Truppen war schwierig, die Zeit für Kriegszüge durch den strengen anatolischen Winter jeweils knapp, eine dauerhafte Besetzung der eroberten Staaten undenkbar.

Der tanzende Kriegsgott der Hethiter. Das knapp sechs Zentimeter große Elfenbeinfigürchen ist eines der wenigen Fundstücke aus den Tempeln von Hattuscha.

Aus innerer Überzeugung oder kühlem Kalkül beschritten die Hethiter denn auch einen anderen Weg als die übrigen altorientalischen Reiche mit ihrer rigorosen Eroberungspolitik: Etliche der nordsyrischen und palästinensischen Staaten mussten gar nicht erobert werden, Ugarit zum Beispiel schloss sich freiwillig an – nachdem ihm in einer ausführlichen diplomatischen Note aus Hattuscha klargemacht worden war, dass sich dies für Ugarit nur vorteilhaft auswirken könne. Mit jedem – auf diese Weise oder durch Waffengewalt gewonnenen – neuen Bundesstaat handelte Hattuscha einen eigenen Vertrag mit jeweils anderen Konditione aus. So nahm unter Schuppiluliuma I. das hethitische Großreich allmählich Gestalt an. Es war eine machtpolitisch unübersichtliche Zeit, bestens geeignet für Eroberer, Thronräuber und Überläufer, die jedoch schnell selbst Opfer werden konnten.

Denn im Vorderen Orient des 15. und 14. Jahrhunderts v. Chr. wollten viele in der ersten Macht-Liga mitspielen. Das hurritische Reich Mitanni wollte nicht absteigen, musste sich aber schließlich doch den Hethitern geschlagen geben. Die Assyrer drängten immer wieder mit Wucht nach oben, konnten jedoch noch nicht dauerhaft Fuß fassen. Die Babylonier mischten im Hintergrund machtvoll mit und boten dem ägyptischen Pharao Prinzessinnen zur familiären Verbindung an. Die Ägypter sahen ihre Pfründe in Palästina gefährdet und wurden offensiv. Und dann kamen auch noch diese „Barbaren" aus den anatolischen Bergen. Die Potentaten der Stadtstaaten und Kleinkönige in der Levante hatten es da schwer, die jeweils richtige Entscheidung in Sachen Gefolgschaft zu treffen. Am Ende des Ringens dominierten Ägypten und das hethitische Großreich den Vorderen Orient als Supermächte.

Kalter Krieg im Alten Orient

In ihrer Blüteperiode beherrschten die Hethiter im 14. und 13. Jahrhundert fast die gesamte heutige Türkei, große Teile von Nordmesopotamien und Nordsyrien bis zum Mittelmeer, inklusive des kupferreichen Zypern. Es war ein fragiles Gleichgewicht zwischen den Ägyptern und den Anatoliern, mit oft wechselnden Koalitionen und unsicheren Pufferstaaten – eine Art Kalter Krieg im Alten Orient. Die Bündnisstruktur des hethitischen Reichs verstärkte die innere Labilität, zumal alle hethitischen Großkönige ihre Herrschaftsansprüche stets aufs neue massiv manifestieren mussten: Bei jedem Schwächeanfall Hattuschas, etwa einer schlechten Ernte oder nach dem Tod eines Monarchen, versuchten die unterworfenen und angegliederten Länder, ihre Fesseln wieder abzustreifen.

Zudem machten die Kaschkäer im Norden immer wieder Ärger. Das waren die ewig Bösen, andererseits wren sie als Söldner im hethitischen Heer hoch willkommen. Zur Erntezeit fielen sie plündernd in die nördlichen Hatti-Gebiete ein und zogen sich in die unwegsame Bergwelt zurück, wenn der hethitische König mit seinen Truppen anrückte. Dem stellten sie sich nicht zur Schlacht, sondern agierten mit einer Guerilla-Taktik. Hethitische Texte berichten davon, dass

Tonabdrücke von Siegeln sind für die Archäologen Gold wert, da sie Namen nennen, Besitzverhältnisse klären und im Idealfall den Ablauf von Geschehnissen festlegen. Das Siegel oben gehörte Murschili III. Er war zwar nur ein „Sohn zweiten Ranges“, also von einer Nebenfrau, aber dennoch legitimer Thronerbe. Sein Onkel, Hattuschili II., verdrängte ihn vom Herrschersitz.

die Kaschkäer in Stämmen organisiert waren. Das ist schon ziemlich alles, was die Wissenschaft von den nördlichen Nachbarn Hattuschas weiß: „Wir kennen keine Siedlung der Kaschkäer, wir wissen nichts von ihrer Kultur, wir wissen nicht, wo sie herkamen“, resümiert Jürgen Seeher den Forschungsstand. Die Unruhestifter aus dem Norden blieben der fortwährende Stachel im hethitischen Selbstverständnis.

Aber auch die Verwaltung des riesigen Bündnisgebietes stellte die Zentrale immer wieder vor Probleme. Das hethitische Königshaus hatte zur Stabilisierung zwei Vizemonarchien eingerichtet: Karkemisch in Nordsyrien und Tarhuntassa im anatolischen Süden. Dort waren meist Söhne des aktuellen Königs für Ruhe und Ordnung, Gefolgschaft und Tribut zuständig. Kurzfristig wurde sogar einmal die Hauptstadt von Hattuscha nach Tarhuntassa verlegt. Die Vizekönige waren mit erheblicher Macht ausgestattet – was leicht Gelüste nach Selbstständigkeit gebiert – und führten Kriegszüge in eigener Regie durch, wenn der Großkönig wieder einmal an anderer Stelle gebunden war. Das hethitische Großreich hatte mehrere Schwachstellen. Um 1200 v. Chr., oder kurz danach, bricht es plötzlich zusammen. Das abrupte Ende bleibt ein Rätsel, denn die langlebige These, die viel zitierten „Seevölker“ hätten dem anatolischen Reich den Todesstoß versetzt, vertritt kein Wissenschaftler mehr (s. S. 98), auch wenn dies in einigen Schulbüchern immer noch so dargestellt wird. Vermutlich trafen mehrere Faktoren zusammen: In der Spätphase des Großreichs kam es wieder einmal zu Thronstreitigkeiten in der königlichen Sippe, gegen anhaltende Hungersnöte musste mehrfach Getreide aus Ägypten importiert werden. Verluste von Handelswegen und wieder aufflammende Kaschkäer-Angriffe aus dem Norden schwächten das Herrschaftssystem zusätzlich.

Gegen Ende des 13. Jahrhunderts unter Schuppiluliuma II., weiß Frank Starke, Philologe an der Universität Tübingen, „wird alles nervöser; man kann sich auf niemanden mehr verlassen; es kommt sogar zu einem Kriegszug der Zentrale gegen Tarhuntassa – also ein Bürgerkrieg“. Das Großreich, davon ist auch Starke überzeugt, „wurde nicht erobert, Hattuscha ist im Inneren zusammengebrochen.“ Hattuscha wurde geschlossen, Tarhuntassa und Karkemisch stiegen zu selbständigen Königreichen auf. Die Archive von Karkemisch könnten über den finalen Untergang des Großreichs Auskunft geben. In dem heute direkt auf der Grenze zwischen Syrien und der Türkei liegenden Siedlungshügel und seiner Akropolis schlummern die Zeugnisse von 1000 Jahren hethitischer Geschichte – darunter mit Sicherheit unbekannte Staatskorrespondenz und Nachrichten besonders aus dem Schlussakt des hethitischen Dramas. Minengürtel und die anhaltenden Animositäten zwischen der Türkei und Syrien machen jedoch eine wissenschaftliche Grabung in Karkemisch unmöglich. Das letzte Mal wurde hier 1912 bis 1914 gegraben – Mitglied des Grabungsteams war auch ein gewisser T. E. Lawrence, besser bekannt als Lawrence von Arabien, Archäologe, aber auch Agent des britischen Geheimdienstes *Secret Service*. Der wollte die Aktivitäten des Deutschen Reichs, das in dieser strategisch wichtigen Region damals gerade die Bagdad-Bahn baute, unter Kontrolle behalten. Auch die Akten der Staatskanzlei von Tarhuntassa, der Metropole des zweiten Vizekönigreichs, könnten Licht ins hethitische Endzeitdunkel bringen. Doch diese große und mächtige Stadt ist bislang noch nicht einmal wieder gefunden worden. Vorerst also keine Chance, Originalnachrichten vom Siechen und Sterben der hethitischen Supermacht zu bekommen.

Der Granatapfel in der Hand und die Hörner an der Kopfbedeckung weisen die Dame als Göttin Kubaba aus. An Überirdischen fehlte es den Hethitern wahrlich nicht, gewährten sie doch den Himmlischen besiegter Völker gleichberechtigten Platz in ihrem Pantheon. Das trug ihnen die Titulatur „Volk der 1000 Götter" ein.

Beim syrischen Qadesch stießen die beiden Großmächte vom Nil und aus der anatolischen Bergwelt zusammen. Die Schlacht ging schlecht aus für den jungen Pharao Ramses II. Doch in den Propaganda-Reliefs auf den Wänden seines Totentempels funktionierte er die Beinahe-Niederlage in einen grandiosen Sieg um: Hier die Erstürmung einer Festungsmauer.

Zurück zum Beginn der Großreichszeit: Die zweite Expansionswelle der Hethiter ab 1400 v. Chr. brachte ein völlig neues Element in die menschliche Geschichte – die Vertragspolitik: Die umliegenden Staaten wurden zum großen Teil nicht mehr militärisch erobert, sondern per Vertrag angegliedert. Eine Idee, die Eva Cancik-Kirschbaum für „einfach genial" hält. Die Altorientalistik-Professorin an der Freien Universität Berlin sieht das ganz pragmatisch: „Der Aufwand, mit dem dieser Staatenverbund errichtet wurde, war minimal – also volkswirtschaftlich ziemlich gut."
In den Staatsverträgen finden sich keine erpresserischen Tributforderungen der Zentralmacht, die die neuen Länder hätten ausbluten lassen – im Gegensatz etwa zur Politik der nachfolgenden Assyrer. Der Großkönig von Hattuscha ließ meist auch die innere Souveränität der „Bruderstaaten" unangetastet, der eingesessene Herrscher blieb – bei Wohlverhalten – im Amt, er rückte sogar in den „Panku", das elitäre, sonst der königlichen Familie vorbehaltene Entscheidungsgremium des hethitischen Großreichs, auf. Der außenpolitische Freiraum des neuen Bundesgenossen allerdings wurde eingeschränkt. Dennoch konnte zum Beispiel der Bundesstaat Halab (Aleppo) weiterhin mit dem ewigen Hattuscha-Kontrahenten Assyrien Handel treiben. Erst als es zu offenen Feindseligkeiten zwischen Hattuscha und Assur kam, verhängte die anatolische Zentrale ein Handelsembargo gegen Assyrien.
„Hier werden föderative Strukturen sichtbar", fasst Frank Starke die unzähligen Texte und Textbruchstücke auf hethitischen Keilschrifttafeln zusammen, die er sich zu diesem Thema in den letzten Jahren erarbeitet hat. Dem Tübinger Professor fällt dabei als Novum in der altorientalischen Geschichte der „ausgeprägte Wille zur Dezentralisierung" auf. Und noch etwas findet der Philologe bemerkenswert: Die Staatsverträge wurden nicht zwischen dem Herrscher des neuen Bundeslandes und dem hethitischen Großkönig abgeschlossen, sondern mit dem „Land Hattuscha". Die Hethiter hatten offensichtlich eine Staatsidee, die über die Person des Großkönigs hinausging – eine weitere politische Innovation in der Menschheitsgeschichte.
Die etwas andere Lebensauffassung der Hethiter spiegelt sich auch in ihrer Geschichtsschreibung und den Kriegsberichten. Ihre Historiografie, die sogenannten Annalen, stand jeweils unter einem Motto (die Taten des Vaters und königlichen Vorgängers oder die ersten zehn Jahre des amtierenden Königs etc.). Darin wird zudem stets aufgelistet, was die anderen „Großen" des Reichs, die Prinzen und Kommandeure, für das Land Hattuscha geleistet hatten, „so etwas findet man in keiner anderen orientalischen Chronik", konstatiert Starke, „da geht es immer nur um den König, der Rest bleibt völlig ohne Profil."
Und während ein assyrischer König sich auf seiner Siegesstele in unzähligen Zeilen über das Gemetzel während seines Feldzuges gegen Urartu auslässt, interessieren sich die königlichen Geschichtsschreiber in Hattuscha kaum für die militärischen Aktionen. „Die haben aufgeschrieben, wie ein Konflikt zustande kam, welche Verhandlungen vorher geführt wurden und warum die Sache letztlich gescheitert ist", puzzelt Hethiter-Kenner Starke aus den Tontafeltexten. Die Auseinandersetzung mit dem Kaschkäer-Fürsten Pihhunija wird von Hethiterkönig Murschili II. in seinen „Zehnjahresannalen" in 26 Zeilen dargestellt. Davon widmen sich sechs der Vorgeschichte des Konfliktes, elf den diplomatischen Verhandlungen zur Vermeidung der Auseinandersetzung und nur sechs dem Feldzug selbst; drei Zeilen sind das Nachwort. Da die hethitischen Annalen für die königliche Sippe geschrieben wurden, also für

Die Hethiter führten ein neues Element in die altorientalische Politik ein: Nicht die Vernichtung des Gegners war das Ziel, sondern ein Interessenausgleich. Diese neumodische Idee dokumentiert der erste Friedensvertrag zwischen gleichberechtigten Vertragspartnern, dem Hethiterkönig und dem ägyptischen Pharao nach der Schlacht von Qadesch.

Im Karnak-Tempel in Luxor ließ Ramses II. den Friedensvertrag mit den Hethitern in Stein schlagen. Das Original war auf einer Silberplatte graviert.

ein wissendes Publikum, konnte der König auch nicht allzu weit von der Wahrheit abrücken – die hethitischen Quellen sind daher verlässlicher als die ägyptischen Tatenberichte, die allein der Verherrlichung des Königs dienten.

Dass die Hethiter Krieg zur Durchsetzung ihrer Interessen jedoch keineswegs scheuten, zeigt der militärische Zusammenprall der beiden Supermächte im Orient des 13. Jahrhunderts v. Chr. Das Neue Reich blühte, nach dem Desaster mit Echnatons Monotheismus-Versuch rund 70 Jahre zuvor, unter der 19. Dynastie auf, der junge Ramses II. wurde expansiv und kollidierte in der Levante zwangsläufig mit den Hethitern. Es ging ganz handfest um die Vorherrschaft dort und in Syrien, denn durch die Region liefen alle wichtigen Fernhandelswege. Die Schlacht zwischen Ägyptern und Hethitern bei der syrischen Stadt Qadesch (1275 v. Chr.) brachte den Pharao an den Rand einer militärischen Katastrophe. Die Hethiter nutzten, aus welchen Gründen auch immer, die Chance eines vollständigen Sieges nicht.

Diesem Umstand verdankt die Welt den ersten schriftlich fixierten internationalen Friedensvertrag von 1259 v. Chr. Die Verhandlungen waren durchaus schwierig, schließlich gab es keine Vorbilder, zudem verzögerten Seuchen und ein Thronwechsel in Hattuscha den Abschluss. Nach 16 Jahren tauschten die Könige dann ihre auf Silberplatten gravierte Übereinkunft aus. Man nannte sich gegenseitig „Bruder", bedachte sich mit horrenden Geschenken und versprach sich Beistand. Zur Festigung der Bande wurden im Laufe der Jahre gleich zwei hethitische Prinzessinnen mit Ramses II. verheiratet (s .S. 111). Wie im Reich Hattuscha sollte auch bei diesem internationalen Abkommen alles „in der Familie bleiben". Jedoch wurden kritische Punkte nicht ausgespart: Asylsuchende zum Beispiel, denen in ihrer Heimat der Tod drohte, durften nicht ausgeliefert werden. „Die Idee der Koexistenz, die in diesem Vertrag zum Ausdruck kommt, ist neu", charakterisiert Eva Cancik-Kirschbaum das Vertragswerk. Es geht nicht um die Vernichtung des Gegners (wie bei den Assyrern), sondern um einen Interessenausgleich zwischen den Beteiligten. „Das macht das hethitische Reich aus – diese merkwürdige Mischung aus Altem Orient und hochmodernen Ideen, zu denen wir keine Parallelen in der damaligen Zeit haben."

Auch die Rechtsprechung im Land Hattuscha unterscheidet sich deutlich von der der umliegenden Gesellschaften: Die Todesstrafe war praktisch abgeschafft, allein der König durfte ihre Vollstreckung anordnen. Und im Strafrecht galt nicht mehr das altorientalische Prinzip der Rache (Auge um Auge), sondern die Idee von Wiedergutmachung und Buße. Schließlich: Die Königin spielte ein aktive Rolle im Staatsgeschehen, sowohl als Ehefrau wie auch – nicht immer produktiv – als Königswitwe unter dem Nachfolger (s. S. 111). Eine Scheidung war für Mann wie Frau ohne größere Probleme möglich.

Vor allem aber die Staatsidee der Hethiter löst Ver- und Bewunderung aus. Die drei Staatsorgane waren nach dem Telipinu-Erlass: Erstens der König als Person, aber darüber hinausgehend das „Königtum" als übergeordnete und anhaltende Idee. Zum Zweiten „die Gemeinschaft", der „Panku". Er rekrutierte sich aus der Herrscherfamilie, also der Verwandtschaft des Königs und deren Verwandtschaft und deren Verwandtschaft – eine Art Aristokratie. Zum Dritten schließlich „die Großen": die engere Königsfamilie, meist Brüder und Söhne, die Ministerfunktionen ausübten und als Sonderberater oder militärische Kommandoführer tätig waren. Der Tübinger Philologe Starke setzt die drei Gruppen in Position: „Die Macht im Staate hatte die königliche Sippe. Die Mitglieder des Panku saßen an den Schaltstellen des Staates. Der König berief als *Primus inter pares* den Panku ein, in den Sitzungen wurden die grundlegenden Dinge des Staates geregelt. Die Herrscher der assoziierten Bundesländer waren gleichberechtigte Mitglieder dieses Gremiums" – ein Unikat im Alten Orient.

Mit heutigen Begriffen könnte man den Panku als eine Art Bundesrat bezeichnen. Der König wäre dementsprechend mit dem Bundeskanzler zu vergleichen. Die Großen hätten als „Exekutive" (Bundestag) eigenständig Aufgaben zu verantworten. Sowohl der Großkönig als auch die Großen unterstanden der Gerichtsbarkeit des Panku, somit hatte dieser auch die Funktion eines Verfassungsgerichts. Das „Land Hattuscha" wurde durch die royale Familie verkörpert, nicht durch den König als Person. Der konnte seinen Nachfolger vorschlagen, bestätigen musste ihn „die Gemeinschaft" – was nicht immer passierte. In der Nominierung des Kronprinzen war der König zudem nicht frei: Er musste zunächst einen Sohn ersten Ranges, dann ein Sohn zweiten Ranges aufstellen. Wenn kein Sohn vorhanden war, konnte er auch – eine hethitische Besonderheit – eine Tochter als Thronerbin präsentieren.

Warum waren die Hethiter so anders als die sie umgebenden Völker? „Wir wissen nicht, wie diese Ideen entstanden sind", bedauert Frank Star-

Menschengestaltige Gefäße haben eine Tradition, die bis in die Steinzeit zurückreicht. Aber auch tierförmige tönerne Trink- und Trankopfergefäße waren weit verbreitet. Das Repertoire reichte dabei vom Hasen über den Adler bis zum Löwen.

ke, „sie waren von Anfang an vorhanden." Eva Cancik-Kirschbaum versucht es so: „Die Hethiter haben aus ihrer Umgebung alles aufgesogen wie ein Schwamm. Sie hatten eine unglaubliche Fähigkeit, Dinge zu adaptieren und dann weiter zu entwickeln."

Das hethitische Reich, das einzige, das im und aus dem Herzen des Landes selbst entstand, bleibt ein politisches und kulturelles Unikat in der Geschichte des Alten Orients – frappierend, weil es so anders war und agierte. Dass es dennoch für fast drei Jahrtausende in der geschichtlichen Versenkung verschwand, liegt an einer weiteren Eigenart der Anatolier: So wenig wie sie einen politisch-militärischen Imperialismus in den eroberten oder angegliederten Staaten betrieben, so wenig oktroyierten sie den Völkern ihre eigene Kultur. Sie übertrugen weder ihre Götter oder ihre Verwaltung auf die neuen Länder noch exportierten sie Lebensart oder Geschirr. Die nachkommenden Assyrer und Babylonier drückten den Besiegten ihren Stempel in allen Lebensbereichen auf, im römischen Imperium kündete noch der letzte Grenzstein in Britannien: „Hier ist Rom!"

Nichts dergleichen bei den Hethitern. Vor allem die nicht vorhandene hethitische Keramik in Gebieten im westlichen Kleinasien, die nach Aussagen der Texte von den Hethitern dominiert wurden, treibt die Archäologen zur Verzweiflung – und gelegentlich in heftige Konfrontationen mit den philologischen Altertumskollegen. Aber Archäologie alleine erklärt eben auch nicht alles. Beide Gruppen werden jedoch bestens mit wissenschaftlichem Material aus Hattuscha versorgt, der riesigen Hauptstadt der Hethiter im zentralanatolischen Hochland: Die Archäologen bekommen Ruinen *en masse*; die Schriftexperten Keilschrifttafeln ohne Ende.

Ein Löwenhaupt reichte für diese Sphinx, eine Entlehnung aus Ägypten, nicht aus, sie musste in ihrer Wirkung durch einen zusätzlichen Menschenkopf gesteigert werden.

KÖNIG DAVIDS SÜNDENFALL
DIE HETHITER IN DER BIBEL

„Eines Abends erhob sich David von seinem Lager und erging sich auf dem Dach des königlichen Palastes. Da sah er vom Dache aus, wie ein Weib sich badete, und das Weib war schön." Damit nahm das Unglück seinen Lauf, und die Nachwelt verdankt dem folgenden Seitensprung des judäischen Königs einen der wenigen antiken Hinweise auf die Hethiter. Denn Bat-Scheba (alias Bathseba), die schöne Badende, war „das Weib des Hethiters Uria". Das Alte Testament erzählt im Buch Samuel, Kapitel 11, die Tragödie weiter: Bathseba wurde umgehend schwanger. Um Unannehmlichkeiten aus dem Weg zu gehen, gab David seinem Feldherrn Joab den Befehl, den Hethiter Uria bei der Belagerung von Rabba (dem heutigen Amman in Jordanien) an die vorderste Front zu stellen, „wo der Kampf am wildesten ist. Dann lasst ihn im Stich, damit er in der Schlacht umkomme."

So geschah es, kurz darauf konnte Joab seinem obersten Kriegsherren melden: „... der Hethiter Uria fand den Tod". David nahm Bathseba in sein Haus, und sie gebar ihm einen Sohn. Doch Jahwe zürnte und ließ das Kind sterben. Der zweite Sohn der beiden wurde der sagenumwobene und erotisch nicht weniger umtriebige König Salomon, den die ebenso legendäre Königin von Saba besuchte.

„Es war die Bibel, nur die Bibel und kein klassischer Autor, die wenigstens den Namen einer vergessenen Kultur durch Altertum und Mittelalter in die Neuzeit gerettet hat", konstatiert Bibelforscher Hubert Cancik. Die Hebräer bezeichneten mit dem Namen „Het" eine Bevölkerungsgruppe, die nicht zu ihrem Volksstamm gehörte, und die „späthethitischen" Staaten nördlich von Kanaan, also die Nachfolgestaaten des hethitischen Großreichs. „Mehr als zwanzigmal erscheint ‚Hethiter' als Volksname in den Völkerlisten der Bibel", summiert Cancik.

So kauft etwa Stammvater Abraham seine Grabanlage von „Ephron, dem Hethiter aus Hebron". Und den König Tid'al, gegen den Abraham kämpft, setzt Cancik mit dem hethitischen König Tudhalija gleich. Auch andere Erzväter haben engen Kontakt mit den Hethitern: Esau heiratet Jehudit, die Tochter des Hethiters Beeri, und Basamat die Tochter des Hethiters Elon. Immer jedoch sind bei diesen Erwähnungen Menschen der späthethitischen Kleinreiche gemeint, das hethitische Großreich kennt auch die Bibel schon nicht mehr.

Uria und die anderen Fremdlinge aus dem Norden werden von den hebräischen Schreibern „Chittim" genannt. In der griechischen Bibelübersetzung wurde daraus „Chetaios". Die Römer transformierten in „Hettaeus". Und Luther schuf in seiner deutschen Bibel die „Hethiter".

Die Schöne nimmt ein Bad, der König schaut zu – und schon beginnt das Unglück. Die Frau ist mit dem Hethiter Uria verheiratet, der Voyeur ist der judäische Herrscher David. Er begehrt Bathseba und schickt ihren Mann in den Tod. Dieser Tragödie verdanken wir einen der wenigen Hinweise auf die Hethiter überhaupt.

METROPOLE IM ANATOLISCHEN HINTERLAND

HETHITERHAUPTSTADT HATTUSCHA

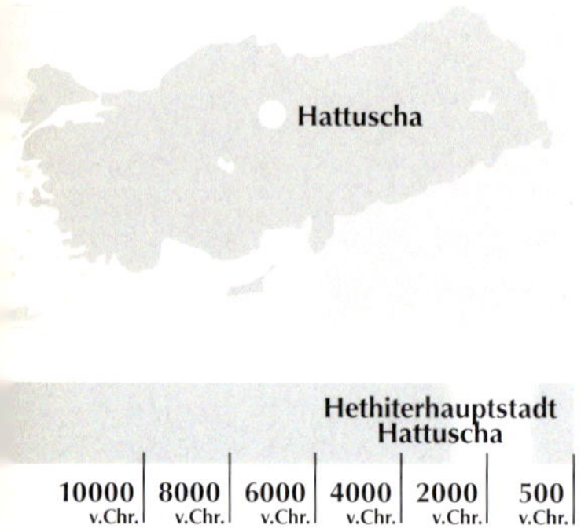

Die gewaltigen Fundamente der Kastenmauer um die Zitadelle auf dem Büyükkaya, dem Bergrücken im Norden von Hattuscha. Am oberen Bildrand ist Tempel 1 der Hethiterhauptstadt zu erkennen. Es ist gerade ein wissenschaftlicher Streit entbrannt, wann die Siedlung zur glanzvollen Metropole ausgebaut wurde.

Nach den Vorstellungen Anittas wäre Hattuscha am Ende gewesen, bevor es richtig begonnen hatte. Der mythische zweite „Großkönig von Kussara" eroberte in grauer Hethiter-Vorzeit die rivalisierende Stadt Hattuscha. Um zu verhindern, dass sich dort jemals wieder Menschen ansiedelten, machte er den Ort – „und ich säte Unkraut an ihrer Stelle" – unbrauchbar. Und, so drohte der aufstrebende Fürst weiter, „... wer nach mir König wird und Hattuscha wieder besiedelt, den soll [der Wettergott] Teschup treffen".

Er war nur einer unter vielen, denn das Land war zu Beginn des 2. Jahrtausends v. Chr. zersplittert in zahlreiche Kleinkönig- oder Fürstentümer. Die Herren kontrollierten meist nicht mehr als das ihre Stadt umgebende Hochplateau, das Flusstal oder eine abgezirkelte Ebene. Anittas Kriegszug ist in der althethitischen Geschichtsschreibung der mythische Beginn des hethitischen Reichs. Anitta und zuvor sein Vater Pithana, Herrscher des noch nicht lokalisierten Kussara, so berichten die Legenden, überrannten ein Land in Zentralanatolien nach dem anderen. Vor allem okkupierten sie Nescha und bauten den Ort zu ihrer Hauptstadt aus. Nescha war das vorhethitische Kanisch (heute Kültepe) und ab dem 19. Jahrhundert v. Chr. die Zentrale der assyrischen Handelskolonien in Anatolien. In den Händlerurkunden tauchen Pithana und Anitta tatsächlich als handelnde Personen in Kanisch auf (s. S. 68). Die Hethiter nannten später ihre Sprache „Nesisch", und das war ein indoeuropäisches Idiom.

Zum Glück hielten sich die Anitta-Nachfolger nicht an die Verfluchung ihres Ahnen, sondern besiedelten die zerklüfteten und steilen Berghänge am Ende eines weiten Tals am nördlichen Rand Kappadokiens wieder. Sie bauten den Ort, wie die Archäologen erst aus den Grabungen der letzten Jahre ableiten können, schon ab dem 16. Jahrhundert v. Chr. allmählich zur glanzvollen Metropole des hethitischen Großreichs aus. Von hier aus wurde über drei Jahrhunderte Weltpolitik betrieben. Kurz nach 1200 v. Chr. ging die Saat des Anitta doch noch auf: Hattuscha wurde verlassen und zerfiel.

Das riesige Ruinengelände, 180 Hektar groß, 150 Kilometer östlich von Ankara, ist Zentrum eines türkischen Nationalparks und seit 1986 Weltkulturerbe der Unesco. Will man die Stätte heute „erfahren", so ist – wenn man nicht bloß über die Monumentalität der frühgeschichtlichen Anlage staunen will – etwas Fantasie gefragt. Das Buch des Hattuscha-Ausgräbers Jürgen Seeher vom DAI Istanbul hilft der Einbildungskraft gut auf die Sprünge (bei Seeher, Hattuscha. Ein Tag in der hethitischen Hauptstadt). Wenn der Besucher die Ortschaft Boğazkale (Schluchtburg) und seine schnatternden Gänsescharen durchquert hat, stößt er gleich auf die neueste Attraktion des archäologischen Freiluftmuseums: die Stadtmauer. Seehers Sponsor ließ noch einmal richtig Geld springen, um die Rekonstruktion eines 65 Meter langen Stücks des hethitischen Wehrwerks zu ermöglichen. Es gibt hethitische Architekturmodelle aus Ton, und so konnte sich Seeher guten wissenschaftlichen Gewissens daran machen, hier einen Nachbau zu wagen. Das halbe Dorf war am Bau beteiligt, Material und Bauweisen wurden weitgehend alten Mustern angepasst. In harter Handarbeit wurden 64.000 Lehmziegel in Kastenformen hergestellt, in der Hitze der kappadokischen Sommersonne getrocknet und zu acht Meter hohen Mauern geschichtet und verputzt, die beiden Türme ragen gar zwölf Meter in den blauen Himmel über Hattuscha. Drei Jahre dauerte die Aktion. Solch experimentelle Archäologie soll nicht nur

Die Größe des Tempel-1-Areals erschließt sich erst aus höherer Warte. Der eigentliche Kultbezirk (im Zentrum) war umgeben von zahlreichen Magazinen und Wirtschaftsräumen, denn Tempel waren immer auch ökonomisch tätig, manchmal gar als Monopolist. Im Hintergrund die rekonstruierte Lehmziegelmauer; dazwischen die Gebäude der Hattuscha-Wohnstadt.

Aufschluss bringen über Möglich- und Schwierigkeiten frühgeschichtlichen Mauerbaus, sondern künftig auch Auskunft geben über notwendige Pflege und Haltbarkeit von Lehmarchitektur. Den Härtetest haben die Erbauer gleich durchgeführt: Sie setzten einen vier Tonnen schweren Bulldozer auf die Schlamm-und-Häcksel-Steine und malträtierten sie zudem mit einer Dampfwalze – das luftgetrocknete Gemisch hielt stand.

Hinter der Mauer dehnt sich gleich rechts die Unterstadt, der Blickfang aber ist zweifellos das Riesenareal des „Tempel 1". Sichtbar sind heute nur noch die steinernen Fundamente und Subkonstruktionen der Kultanlage und ihrer zahllosen Nebengebäude. Die Ausdehnung und Massigkeit bestechen. Über das Aussehen der Lehmziegel- und Fachwerkfassaden ist nichts bekannt. Wenn man durch das ausgedehnte Steinlabyrinth streift, ist eigener Ideenreichtum gefordert, um sich mehr vorzustellen als eine Ansammlung von Flachdachgebäuden. Denn dies war kein Ort der Kontemplation, sondern hier rauschte das Leben, hier wurden Säcke geschleppt, Esel über das Pflaster getrieben, Wein, Öl und eingelegte Früchte an- und Gemüse und Hülsenfrüchte ausgeliefert, es wurde gewogen, registriert, entlohnt, geschwitzt und geflucht. Hethitische Tempel waren auch immer – und oft der wichtigste – Wirtschaftsfaktor. Ihre langatmigen religiösen Rituale haben die Hethiter exzessiv beschrieben, über das Interieur des Tempels haben sie dagegen keine schriftlichen oder gemalten Nachrichten hinterlassen. Tempel 1 diente vermutlich als Heimstatt für die beiden Obersten im hethitischen Pantheon: den Wettergott Teschup und seine Gemahlin, die allmächtige Sonnengöttin von Arinna.

Hinter Tempel 1 ragt dunkel die 100 Meter hohe Felswand Büyükkaya (Großer Felsen) auf. Wenn man sie sich „von der anderen Seite" anschaut (an der Straße von und nach Yazılıkaya und Yozgat), erkennt man, dass sie der Abbruch eines Bergrückens ist, der ebenso malerische wie massive Befestigungswerke trägt. Die gut erkennbare Kastenmauer samt implantierten Türmen war mit der äußeren, sechs Kilometer langen Stadtmauer um Hattuscha verbunden, so dass eine besonders geschützte Zitadelle entstand. Hier oben wurden denn auch volumenreiche Vorratsgruben gefunden. Elf Silos sind bislang identifiziert, das größte – 12 mal 18 Meter groß, 2 Meter tief – fasste 260 Tonnen Getreide. Auf dem nach Norden auslaufenden Gelände des Büyükkaya siedelten Menschen schon 4000 Jahre vor den Hethitern.

Die hethitische Königsburg Büyükkale (Große Burg) liegt dagegen mitten im Stadtgebiet auf einem breiten Plateau, zur Unterstadt deutlich abgegrenzt durch steile Hänge und Burgmauer. Dieses Palast- und Verwaltungsviertel wird bei touristischen Besichtigungen meist ausgelassen – zu Unrecht, auch wenn sich die Zusammenhänge erst mit fachkundiger Beschreibung erschließen. Deutlich wird aber auch so, dass die Herrschaften zu wohnen wussten. Der grandiose

Blick von der obersten Ecke der Königsburg auf Unterstadt, Tempel 1 und weit hinaus in das Tal macht den Besuch lohnend. Hinzu kommt, wenn man willens ist, ein Flug der Fantasie: Auf Büyükkale wurden 1906 n. Chr. die ersten der zigtausend Tontafeln gefunden, die uns überhaupt erst in die wundersame Welt der Hethiter hineinlassen. Denn wir wollen nicht vergessen: Die hethitische Großmacht der Bronzezeit war komplett ins geschichtliche Nichts entschwunden: Keine assyrische Quelle gibt Nachricht, weder babylonische noch persische Annalen berichten von den Hethitern, von griechischen Historienschreibern ganz zu schweigen. Nur die Bibel, genauer das Alte Testament, nennt sie, meint dabei jedoch die Nachfolger des hethitischen Großreichs (s. S. 87).

Diese ersten Keilschrifttexte aus Hattuscha konnte man zwar lesen, aber nicht verstehen, da man die Sprache dahinter nicht kannte. Die erschloss sich erst 1915 n. Chr. als indoeuropäisches Idiom. Neben der Keilschrift verwendeten die Hethiter noch eine Hieroglyphenschrift, hinter der abermals eine andere Sprache stand, das Luwische (s. S. 107). Die konnte erst 1948 unserer Zeit dechiffriert werden: In Karatepe, der Grenzburg des späthethitischen Fürstentums von Adana (s. S. 128-129), meißelte ein Bildhauer zu einer Hieroglyphen-Inschrift die phönizische Übersetzung in eine Steinplatte. Damit konnten weitere Texte aus dem Archiv der Königsburg Büyükkale in Hattuscha entziffert werden.

Folgt man in der Hauptstadtruine nach Tempel 1 der Straße aufwärts, kommt man als Fußgänger ins Schwitzen: 300 Höhenmeter sind zu überwinden, die Sonne sticht meistens, der Wind lindert nur selten. Doch man wird belohnt: In der Oberstadt stehen nicht nur das Löwen- und das Königstor zur Bewunderung an, sondern der Wall von Yerkapı mit dem Sphinxtor. Von den beiden Löwen am gleichnamigen Tor brüllt allerdings nur noch einer. Die Skulptur am Königstor ist eine ernüchternde Replik, das Original steht im Museum in Ankara. Von den ehemals vier Sphingen von

Der monumentale Yerkapı-Wall ist die südliche Begrenzung von Hattuscha. Er gibt Rätsel auf: Als Verteidigungsbauwerk taugte er nicht, denn in der Mitte durchquert ihn ein gut begehbarer Tunnel und an den Schmalseiten kommt man – atem- aber problemlos – über zwei steile Treppen hinauf. Wurde hier nicht verteidigt, sondern Freiluftkult inszeniert?

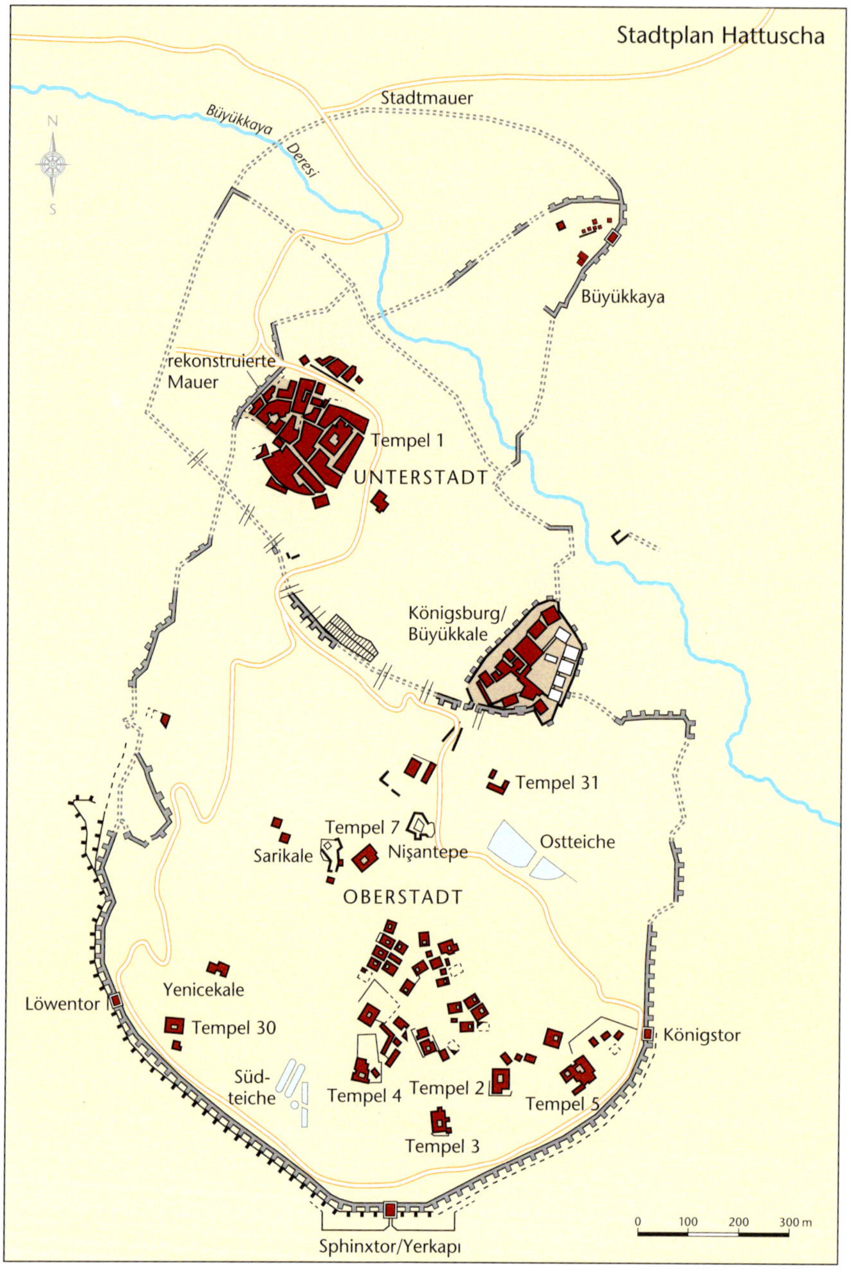

Yerkapı ist eine verschwunden, eine bis zur Unkenntlichkeit von Wind und Wasser abgewetzt, eine steht im Archäologischen Museum in Istanbul, die letzte im Vorderasiatischen Museum in Berlin.

Um die Berliner Sphinx gibt es Streit. Die Türkei blockierte im letzten Jahr zeitweilig 20 Grabungsgenehmigungen deutscher Archäologen, um Druck zu machen für ihre Forderung nach Rückgabe auch dieser Skulptur. Die verbrannten Reste zweier Sphingen waren 1917 unserer Zeit, zusammen mit 10.000 Keilschrift-Tafelframenten, zur Restaurierung nach Berlin geschafft worden. Nur eine der beiden Skulpturen wurde nach der Wiederherstellung nach Istanbul zurückgeschickt. Das Vorderasiatische Museum behauptet, die zweite Sphinx sei der Berliner Institution geschenkt worden, was die türkische Antikenverwaltung bestreitet. Entsprechende Belege konnte bislang keine der beiden Seiten vorlegen. Der Streit wird also weitergehen.

Gott als Empfangschef

Trotz der Einschränkungen: Die Bauten auf dem höchsten Punkt Hattuschas bilden ein beeindruckendes Ensemble, das mit einem Wort nicht erklärt ist, denn es tauchen nach dem ersten Eindruck – Stadtmauer mit Toren – diffizile Fragen auf, etwa: Ist es üblich, aufwendigen Bauschmuck wie Löwen und Sphingen auf der Außen- also Angriffsseite einer Wehrmauer anzubringen? Begrüßt ein Gott am Tor Besucher der Stadt oder gar Eindringlinge? Und warum, um aller Götter willen, hat ein Verteidigungswall einen offen sichtbaren, 71 Meter langen und 3 Meter hohen Tunneldurchgang (Poterne) und zwei einladende seitliche Treppen?

Das seltsame Trio – Löwen-, Königstor und Yerkapı-Wall – ist Teil und Höhepunkt der südlichen, nahezu halbrunden Stadtummauerung, bildete aber nicht den Haupteingang zur Metropole. Die seitlichen Löwen- und Königstore wurden verschlossen, wie eine königliche Dienstanweisung an den Bürgermeister von Hattuscha belegt: „Wenn morgens sie des Tores kupferne Riegelstangen heben" soll ein kommandierender Offizier „das Siegel am Tore überprüfen und entsprechend das Tor öffnen." Das Sphingentor dagegen war offenbar nicht zu verrammeln. Da stellt sich nicht nur der Ausgräber, Jürgen Seeher, die Frage, ob das Trio überhaupt „normale" Schutztore gewesen sind.

Die hinter Wall und Toren liegende Oberstadt von Hattuscha war der zentrale Kultbezirk. 27 Tempel haben die Archäologen bislang ausgegraben, die hellen Fundamentsockel – sie allein sind erhalten – verdeutlichen die Größe der ehemaligen Kultbauten. Weitere werden noch im Untergrund vermutet. Vom Yerkapı-Bollwerk hat der Besucher einen faszinierenden Überblick auf diese sakrale Sektion der hethitischen Hauptstadt. Die religiösen Rituale müssen – nach den ausführlichen Anweisungen zu urteilen – sehr viel Zeit beansprucht haben. Bei den Staatskulten für die Obergötter musste gar der amtierende Herrscher anwesend sein, das forderte viele Stunden – oder Tage, wenn etwa das zweimal jährlich stattfindende Fest des Wettergottes von Sarissa in der Provinz zelebriert werden musste. Die zahlreichen Tempel untermauern den Beinamen der Hethiter als „Volk der 1000 Götter". Die religiöse Toleranz der Hethiter ist belegt, sie errichteten in ihrer Hauptstadt jedem wichtigen Gott der unterworfenen Völker ein eigenes Heiligtum – das vielleicht auch als eine Art Botschaft des entsprechenden Landes diente. Welcher Überirdische in welchem Bau verehrt wurde, ist heute nicht mehr festzustellen.

Die Oberstadt war ein religiös aufgeladener Bezirk, zu dem vermutlich nicht jedermann Zugang hatte. Löwen- und Königstor wurden unter Umständen nur zu besonderen Anlässen, wie etwa Prozessionen, geöffnet. Die Plattform des

Noch ein Rätsel: Das Königstor trägt seinen Namen zu Unrecht, denn die namengebende Figur auf dem Pfeiler ist nach neuen Erkenntnissen kein Herrscher, sondern ein Gott. In Hattuscha wacht ein Stellvertreter, das Original steht im Museum in Ankara. Ein Gott am Tor – da fällt es schwer, an ein normales Schutztor in einer Wehrmauer zu glauben.

Das Plateau der Büyükkale, der Königsburg, mitten im Stadtgebiet. Durch Mauer und steil abfallendes Gelände hatten sich die Herrscher vom Volk abgesondert, ein eigenes Aquädukt versorgte die Anlage mit Wasser. Die Edlen wussten zu wohnen: Von der Burg hat man einen fantastischen Blick hinunter auf Tempel 1, die Altstadt und das sich öffnende Tal.

Yerkapı-Walls diente vielleicht als riesige Freilufbühne für große kultische Ereignisse. Das alles aber sind nur Erklärungsversuche, mehr schlecht als recht, denn trotz der überbordenden Schreib- und Sammelwut der zentralanatolischen Bürokraten gibt es keine oder kaum Nachrichten über das alltägliche Leben in der hethitischen Hauptstadt. Das interessierte die ersten Ausgräber von Hattuscha auch nicht vorrangig – sie hatten genug zu tun mit den zahllosen ja erst heute sichtbaren Relikten. Jürgen Seeher, nach Kurt Bittel und Peter Neve der Dritte im Bunde der Hattuscha-Forscher, aber suchte die Menschen und die Infrastruktur der Stadt, als er 1994 in der Riesen-Ruine zu recherchieren begann. Der Archäologe des DAI mit Dienstsitz Istanbul deckte dabei 1999 ein riesiges Getreidesilo mitten in der Stadt auf, das irgendwann, eventuell schon im frühen 16. Jahrhundert v. Chr., angelegt wurde. Der Gesamtkomplex war mit 118 Metern Länge größer als ein Fußballfeld, maß 30 bis 40 Meter in der Breite und ging 4,5 Meter in die Tiefe. In 32 separaten Kammern mit anderthalb Meter dicken Trennwänden aus luftgetrockneten Lehmziegeln wurden zwischen 7000 und 9000 Kubikmeter Gerste und Weizen gelagert. Rechnerisch genug, um 20.000 bis 30.000 Menschen ein Jahr lang zu ernähren. Mit pfiffigen Methoden – Drainagen und auf dem Boden ausgelegte Strohmatten – wurde dieser Staatsschatz gegen Feuchtigkeit

geschützt. Eine luftdichte Abdeckung aus Lehm machte zudem Schädlingen und Pilzen den Garaus.
„Irgendwann ist in diesem Silokomplex ein Feuer ausgebrochen, durch das zwölf Kammern zerstört wurden", berichtet Seeher. Die Zwischenwände wurden feuerrot „verziegelt", meterdicke Pakete verkohlten Getreides blieben erhalten. „Die Dimension dieser Lagerhaltung war gewaltig", resümiert Seeher, und bei diesem Aufwand sicher nicht für die alltägliche Versorgung der Bevölkerung gedacht, sondern als staatliche Vorsorge bei Missernten und Hungersnöte. Die Silos gaben dem König auch Rückendeckung für riskante Kriegszüge und damit eventuell verbundene Ernteausfälle. Große und effiziente Getreidesilos waren schlicht ein Machtfaktor.

Wasser für die Stadt

Ähnlich spektakulär war ein Jahr später die Entdeckung von fünf künstlichen Teichen unterhalb des Yerkapı in der Oberstadt. Sie wurden mit Luftaufnahmen und Geoprospektion ausgemacht und durch Sondagen in ihrer Ausdehnung erschlossen. Die beiden größten Becken sind rund 70 Meter lang und bis zu 8 Metern tief, vermutlich wurden auch sie sensationell früh, nämlich im 15. Jahrhundert v. Chr., in den wasserundurchlässigen Mergelboden geschlagen. Gespeist wurden die Reservoire über offene Kanäle und eventuell Tonrohrleitungen von Quellen etwas oberhalb von Yerkapı. Die Verteilung des Wasservorrats auf mehrere Teiche erklären sich die Archäologen als Vorsichtsmaßnahme gegen Verunreinigung und / oder Dammbruch. Diese als „Südteiche" bezeichneten Speicherbecken sind, wie auch die beiden schon länger bekannten „Ostteiche" unterhalb der Königsburg, im Gelände nicht mehr oder nur ansatzweise sichtbar. Zur Versiegelung der Ostteiche setzten die hethitischen Ingenieure übrigens das gleiche Verfahren mit wasserdichtem Ton ein, das auch die Wasserspeicher in Sarissa vor Verlusten schützte (s. S. 103) – das war vor 3500 Jahren Stand der Technik. „Solche Tonabdichtungen", weiß Seeher, „wurden ganz genau so noch im 20. Jahrhundert unserer Zeit angewendet, vermutlich sogar noch heute, wenn man nicht alles in Beton macht."
Auch bei der Wasserversorgung wurde also mit großem Aufwand staatliche Vorsorge getroffen. Nur für wen? „Den Menschen" haben die Forscher noch nicht so recht entdeckt. Die Wohnsiedlung in der Unterstadt begann im 16. Jahrhundert v. Chr. und hatte bis zum Ende Hattuschas um 1200 v. Chr. Bestand. Die Bebauung änderte sich mehrfach, Architekturmoden gab es schon damals. Gelebt haben hier Priester, Beamte, Händler und Handwerker. Die Bauern wohnten weiter draußen im Tal bei ihren Äckern und Weiden. Die Häuser waren, wie der benachbarte Tempel 1, aus Lehmziegeln gebaut und hatten eine kommunale Abwasserentsorgung. So weit, so gut, aber die Unterstadt ist ein Bruchteil des 180 Hektar großen Gesamtkunstwerks Hattuscha. Riesige Flächen der Stadt sind archäologisch noch gar nicht angegangen und „was von den Hängen gerutscht ist und unter den Sedimenten liegt, wissen wir ja auch nicht", umreißt Seeher den Stand der Forschung.
Erst seit einigen Jahren suchen die Ausgräber – zunächst Seeher, nun sein Nachfolger in Hattuscha, Andreas Schachner – nach Erkenntnissen jenseits von Tempel und Palast. Es gibt erst eine gezielte Grabung, um profane Besiedlung zu finden. Und da stieß Seeher auch gleich weiter in die Vergangenheit zurück, als die bisherige Auffassung erlaubte. Am Fuß des Bergklotzes Sarıkale grub er „zwei Gebäude mit völlig identischem Grundriss aus, die in sich wieder in völlig gleichartige Raumsektionen unterteilt waren. Die gruppierten sich jeweils um einen Hof mit Feuerstelle. Man kann sich gut vorstellen, dass es sich hier um Unterkünfte für Soldaten handelte." Dafür sprechen auch die zahlreichen Waffen, die in diesen Häusern gefunden wurden. Spannend wird die Grabung aber vor allem durch die Radiokarbon-Datierung: Die Ur-Kaserne wurde um 1550 v. Chr. errichtet, also lange vor dem Beginn der expansiven Großreichszeit, die rund 150 Jahre später angesetzt wird.
Die Militär-Bauten wurden einmal renoviert. Um 1480 v. Chr. bekam das Gelände eine vollkommen neue Funktion, jetzt können die Archäologen Werkstätten für Metallverarbeitung und Siegelherstellung nachweisen. „Um 1400 v. Chr. wird das Areal in einer dritten Nutzungsphase abermals völlig neu gestaltet", berichtet Andreas Schachner. Nun erscheinen große regelmäßige Gebäude mit Gassen und Wasserabflusskanälen, „die sehen nicht wie Wohnhäuser aus". Schachner tippt auf kommunale Einrichtungen. In einer neuen Grabung 160 Meter weiter südlich hat er ebenfalls ein Bauwerk aus dieser Zeit mit ähnlichem Grundriss freigelegt, „daraus dürfen wir schließen, dass zumindest der gesamte Ostteil

Großkönig Schuppiluliuma II. (links) sucht in der „Hieroglyphenkammer“ die Nähe des Sonnengottes (rechts) mit der geflügelten Sonnenkrone. Die Kammer war aus puzzleartigen Steinblöcken zusammengesetzt, was ihre Restaurierung erst ermöglichte. Mit einem Hieroglyphentext auf der zweiten Innenwand schildert der letzte Herrscher von Hattuscha seine glorreichen Taten – dann ging das Reich unter.

dieses Tals vor Sarıkale um 1400 v. Chr. geplant umgestaltet worden ist“.

„Um 1400 v. Chr.“, resümiert Schachner die Grabungen der letzten Jahre, „ist in Hattuscha etwas Gravierendes geschehen, da hat sich etwas grundsätzlich verändert.“ Und das nicht nur in der Hauptstadt – in Kuşaklı zum Beispiel brennt um diese Zeit der große Tempel des Wettergottes ab. Knapp vor 1400 v. Chr. wird, nach heftigen internen Querelen, das hethitische Großreich unter der Ägide von König Tudhalija I., der sich ab jetzt „Großkönig“ nennt, geboren. Schachner wehrt des Laien Gedankengänge dazu rigoros ab: „Nein, nein, das sollte man nicht miteinander verbinden, das geht grundsätzlich nicht. Die Radiokarbon-Daten reichen da nicht, die haben eine Spannbreite für die Regierungszeit zweier Könige.“ Die Gefahr besteht tatsächlich, dass aus solchen Befunden „der Philologe den Text zeitlich nach dem Gebäude einordnet, in dem er gefunden wurde, und der Archäologe dann das Gebäude nach den so datierten Texten“ – ein Zirkelschluss, der in der Archäologie gar nicht so selten praktiziert wird.

Wie auch immer, sicher ist: Die Wasserteiche stammen aus dem 15., die Getreidesilos bereits aus dem 16. Jahrhundert v. Chr., und in den „Kasernen“ lebten ab etwa 1550 v. Chr. Menschen – alles Anzeichen für geballte Staatlichkeit. Damit sind wir mitten drin in der aktuellen wie vehementen wissenschaftlichen Diskussion: 102 Jahre nach dem ersten Spatenstich und nach rund 70 Jahren intensiver archäologischer Arbeit in Hattuscha gibt es keine gesicherte Chronologie der hethitischen Hauptstadt. „Die Datierung von Hattuscha ist das elementare Problem, da stehen wir ziemlich im Regen“, resümiert Schachner. Betroffen ist vor allem die Bebauung der Oberstadt. Speziell Seeher-Vorgänger Peter Neve ging davon aus, dass der dortige Kultbezirk planmäßig „in einem Aufwasch“ von Großkönig Tudhalija IV. erbaut worden ist. Das wäre eine Herkules-

Mission gewesen – Tudhalija IV. hatte immense innenpolitische Rechtfertigungsnöte, er saß nicht rechtmäßig auf dem Königsstuhl, denn sein Vater hatte ihn mit einem Putsch gegen den legitimen Thronfolger okkupiert. Und auch außenpolitisch gab es mehr Ärger als Frieden, das Großreich befand sich in schwerer See und steuerte bereits in Richtung Untergang. Vor allem aber: Tudhalija IV. regierte ganze 24 Jahre, von etwa 1235 bis 1211 v. Chr.

Die Stadt wird älter

Die Beweisführung für eine frühere Datierung der Tempelbauten in der Oberstadt, die vor allem von Jürgen Seeher vorangetrieben wird, ist kompliziert und harrt noch der abschließenden Anerkennung. Dennoch sind die beiden jungen Hattuscha-Forscher fest überzeugt. Seeher: „Die Nutzung der Oberstadt begann nach jetziger Erkenntnis bereits im frühen 16. Jahrhundert v. Chr.", Schachner: „Die Oberstadt ist wesentlich älter, als bisher angenommen."
Es gibt aber in der Hethiter-Hauptstadt noch ein anderes Problem: Die ersten Ausgräber spekulierten für Hattuscha eine Bevölkerungszahl von bis zu 15.000 Menschen herbei, Seeher reduziert die Hauptstadtmannschaft auf maximal 5000. Bei einer Besiedlungszeit von rund 400 Jahren, so hat er errechnet, müsste es 100.000 Tote gegeben haben. Wo sind die? Bislang haben die Archäologen ganze 100 Bestattungen in und um Hattuscha gefunden. Keine Spur von einem Friedhof. Dieses Mysterium wird in Hattuscha noch verschärft: Reichgewordene Händler, Handwerker und Honoratioren lassen sich normalerweise gern mit Gaben für das Jenseits ausstatten, je mehr und wertvoller, umso besser – vor allem für die Archäologen. Und besonders Herrscher bedürfen natürlich mannigfacher Manifestationen ihrer Großartigkeit und Bedeutung – das Gold der Könige und ihre gigantischen Grabanlagen ziehen sich durch alle Kulturen.
Gingen die Hethiter auch hier eigensinnig einen anderen Weg? Es gibt keine hethitischen Königsgräber. Oder vorsichtiger: Bis heute ist kein einziges Königsgrab gefunden worden. Kein Mausoleum, keine Pyramide, kein heiliger Hain künden von der Mehr- oder Mindergröße der hethitischen Könige. „Man wird auch keine Gräber finden", meint Frank Starke. Der Philologe erklärt das aus der Staatsauffassung der Hethiter (s. S. 85): Der König als Person sei nicht so wichtig gewesen, das Königtum als Institution habe das Bestehen des Staates garantiert. Deshalb gebe es keine Prunk-und-Protz-Gräber hethitischer Herrscher.
Nun ist kaum denkbar, dass die Könige in Hattuscha so ganz anders gewesen sein sollten als andere Potentaten. Auch die hethitischen Monarchen liebten Schönes und Luxus und Extravagantes. Und sie waren sicher ebenfalls von ihrer Einmaligkeit überzeugt, die ihnen einen herausgehobenen Platz im Geschichtsbuch der Welt sicherte. Zumindest in der Spätzeit sahen sie sich durchaus auch göttergleich – der letzte Großkönig Schuppiluliuma II. ließ sich schon zu Lebzeiten neben dem Sonnengott als vergöttlichter Krieger darstellen. Und wohl nicht zufällig lautete der Begriff für königliches Dahinscheiden, „... als er Gott geworden war".
Jürgen Seeher ist denn auch überzeugt: „Es muss Königsgräber gegeben haben", und er führt ein weiteres Argument dafür an: „Die wichtigste Legitimation eines neuen Königs war der Hinweis: Das war mein Vater." Und darauf musste er mit dem Finger zeigen können, also sollten die königlichen Grablegen innerhalb des Stadtgebietes erkennbar gewesen sein, meint Seeher. Im Ruinengelände von Hattuscha ragen einige einzeln stehende Felsbrocken in den anatolischen Himmel, auf denen einst große Gebäude standen. Das sind Seehers Kandidaten für Königsgräber – nur sind sie alle durch Erosion und Steinraub so komplett zerstört, dass „wir nichts mehr nachweisen können", bedauert der Archäologe.
Und dann gibt es da noch ein finales Problem in der Hethiter-Hauptstadt: Um 1200 v. Chr. oder kurz danach packte der Großkönig seine persönlichen Sachen und Preziosen zusammen, versiegelte das alte Staatsarchiv, ließ Palast und Tempel noch einmal kehren, schloss sein Reich ab und ging davon. Niemand weiß warum und wohin. Das klingt fantastisch, ist aber nur die märchenhafte Stilisierung eines Exodus, wie es ihn nie zuvor und nie wieder danach gegeben hat. Der Abschied der Hethiter aus der Geschichte war so perfekt, dass die anatolische Supermacht über 3000 Jahre komplett aus dem historischen Gedächtnis der Menschheit verschwand.
Hattuscha wurde jedoch nicht im Zenit seiner Macht „erobert, sondern nach und nach aufgegeben; es wurde nicht zerstört, es ist verfallen", charakterisiert Seeher das ruhmlose Ende der Weltmacht-Metropole. Er widerspricht mit seinen Forschungen abermals den geläufigen Darstellungen vom Ende Hattuschas. Die nämlich

Im weitläufigen Gelände Hattuschas ragen einige separate Felsen empor, hier der Yenicekale. Die trugen alle einst Gebäude mit massiven Mauern und treiben heute die Archäologen in gelinde Verzweiflung – sie sind erodiert, zerstört, ausgeräumt, abgebaut. Dennoch werden sie immer wieder untersucht, da sie heiße Kandidaten für Königsgräber in Hattuscha sind – von denen hat man nämlich noch nicht ein einziges gefunden.

gingen von einem mächtigen Feind aus, der die Stadt einnahm, ausplünderte und in Brand setzte. In vielen Büchern werden die ominösen Seevölker dafür verantwortlich gemacht, die um 1200 v. Chr. den östlichen Mittelmeerraum heimsuchten, aber nie in Zentralanatolien waren. Zwar sind viele Gebäude niedergebrannt worden, aber es ist nicht belegt, dass dies am Ende des Hethiter-Zentrums und gleichzeitig geschah, vieles spricht sogar dagegen. Es fällt auf, dass nur öffentliche Gebäude Opfer des Feuers wurden. Und selbst das nicht durchgängig: Von den 27 Tempeln der Oberstadt brannten nur 11. Seeher: „Es gab keinen großen Feind, der die Stadt erstürmte und zerstörte."

Und in den einst prunkvollen Palästen und titanischen Tempeln gab es weder Gold noch Silber, Edelsteine oder kostbare Figuren, auch teures Kultwerkzeug fehlte, die Archäologen haben nicht das kleinste feudale Fitzelchen gefunden. Fazit: Die Elite war geordnet weggezogen und hatte alles – Möbel, Schmuck, Essgeschirr – mitgenommen. Nur Siegelabdrücke und verstaubte Akten ließ sie zurück. Dem Auszug der staatstragenden Elemente folgte die Abwanderung der nunmehr arbeitslosen Städter – Händler, Handwerker, Zulieferer für Palast und Tempel. Die Infrastruktur brach zusammen, in den offenen Häusern und Residenzen lebten allenfalls noch Unbehauste und räumten die letzten Reste einstiger Größe weg. Seeher zum Tod „seiner" Stadt: „Das Ende war gänzlich unspektakulär." Dadurch wird es natürlich noch viel spektakulärer.

Und fürs Geschichtsbuch: Der abschließende König war Schuppiluliuma II. Wo er sein herrscherliches Staatsrentnerdasein verbrachte, ist bis heute nicht geklärt – er ist einfach verschwunden.

NACHRICHTEN AUS DER PROVINZ

KULTORTE IM HOHEN NORDEN: SARISSA UND SAMUHA

Es gab keine Vorwarnung. Die Erde bebte und zerriss das große Gebäude. Eine Mauerkluft von anderthalb Metern tat sich auf, das erdbedeckte Flachdach brach herunter. Die Wände aus Holzbalken und luftgetrockneten Lehmziegeln stürzten ins Innere. Die Pferde wurden erschlagen.
Nach über 3500 Jahren kann Andreas Müller-Karpe die Katastrophe in der „Karawanserei" von Kuşaklı anhand seiner Grabungsbefunde rekonstruieren und so ein weiteres Puzzlestück in das Kolossalgemälde der Hethiter einklinken. Dabei tauchen neue Erkenntnisse auf und – natürlich – neue Fragen. Der Archäologe von der Universität Marburg gräbt seit 1993 im nördlichen Zentralanatolien eine mittelgroße hethitische Provinzstadt aus, die im 16. Jahrhundert v. Chr. in einem unwirtlichen Hochtal planmäßig neu gegründet wurde. Die archäologischen Nachrichten aus der Provinz erweitern und festigen das Bild der hethitischen Hochkultur, das lange Zeit hauptsächlich aus den Funden und Texten der 200 Kilometer entfernten Hauptstadt Hattuscha geprägt war.
Die Lokalisierung dieser Stadt war einmal mehr einer jener berühmten archäologischen Glücks-

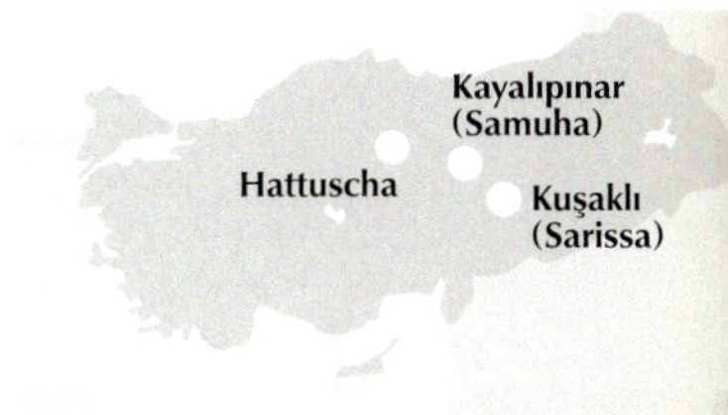

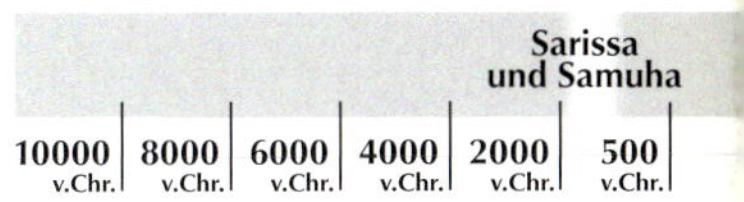

Moderne „alte" Lehmziegel auf den Steinsockeln der alten Tempel von Sarissa. Die hethitische Provinzstadt wurde in unwirtlichen 1600 Metern Höhe „vom Reißbrett" gebaut.

ᏣᏰ rechts: Wie ein gestrandetes Ufo, so der erste Eindruck des Ausgräbers, lag der Siedlungshügel Kuşaklı in der nordanatolischen Hochebene. Die Stätte entpuppte sich als der bedeutende hethitische Kultort Sarissa. Der Tempel des Wettergottes, dominierend etwas rechts von der Mitte, war größer als seine Heimstatt in der Hauptstadt.

fälle, nach dem allerdings gezielt mit einem Survey geforscht wurde. Auf der Fahndung nach einem Grabungsplatz stolperte Müller-Karpes Frau Vuslat 1992 auf dem Flurstück Kuşaklı beim Dorf Basören über eine Tontafel mit Keilschrift. Die Scherbe beschrieb, welche Opfergaben für das Fest eines bestimmten Gottes dargebracht werden sollten. Wo solch ein begehrtes und eindeutiges Indiz offen herumliegt, so die Archäologen-Schulbuchweisheit, da ist noch mehr zu finden – „eine irrsinnige Chance", wertete der Marburger Professor den Fund in windiger Höhe. Nachdem der türkische Ministerrat die Grabungsgenehmigung erteilt hatte, und die Deutsche Forschungsgemeinschaft (DFG) als Finanzier gewonnen war, startete Müller-Karpe 1993 mit der ersten Ausgrabung in Kuşaklı.
Im Jahr darauf steckten die Ausgräber auf der Bergkuppe, der alten Akropolis, 100 Suchquadrate ab. In welchem der Zehn-mal-zehn-Meter-Areale fängt man an zu graben? „Hier", entschied der Archäologe ziemlich willkürlich. Er lag richtig, nach einer halben Stunde wurden seine einheimischen Arbeiter fündig: 46 Bruchstücke beschrifteter Tontafeln – eine Rarität in Anatolien. Sie signalisierten ein Archiv oder zumindest die Reste davon. In den Texten – religiöse Anleitungen, aber auch Berichte über Verfehlungen und Bestrafung des Tempelpersonals – tauchte immer wieder der Name „Sarissa" auf.
Den Herzschlag beschleunigten vor allem zwei Textfragmente, die ausführlich das zweimal jährlich stattfindende Fest des „Wettergottes von Sarissa" beschrieben. Zu dieser tagelangen Zeremonie hatte sogar der hethitische Großkönig anzureisen. Das gab dem beglückten Ausgräber die endgültige Gewissheit, mit Kuşaklı den verschollenen hethitischen Ort Sarissa aufgespürt zu haben – Sarissas Wettergott und sein Festival sind auch in den Archivtexten der Metropole verzeichnet. Der Überirdische aus der Provinz war nicht irgendwer im hethitischen Pantheon, sondern gehörte zu den Schwurgöttern, die bei allen inneren und internationalen Staatsangelegenheiten als Garanten der Verträge herangezogen wurden.
Den Tempel des großmächtigen Wettergottes hatte Müller-Karpe bald nach der Entdeckung der Tontafeln in den folgenden Grabungskampagnen freigelegt, das mindestens zweistöckige „Gebäude C" im Südosten der Siedlung. Mit 76 Metern Länge und 74 Metern Breite und mindestens 110 Räumen ist er doppelt so voluminös wie der „Tempel 1" in der Hauptstadt Hattuscha. Er hatte ein seltsames Schicksal: Kurz nach 1400 v. Chr. brannte die Stadt. Pfeilspitzen im Tempeleingangsbereich künden von einer Eroberung durch unbekannte Eindringlinge. Stadt und Tempel wurden geplündert, goldbeschlagene Kultstatuen geraubt, Gebäude zerstört. Um 1380 v. Chr., so künden es die dendrochronologischen Daten (gewonnen aus der Analyse von Holzresten), wurde die Stadt wieder aufgebaut – nicht aber Gebäude C, der große Kultbau des Wettergottes. „Das ist merkwürdig", findet der Marburger Ausgräber und fragt sich, wie man mit einer solch riesigen Ruine mitten in der Stadt umgegangen ist. Er weiß es bis heute nicht. Der Wettergott erhielt wohl einen neuen Tempel auf dem Gipfel von Kuşaklı / Sarissa.
Ansonsten kennt Müller-Karpe seine anatolische Zweitheimat recht gut: Sarissa wurde um 1530 v. Chr., offensichtlich einem übergeordneten Plan folgend, als Neubausiedlung in die nordanatolische Einöde geklotzt. Der Ort hatte nie eine politische, aber wohl eine überragende sakrale Funktion. Die Stadt wurde immer wieder um- und ausgebaut. Ihre Blütezeit lag im 14. und 13. Jahr-

hundert v. Chr., als auch das hethitische Großreich auf dem Höhepunkt seiner Macht stand. Die Gebäudereste auf der Akropolis weisen auf die Stadtverwaltung hin und auf den Sitz des „Herrn von Sarissa", über den man nichts weiß. Eine anderthalb Kilometer lange, massive Kastenmauer schützte die Siedlung, vier Tore gewährten Einlass – oder verweigerten den Zutritt, denn die Tore wurden, so weisen es Tonplomben aus, jeden Abend amtlich versiegelt (vgl. Hattuscha, s. S. 93). Das südöstliche Tor ist zeichnerisch rekonstruiert und soll wieder aufgebaut werden. Es gibt einen plastischen Eindruck von der Baukunst der Hethiter.

In der Wohnsiedlung am Westhang verarbeiteten die Bewohner in den Werkstätten Bronze, Horn und Stein. Gerste und Weizen sorgten für das tägliche Brot der Stadtbevölkerung, das Tempelpersonal bevorzugte das feinere Weißbrot aus Saatweizen und Bier. Schaf, Ziege und Rind gehörten zur Standardspeisekarte, Schweinebraten war rar, Wildbret kam noch seltener auf den Tisch. Ein erst in den letzten Jahren entdecktes, bis auf den Fels hinabreichendes Silo im Süden der Stadt fasste rund 820 Tonnen Getreide. „Dies dürfte den Jahresbedarf der rund 5000 Einwohner Sarissas gedeckt haben", rechnet Müller-Karpe hoch. Zum Essen war grobes Geschirr gebräuchlich, nur einer war feiner: Er nannte eine Keramikkanne aus dem Welten entfernten griechischen Mykene sein eigen. Gesprochen wurde Luwisch, eine dem Hethitischen verwandte, ebenfalls indoeuropäische Sprache, die sich schon im 3. Jahrtausend v. Chr. in ganz Anatolien ausbreitete (s. S. 107). Einen zweiten Sturm feindlicher Heerscharen um 1200 v. Chr. überstand die Siedlung nicht, die Ruinen wurden verlassen. Erst im eisenzeitlichen 7. Jahrhundert v. Chr. ließen sich hier wieder Menschen nieder.

Als sie Sarissa im letzten Drittel des 16. Jahrhunderts v. Chr. in die nordanatolische Pampa setzten, errichteten die Erbauer nicht nur Mauern, Türme, Tempel, sondern installierten auch ein Wasserwerk, das seinesgleichen sucht. Eine gesicherte Wasserversorgung ist Grundlage für urbanes Leben – unverzichtbar besonders in semiariden Regionen wie dem zentralanatolischen Hochland, wo das ganze Land im Sommer stumpfgelb und staubig austrocknet. Das Regenwasser von den riesigen Freiflächen in Sarissa wurde kunstvoll abgeleitet, Frischwasser für die Stadtbevölkerung über tönerne Rohrleitungen und Aquädukte über Hunderte von Metern aus den umliegenden Bergen herangeschafft. Auch dies ein anatolisches Unikat – Müller-Karpe: „Ich kenne keine älteren Anlagen dieser Art."

Das Glanzstück hethitischer Wasserbaukunst jedoch sind die vier kleinen Stauseen an den Toren außerhalb der Mauern. Süßwasserschnecken aus den Sedimenten belegen stehendes Gewässer, Dämme an den Stadttoren eine planmäßige Anlage, geophysikalische Prospektionen brachten Gewissheit. Um den oberirdisch spärlichen Spuren archäologisch auf den Grund zu gehen, schaufelte Müller-Karpes Team mit Bagger und Sondergenehmigung am Nordwesttor massenhaft Erde beiseite. Heraus kam ein 60 Meter langer, sauber gepflasterter Damm mit beachtlichen 16 Metern Breite und 5 Metern Höhe. Der innere Aufbau des Walls offenbarte eine Ingenieurleistung erster Klasse: Die hethitischen Wasserbautechniker hatten längs unter der Aufschüttung eine Rinne in den Felsuntergrund geschlagen und mit einem speziellen schwarzen Ton gefüllt, der bei Wasserkontakt aufquillt. Dadurch wurde ein Durchlecken unter dem Damm verhindert. Nicht genug damit – die Dammbauer zogen diesen

„Wenn irgendjemand gegen Tamur'a Ansprüche erhebt ...", beginnt dieser altassyrische Tontafeltext, der in Kayalıpınar gefunden wurde. Er belegt die Anwesenheit von Händlern aus Assur weit im Norden des Hethiterlandes.

wasserundurchlässigen Tonkern beim Aufbau des Dammes mit in die Höhe, so dass auch vertikal eine zusätzliche Dichtung gegen Durchsickern eingebracht war.
Der Wunder-Ton kam in der näheren Umgebung von Kuşaklı nicht vor. Das Wissen um die besonderen hydrologischen Eigenschaften des Materials und der Arbeitsaufwand für die Beschaffung machen deutlich, wie viel den Hethitern an der Optimierung ihrer Wasserwirtschaft gelegen war. Müller-Karpe: „Und das im 16. vorchristlichen Jahrhundert! Da hatte man also schon die Erfahrung, dass Dämme unterspült werden und brechen können. Und man hatte schon das Knowhow, wie man das verhindern kann. Hier haben wir den ältesten Nachweis für diese Technik.“ Dieses Dammbauprinzip wurde in aller Welt bis ins letzte Jahrhundert angewendet.
Ein weiteres Erstgeburtsrecht könnte sich in der zusammengestürzten „Karawanserei“ manifestieren. Die Archäologen nennen sie vorsichtig „sogenannte“, können sich jedoch „gut vorstellen, dass das eine Art Kaserne war, ein Marstall für Streitwagentruppen“ (Müller-Karpe). Neben vielen Pferdeknochen wurde ein erschlagenes Ross komplett *in situ* ausgegraben, so dass für den Ausgräber „kein Zweifel besteht an der ursprüngliche Nutzung des Gebäudes als Stallung“. Die Rekonstruktion des Gebäudes nach seiner vollständigen Ausgrabung legt einen Stall für mindestens 20 Pferde und – im Anbau – für 10 Streitwagen nahe. Wenn das zutrifft, wäre auch dies eine Premiere in Anatolien; ähnliches gibt es erst wieder in Piramesse, der Hauptstadt Ramses II. im Nildelta. Und es wäre auch der erste archäologische Beleg auf das hethitische Militär. Wo und wie

Die Nase weist ihn als Hethiter aus! Knapp unter der Oberfläche kam bei der Grabung im nordanatolischen Kayalıpınar ein Relief, vermutlich eines Gottes, zum Vorschein. Beim nächsten Pflügen wäre es zerstört worden. Links: Rettungsversuch in Gips. Der Ausgräber hofft, mit Kayalıpınar den Kultort Samuha entdeckt zu haben.

Solch elegante Kannen benutzte man schon im 18. Jahrhundert v. Chr. im zentralanatolischen Kanisch. Oft war der Henkel zusätzlich mit einem Tier, bevorzugt Adler, Löwe oder Stier, geschmückt.

in den Siedlungen und Städten jeweils die Krieger lebten, ist nämlich bislang unbekannt. Einen weiteren Hinweis auf ein militärisches Ambiente meint Jürgen Seeher, der langjährige Ausgräber der Hethiter-Hauptstadt Hattuscha, gefunden zu haben (s. S. 95).

Die Karawanserei ist übrigens ein schönes Beispiel für den Grabungsalltag und das Zusammenspiel von archäologischen und naturwissenschaftlichen Methoden. Oberirdisch war von der großen und, wie sich nun zeigt, wichtigen Anlage nichts mehr zu sehen, das Areal war vollständig eingeebnet. Allein die physikalischen Untersuchungen von Geowissenschaftlern der Universität Kiel zeigten eindeutig: Da liegt was im Untergrund. Was das war und warum das an einer Seite so krumm war, verrieten die physikalischen Bilder nicht. Die geomagnetischen und -elektrischen Messungen erfassten auch nur einen Teil der verborgenen Anlage – der Rest war von den Abraumhalden einer benachbarten Grabung überlagert. Mit rund 100 Lastwagenfuhren wurde das sandige Hindernis weggekarrt, die geheimnisvolle Struktur konnte ausgegraben werden. Die oberen Mauerreste lagen nur 10 bis 80 Zentimeter unter der Oberfläche. Erst nach der archäologischen Freilegung der Grundmauern erschlossen sich Aufbau, mögliche Funktion (Stallung), zeitliche Abfolge und die Zerstörung durch das Erdbeben.

Hethitische Innovationen

Müller-Karpes Fazit der bisherigen Arbeiten in Kuşaklı: „Unsere Kenntnis der Hethiter wird auf eine breitere Basis gestellt. Es zeigt sich, dass viele Erscheinungen im Kult, im alltäglichen Leben, im Handwerk und in der Versorgung keine hauptstädtischen Errungenschaften waren, sondern zum allgemeinen Standard einer hethitischen Stadt gehörten." Die gewaltigen Getreidesilos, die raffinierten Wasserreservoire und -leitungen mit ihrer ausgefeilten Technik waren zudem nicht Prunkstücke der Metropole, sondern normale Ausstattung auch von Provinzstädten wie Kuşaklı. Aber: Die Heimat des Wettergottes lag so abseits aller wichtigen Handelsrouten und Verbindungswege im Alten Orient, dass die Frage bis heute unbeantwortet bleibt: Warum um aller Götter Willen gründet man am Ende der Welt, in der wüstenhaften Pampa von unwirtlichen 1600 Metern Höhe, wo es im Sommer brüllend heiß und im Winter klapper-kalt ist, eine veritable Stadt vom Reißbrett mit Tempeln, die größer sind als die in der Hauptstadt? Vielleicht geben Palast oder Unterstadt dazu noch Auskunft. Beide harren der endgültigen archäologischen Begutachtung. Und ein Tontafelarchiv würde Müller-Karpe hier natürlich auch gern noch finden – am liebsten mit Nachrichten aus Politik und Alltag.

Etwa eine Quittung wie diese: „Der Verkäufer gab sie zum Verkauf einem Kaufmann. Aus der Hand des Kaufmanns kaufte sie Tamur'a. Wenn irgendjemand gegen Tamur'a Ansprüche erhebt, wird er [der Verkäufer] zwei Minen Silber zahlen ..." Gefunden hat der Marburger Archäologe diese Kaufurkunde 2005 nahe dem Dorf Kayalıpınar, 80 Kilometer von Kuşaklı entfernt, in den Überresten einer bekannten, aber nie genau untersuchten hethitischen Siedlung. In Kayalıpınar betreibt Müller-Karpe seitdem seine zweite anatolische Grabung.

Mit der Kaufurkunde wurde vermutlich eine Sklavin (oder mehrere Sklaven) verschachert. Vom Inhalt her ist der fragmentarische Text keine Besonderheit. Kribbelig macht die Altertumsforscher sein Alter und seine Art: Die Urkunde stammt aus dem 19. Jahrhundert v. Chr. und ist in altassyrisch und ganz nach mesopotamischer Art abgefasst. Sie ist damit der erste Beleg für die Aktivitäten der ganz frühen Händler aus Assur hier oben – hoch im nördlichen Anatolien, weit entfernt von den sonstigen Stationen assyrischer Kaufleute (s. S. 66). Und: Vom hethitischen Großreich war weit und breit noch nichts zu sehen. Der Übersetzer des Textes, Walter Sommerfeld von der Universität Marburg, bescheinigt dem Verfasser Perfektion im Schreiben und Professionalität im Duktus, die Urkunde entspreche den Texten aus Karum Kanisch, der größten altassyrischen Handelsstadt auf anatolischem Boden. In Kayalıpınar wirkte also kein fliegender Händler mit einem Schreiberlehrling, hier ging alles seinen schon tradierten bürokratischen Gang, auf Dauer angelegt und justiziabel abgesichert zwischen assyrischem Kaufmann und anatolischem Käufer. Was trieb die Händler aus Assur, die nichts anderes als Geld und Geschäfte im Sinn hatten, 1000 Kilometer in die wüstenhafte Einöde des nördlichen Zentralanatoliens zum Ein- oder Verkaufen?

Begonnen hatten Müller-Karpes Aktivitäten in Kayalıpınar 1999 mit einem Picknick der Kuşaklı-Grabungsmannschaft auf einer Uferterrasse des Kızılırmak. Dieser neben dem Euphrat größte Fluss Anatoliens mündet – von Osten kommend nach einem weit westlich ausholenden Bogen durch Nordkappadokien – ins Schwarze Meer und war schon in der Steinzeit eine wichtige Verkehrsverbindung. Zwischen den am Boden herumliegenden Keramikscherben entdeckten die Archäologen ein Tontafelfragment aus mittelhethitischer Zeit (frühes 14. Jahrhundert v. Chr.), auf dem ein wohl örtliches Ritual beschrieben wird. Elektrisierend wirkten dabei die Hinweise, nach denen „der König" bei den Kulthandlungen zu Ehren der Göttin Ischtar eine zentrale Rolle spielt. Wenn nicht ein Lokalpriester, sondern der Herrscher aus Hattuscha einen örtlichen Ritus zelebriert, dann findet das kaum in einem Dorf statt, und der Götterdienst gehört dann zum offiziellen Staatskult.

Der Stier – meist als Duo, fast immer mit Silberblick – gehörte offenbar zum Standard der Inneneinrichtung hethitischer Paläste und Tempel. Im Stier manifestierte sich der Wettergott.

Der Ort bei Kayalıpınar muss also eine bedeutende Siedlung gewesen sein, was ja auch die Anwesenheit assyrischer Händler schon Jahrhunderte zuvor belegt. Etliche Keilschrifttexte in Hattuscha erwähnen „Samuha" als die Hauptstadt des „oberen Landes" und bringen sie mit Ischtar-Kult, Handelsschifffahrt auf einem Fluss und der Region von Sarissa / Kuşaklı in Verbindung. „Das sind lediglich Indizien", betont Hethiterforscher Müller-

Karpe, sie deuten seiner Meinung nach jedoch darauf hin, „dass in Kayalıpınar Samuha gelegen haben könnte. Gegenteilige Hinweise liegen jedenfalls nicht vor.“ Aber, natürlich, man müsse abwarten, was die weiteren Grabungen bringen würden – die üblichen Archäologen-Konjunktive. Wenn sich des Ausgräbers Annahme bewahrheitet, hat er die Anzahl der heute lokalisierten hethitischen Siedlungen auf rund ein Dutzend erhöht – in den hethitischen Hauptstadttexten sind 3000 Orte namentlich aufgelistet.

In nur zwei Kampagnen hat sich Müller-Karpe, nach eingehender geophysikalischer Prospektion, in einem Areal seiner Grabung bereits bis in die fünfte Siedlungsschicht hinuntergearbeitet und ist dabei im 19. Jahrhundert v. Chr. gelandet. Den gewachsenen Boden hat er damit noch nicht erreicht, die Siedlung kann also noch älter werden. Aus dieser „Schicht 5“ stammt der Sklaven-Kaufvertrag. Zudem fanden die Ausgräber noch 120 Zentimeter hoch anstehende Lehmziegelmauern einer Architektur, die eng verwandt war mit den Wohneinheiten in Karum Kanisch. Auch eine Tüllen-, eine Schnabelkanne und ein Gefäß in Form einer Weintraube erinnern stark an das Geschirr in der Assyrer-Handelsstadt in Südanatolien. Mesopotamische Rollsiegel- und anatolische Stempelsiegel-Abdrücke zeigen, dass hier Waren verplompt wurden. Ein Löwensiegel lässt gar Beziehungen bis hinab in die südmesopotamische Region am Persischen Golf erkennen – 1600 Kilometer Luftlinie entfernt. „Die internationalen Beziehungen in der Epoche der altassyrischen Handelskolonien liefen über große Distanzen. Es gab einen regelmäßigen Karawanenverkehr zwischen Zentralanatolien und Mesopotamien, dem heutigen Irak“, kann Müller-Karpe mit seinen Funden in der hethitischen Nordprovinz erneut belegen.

Die Grabungen in Kayalıpınar sind noch jung, doch haben sie bereits ein neues Rätsel aufgeworfen: Bislang wurden im Schutt Siegel nur von Königinnen gefunden.

Um 1700 v. Chr. wurde Kayalıpınar / Samuha gebranntschatzt, wie fast alle Orte in Anatolien mit assyrischen Handelsstationen (Hattuscha, Kültepe / Karum Kanisch), jedoch im Gegensatz zu vielen dieser Stätten wieder besiedelt und von den nun dominierenden Hethitern sogar noch ausgebaut. Aus dieser ersten eindeutig hethitischen „Schicht 4“ (16./15. Jahrhundert v. Chr.) hat das Marburger Team zwei große Gebäude mit anspruchsvoller Architektur freigelegt. Die sind, so meint der Ausgräber, vom Grundriss her keine sakralen Gebäude, sondern waren wohl Teil eines Palastes, dem das Stadtmanagement oblag; Tontafelfunde weisen darauf hin. Feinde und Feuer machten dieser Siedlung ein Ende. Die monumentale Architektur der beiden Gebäude wurde jedoch in der folgenden mittelhethitischen „Schicht 3“ (14. Jahrhundert v. Chr.) wieder aufgenommen.

Im Schutt fanden sich die Hethiter-typischen Tongefäße in Tierform für Trankopfer. Zudem klaubten die Ausgräber drei Stieraugen aus dem Untergrund, so dass vermutlich auch hier wohl ein tönernes Stierpaar gestanden hat, das – nach den vielen Funden zu urteilen – für hethitische Raumausstattung obligatorisch war. Auf einem Kalksteinblock tauchte eine weibliche oder männliche Gottheit mit den herben Gesichtszügen hethitischer Kunst auf, deren Bedeutung noch unklar ist. Der Reliefblock lag so knapp unter der Oberfläche, dass beim nächsten Pflügen das Porträt zerstört worden wäre.

Und dann gibt es noch etwas Seltsames: Bis auf ein männliches Namenssiegel tauchen in Kayalıpınar / Samuha Siegel, und zwar nicht wenige, ausschließlich von Königinnen auf. Die Königsgemahlin der Hethiter war immer mehr als bloße First Lady (s. S. 111), sie hatte eine wichtige staatsrechtliche Funktion auch nach dem Tod ihres Mannes. Was bedeutet dann die Häufung derartiger Königinnen-Siegel in Samuha? Andreas Müller-Karpe zuckt die Achseln.

SPRACHGESTRÜPP UND SCHRIFTDICKICHT

KOMMUNIKATION IM ALTEN ANATOLIEN

Am Anfang waren die Worte – auf Palaisch, Luwisch und Hethitisch. Diese drei uranatolischen Sprachen gehören zur indoeuropäischen Sprachgemeinschaft. Palaisch ist nur rudimentär über hethitische Überlieferungen bekannt, es wurde nördlich von Hattuscha bis zum Schwarzen Meer gesprochen und ging durch die Eroberung des Gebietes durch die Kaschkäer unter.

Hethitisch und Luwisch, so haben es die Sprachwissenschaftler herausgefunden, sind schon früh, etwa ab 1800 v. Chr., getrennte Wege gegangen und haben sich auseinanderentwickelt. Daraus rechnet Norbert Oettinger zurück, dass das Uranatolische „spätestens um 2300 v. Chr. in Anatolien gesprochen wurde". Inzwischen gehen manche Forscher für den Start des Altanatolischen schon bis zum Beginn des 3. Jahrtausends v. Chr. zurück.

Da die anatolischen Idiome untereinander jedoch – verglichen mit anderen indoeuropäischen Sprachen – relativ ähnlich sind, so der Professor für Vergleichende Indogermanische Sprachwissenschaften der Universität Erlangen weiter, sind die indoeuropäischen Uranatolier spätestens um das Jahr 2300 v. Chr. nach Kleinasien eingewandert. „Eine Tatsache, die in die Diskussion der Archäologen bisher noch wenig Eingang gefunden hat", bedauert der Sprachforscher.

Bei Jürgen Seeher würde er damit auf offene Ohren stoßen. „Mir hat noch kein Mensch etwas zeigen können aus dem Kaukasus, dem Iran oder anderen Gebieten, das hethitisch aussah", bemängelt der langjährige Ausgräber von Hattuscha. Wenn die Hethiter aber aus diesen Regionen nach Anatolien eingewandert sind, so Seeher, könne diese Fundleere in ihren vermutlichen Ursprungsgebieten nicht sein. „Das heißt: Die Geschichte mit dem Zuzug stimmt nicht." Dann müssten die Hethiter Anatolier sein oder als Sprachträger sehr viel früher – siehe oben – eingedrungen sein. „Das würde auch archäologisch viel besser passen", meint Seeher, denn die materielle Kultur der Althethiter – also die Keramikscherben, die den Archäologen als „Leitfossil" für die Abgrenzung der Kulturen dient – „ist eigentlich eine Fortsetzung dessen, was wir hier aus der frühen Bronzezeit kennen" – deren Beginn wird um eben dieses 3000 v. Chr. angesetzt. Der wissenschaftliche Disput zu diesem brisanten Thema läuft jetzt gerade heiß, obwohl es schon vor längerer Zeit aufgeworfen wurde:

In der Königsgruft von Qatna stießen die Ausgräber auf Keilschriftbriefe. Einige waren in einem „Denglisch"-Gemisch aus akkadischen und hurritischen Wörtern verfasst. Etliche der hurritischen Vokabeln waren bislang völlig unbekannt. Eine Tafel berichtet über den Zusammenbruch des hurritischen Großreiches lapidar in einer Zeile: „... und Mitanni ist zerfallen".

Die Hethiter benutzten zwei Schriftsysteme: die luwischen Hieroglyphen, eine anatolische Schrift (oben), und die aus Mesopotamien stammende akkadische Keilschrift. Nach dem Zerfall des Großreichs wurde nur noch in der Bilderschrift notiert.

Der britische Archäologe Colin Renfrew hat vor zwei Jahrzehnten die These aufgestellt, dass die Ausbreitung der indoeuropäischen Sprache mit der Ausbreitung der Landwirtschaft verbunden war, also schon mehrere Jahrtausende früher stattgefunden habe. Ganz so einfach wird es nicht gewesen sein, aber die grundlegenden Fragen auf diesem Forschungsfeld sind bei weitem noch nicht beantwortet.

Es gibt jedoch, neben Hethitisch und Luwisch, noch eine andere Sprache, die die anatolische Kulturlandschaft prägte, nämlich das Hattische. Das wurde bis etwa 1600 v. Chr. in der Region Hattuscha gesprochen und ist eine nicht-indoeuropäische Sprache. Wir könnten sie hier vernachlässigen, wenn sie nicht nachhaltigen Einfluss auf die hethitische Sprache und Kultur gehabt hätte. „Die althetithische Kultur war wesentlich durch die ... Institutionen, Vorstellungen und Bräuche der Hattier geprägt", schreibt Gernot Wilhelm, Vorsitzender des Projektes Hethitische Forschungen der Akademie der Wissenschaften und der Literatur Mainz. Die Hethiter verstanden das Hattische zwar nicht mehr, aber manche ihrer Götter riefen sie mit hattischen Namen – und hethitischer Übersetzung – an. „Dass ein Volksstamm die eigenen Traditionen aufgibt, um ein fremdes System zu übernehmen", wundert sich Oettinger, „ist schon ungewöhnlich" – und bislang nicht zu erklären.

Um es noch ein bisschen komplizierter zu machen, gab es noch eine Sprache, die im hethitischen Kleinasien mitmischte: das Hurritische. Dieses nicht-indoeuropäische, aber auch nichtsemitische Idiom wurde in Nordsyrien-Obermesopotamien, also auch in Teilen Anatoliens, gesprochen. Es ist mit keiner anderen altorientalischen Sprache zu vergleichen, außer mit dem Urartäischen. Mit der Eroberung der südanatolisch-syrischen Regionen übernahmen die Hethiter ab 1400 v. Chr. viele Elemente der dort stark vertretenen hurritischen Sprache und die gesamte Religion. In diesem Idiom wurden Gebete und Hymnen gesprochen, Mythen und Epen tradiert, Beschwörungen und Orakel zelebriert. Allerdings scheint die Nutzung des Hurritischen an die hethitische Königsdynastie gebunden gewesen zu sein; in den Nachfolgestaaten des Großreichs sind die hurritischen Elemente wieder verschwunden.

Schließlich thronte über allem das Akkadische aus dem babylonischen Raum, das Englisch des Alten Orients. In dieser Diplomatensprache wurde die internationale Korrespondenz abgewickelt. Geschrieben wurde Akkadisch in Keilschrift. Die Hethiter übernahmen die Schrift in einem zweiten Anlauf – nach der ersten folgenlosen Bekanntschaft in den assyrischen Handelskolonien – diesmal über die babylonisch-syrischen Kontakte. Die Hethiter waren also mehrsprachig – und nutzten zwei Schriftsysteme. Denn neben der Keilschrift war im gesamten Hethiter-Bereich noch eine anatolische Schrift in Gebrauch: die luwischen Hieroglyphen, früher auch „hethitische Hieroglyphen" genannt.

Massive Dechiffrierungsprobleme

Die Entzifferung der Keilschrift-Dokumente aus dem damals völlig unbekannten Hethiterreich stießen die Tontafelfunde aus den ersten Grabungen in Hattuscha 1906 an. In mühevoller Puzzlearbeit wies der tschechische Sprachforscher Bedrich Hrozny 1915 das Hethitische richtigerweise der indoeuropäischen Sprachfamilie zu. Da die Keilschrift mit ihren Wort- und Silbenzeichen schon lesbar war, öffnete sich so ein Weg, samt vieler Irrwege, zum schrittweisen Verständnis der Texte in einer unbekannten Sprache. Die Hethitologie als streng methodisch arbeitende wissenschaftliche Disziplin war geboren.
Die Nachrichten in Hieroglyphenschrift jedoch stießen auf erhebliche Dechiffrierungsprobleme, bis man erkannte, dass die Sprache dahinter nicht das Hethitische, sondern das Luwische ist. Siegel mit Keilschrift- und Hieroglyphen-Inschriften aus Hattuscha brachten einige Fortschritte. Der Durchbruch jedoch gelang erst, als 1947 in der späthethischen Burg Karatepe-Aslantaş ein langer luwisch-sprachiger Hieroglyphentext samt Übersetzung in phönizischer Schrift und Sprache gefunden wurde (s. S. 128). Damit kehrten die Hethiter endgültig in die Geschichte zurück – auch wenn die Lücken heute immer noch größer sind als das gesicherte Wissen.
Und jetzt noch einmal ein paar tausend Jahre zurück, um der Frage nachzugehen: Warum wurde in Anatolien keine Schrift entwickelt? Stimmt die Frage in dieser Form überhaupt? Am Göbekli Tepe hatten die Menschen um 9500 v. Chr. eindeutig ein System entwickelt, mit dem sie Nachrichten aus der mündlichen Überlieferung lösen und dauerhaft machen konnten (s. S. 21). Klaus Schmidt wehrt den Begriff „Schrift" entschieden ab, aber „neolithische Hieroglyphen" möchte der Göbekli Tepe-Ausgräber das Notationssystem schon nennen. Die abstrakten Symbole und Mini-Tierdarstellungen transportierten eine „lesbare" Bedeutung, auch wenn wir uns diese nicht mehr erschließen können.
Der Wunsch, etwas zu überliefern, und die Idee, dies mit dauerhaften Symbolen zu machen, waren also schon Jahrtausende vor der Schrifterfindung vorhanden. In Südostanatolien bricht um 8000 v. Chr. die hohe Kultur der jungsteinzeitlichen Sammlerinnen und Jäger komplett ab, die weitere Entwicklung verlagert sich in die fruchtbaren Landstriche Südmesopotamiens (heute Südirak). Die erste Schrift wird üblicherweise um 3200 v. Chr. in Uruk lokalisiert, der ersten tatsächlichen Großstadt der Menschheit. Da aber fangen bei Eva Cancik-Kirschbaum die wissenschaftlichen Zweifel schon an: „Man sollte nicht außer Acht lassen, dass es im 4. Jahrtausend v. Chr. auch in Elam, im heutigen Iran, einen ähnlichen Anfangspunkt gab wie in Uruk. Den Ort haben wir noch nicht, aber wir haben die protoelamische Schrift, die eine eigenständige Entwicklung Elams ist."
Die Schriftexpertin am altorientalischen Seminar der Freien Universität Berlin gibt eine Mini-Vorlesung zur Schriftentwicklung: Schrift entsteht zumindest in Südmesopotamien über das Zählen, in Uruk ging es zunächst um das Notieren von Quantitäten; „die Darstellung von Qualität ist sozusagen ein Zusatzprogramm". Hier mussten Waren- und Menschenmassen verwaltet werden, hier waren die Bürokraten die Erfinder der Schrift. Ägypten könnte ein Beispiel dafür sein, dass Schrift aus Bildlichkeit entsteht, „das wissen wir aber noch nicht genau". Hier hätte dann die Nachricht im Vordergrund gestanden, sprich die königliche Propaganda. Allerdings hat Günter Dreyer, Chef der Abteilung des DAI in Kairo, bei seinen Grabungen in der altägyptischen Pilgerstadt Abydos die bislang älteste ägyptische Schrift gefunden, die aus der Verwaltung erwuchs.
Wie auch immer, in beiden Regionen gab es zumindest Ansätze von Staatlichkeit und eine große Bevölkerung: Arbeitsteilung, landwirtschaftlicher Überfluss, Bevölkerungsdichte und Herrschaft erzeugten den Bedarf nach Schriftlichkeit. Der Bedarf war so groß, dass dafür Teile des „volkswirtschaftlichen" Potentials freigestellt wurden, nach dem Motto: „Wir brauchen es und wir können es uns leisten", resümiert Eva Cancik-Kirschbaum.

In der Burg auf dem Karatepe verewigte sich ein ansonsten unbekannter Herrscher als großer Held. Damit sein Lob von allen verstanden werde, ließ er seine Taten in luwischen Hieroglyphen (links) und phönizische Buchstaben (rechts) in Stein setzen. Ein Segen für die Wissenschaft: Mit dieser „Bilingue" konnten die luwischen Hieroglyphen entziffert werden.

Im steinzeitlichen Anatolien, am kulturweisenden Göbekli Tepe und seinen Nachfolgern, war die Situation offenbar anders. Die Struktur der Gesellschaft kennen wir nicht: Waren die Bauten die gigantische Gemeinschaftsleistung einer egalitären Gruppe oder stand dahinter schon ein planender Kopf, sei es als Experte oder Herrscher? Allem bisherigen Wissen nach, bestand jedoch die Steinzeitgesellschaft aus überschaubaren Gruppen, die nicht „verwaltet" werden mussten. Einen Nahrungsmittelüberschuss hat es sicher auch noch nicht gegeben. Und die Altanatolier machten, deutlich sichtbar, Arbeitskraftressourcen lieber für monumentale Bauten frei als für Buchhaltungssysteme. Schließlich, auch wenn es banal klingt: Der als Schriftträger unerlässliche Ton war in den Schwemmlandgebieten Südmesopotamiens alltäglich, in der Kalksteinwelt Südostanatoliens nicht. Erklärungen genug also, warum sich Schrift im Anatolien der Frühzeit – trotz Notationssystem auf dem Göbekli Tepe – nicht entwickelt hat.

„Aber das muss mir ja auch erst einmal jemand erklären", fordert Eva Cancik-Kirschbaum, „wo kommen dann plötzlich die luwischen Hieroglyphen in Anatolien her?" Die sind ein anatolisches Eigengewächs und tauchen massiv im 2. Jahrtausend v. Chr. auf. Sie haben da schon eine solche Reputation, dass es für die hethitischen Könige wichtig ist, ihre Siegel mit Keilschrift und luwischen Hieroglyphen zu versehen. „Es gab also in Anatolien eine starke lokale Schicht, die eine Schrift hatte", resümierte die Altorientalistin, „und die wurde auch genutzt, nur haben wir nicht die Massen von Urkunden dafür, wie in Uruk, sondern eben nur die Abklatsche dieser wunderbaren Siegel."

Und wenn es in Zentralanatolien um 1500 v. Chr. eine Schrifttradition gab, dann lagen die Anfänge dafür um einige Zeit, durchaus Jahrtausende, früher. Und warum soll es dann nur eine regionale Schrift gegeben haben? Mehr Fragen also als Gewissheiten, wenn man nur ein bisschen tiefer gründelt. Auch sollte nachdenklich stimmen, dass Syrien noch vor nur einer Forschergeneration als völlig schriftlos galt. Aber archäologisches Wissen ist immer vorläufige Erkenntnis: Durch die umfangreichen Archivfunde – 17.000 Tontafeln – zum Beispiel aus dem Palast von Ebla gilt heute als Stand der Wissenschaft, dass Syrien nicht nur sehr früh, nämlich um 2400 v. Chr., Schrift kannte, sondern sie auch prägend weiterentwickelt hat.

Den Vorwurf, dass für eine eigene vorhethitische Schriftentwicklung in Anatolien zu wenige Belege vorliegen, kontert die FU-Professorin ebenso lapidar wie einleuchtend: „Was wäre denn von den Griechen geblieben, wenn die Araber nicht alles abgeschrieben hätten?" Zudem: Die frühen Anatolier lebten in einer völlig agrarischen Gesellschaft, hatten keine beschrifteten Mumien, malten keine Pyramiden aus und schrieben, wenn sie schrieben, nicht auf Tontafeln, sondern eher auf vergänglichem Holz oder Leder. „Bei einem solchen Sachverhalt zu behaupten, in Anatolien gab es keine eigene Schrift – das finde ich ganz schön mutig", schließt Eva Cancik-Kirschbaum die Vorlesung.

PUDUHEPA, DIE GROSSE

DIE LIAISON ZWISCHEN HATTI UND ÄGYPTEN

Offenbar war der Pharao knickrig. „Willst du dich denn an uns bereichern?“, fragte Puduhepa vorwurfsvoll. Die Dame mit dem schönen Namen war zwar Königin des Hethiterreichs, der Adressat des unverblümten Briefes aber regierte immerhin als Ramses II. das ägyptische Imperium. Die undiplomatische Schelte wirft einerseits ein Schlaglicht auf die Machtverhältnisse des 13. Jahrhunderts v. Chr.: Neben der Supermacht am Nil bestimmte das anatolische Hethiterreich die Politik im östlichen Mittelmeerraum ebenbürtig mit. Die Hethiter hatten Ramses II. Jahre zuvor in der Schlacht von Qadesch hart an den Rand einer katastrophalen Niederlage gebracht.

Nun aber herrschte Eintracht – 1259 v. Chr. fixiert mit dem ersten schriftlichen Friedensvertrag der Welt –, und die sollte auch familiär abgesichert werden. Der ägyptische König begehrte und bekam eine Tochter der Puduhepa zur Frau. Die Verhandlungen zogen sich jahrelang hin. Der Pharao schluckte dabei sogar eine für Ägypten unerhörte Bedingung: Die hethitische Prinzessin wurde nicht ein weiteres Mitglied des reichlich bestückten Ramses-Harems, sondern seine Hauptfrau. Wie das funktionieren sollte, ist etwas unklar, denn der Nil-Herrscher hatte ja mit Nefertari bereits eine „Große Königliche Gemahlin“. Jedenfalls entspann sich über das Brautgeschenk des Pharao an seine Zukünftige eine zusätzliche lebhafte Korrespondenz, Puduhepa war nicht zufrieden – siehe oben. Ramses besserte nach, 1246 v. Chr. reiste Prinzessin Scha'uschkanu mit großem Gefolge nach Ägypten.

Andererseits rückt der Briefwechsel zwischen der Hethiter-Hauptstadt Hattuscha und der Ramses-Residenz Piramesse im Nildelta die hethitische Königin als Person und als „Staatsorgan“ ins Licht. Puduhepa war sicher eine außergewöhnliche Persönlichkeit, manche Altertumsgelehrte vergleichen sie mit Nofretete, der ebenso schönen wie starken Frau Echnatons. Puduhepa war vermutlich nicht fürstlichen Geblüts, aber als Tochter eines Priesters der Kriegs- und Erotik-Göttin Ischtar (von Lawazantija) dürfte sie weit über das übliche Maß hinaus gebildet gewesen sein. Hattuschili II., jüngster Bruder des regierenden Großkönigs Muwatalli II. und Priester der Ischtar (von Samuha), nahm Puduhepa auf Geheiß seiner Göttin zur Frau und scheint mit der Zuweisung zufrieden: „Und uns gab die Göttin die Liebe des Gatten und der Gattin und wir schenkten uns Söhne sowie Töchter.“ Puduhepa vermerkt in einem Brief sachlicher: „Meine Schutzgottheit ... hat mich mit deinem Bruder [Hattuschili] vermählt und ich habe Söhne und Töchter geboren.“ Aus ihren späteren Gebeten und Stiftungen

Hatti und Ägypten

10000 v.Chr.	8000 v.Chr.	6000 v.Chr.	4000 v.Chr.	2000 v.Chr.	500 v.Chr.

Ihr Bildnis ist recht unansehnlich ausgefallen: Die etwas kantige Dame rechts im Bild ist Puduhepa, Großkönigin, Königin von Hatti, Priesterin der Ischtar, Gemahlin des Hattuschili II., der Ramses II. bezwang. Aber ihre Korrespondenz mit allen Größen ihrer Zeit weist sie bis heute als bewundernswerte Frau aus.

an die Götter lässt sich jedoch auch bei ihr eine innige Beziehung zu ihrem – stets kränkelnden – Mann herauslesen.

Hattuschili II. war von seinem Bruder Muwatalli II. mit verschiedenen militärischen und administrativen Aufgaben betraut und mit der Herrschaft über ausgedehnte Gebiete des Landes belohnt worden. Muwatalli starb ohne thronberechtigten Sohn. Deshalb kam Urhi-Teschup, ein „Sohn zweiten Ranges", also von einer Nebenfrau, an die Macht. Der undankbare Neffe drangsalierte den zunächst durchaus wohlmeinenden Onkel Hattuschili – so zumindest schildert der die Entwicklung. Das königliche Mobbing führte zum Familienkrach. Das Folgende war dann natürlich wieder nicht Menschen-, sondern Götterwerk: In einem Traum übermittelt die Göttin Ischtar der Noch-Nicht-Königin Puduhepa die frohe Botschaft: „Deinem Gemahl werde ich als Helferin vorangehen. ... Weil ich Großes mit ihm vorhatte, überließ ich ihn ... zu keinem Zeitpunkt einer übelgesinnten Gottheit. Jetzt aber werde ich ihn erheben und ihn der Sonnengöttin von Arinna zur Priesterwürde einsetzen." Ein gewaltiges Versprechen, denn die Priesterwürde der obersten hethitischen Staatsgottheit, der Sonnengöttin von Arinna, stand allein dem Großkönig zu. So göttlich gestärkt, putschte Hattuschili II. sich auf den Thron und verbannte Urhi-Teschup nach Syrien und später nach Ägypten.

Die Macht der Königin

Mit Hattuschili kam Puduhepa in die obersten Ränge des hethitischen Reichs. Sie siegelte ihre Briefe und Dekrete jetzt mit „Puduhepa, Großkönigin, Königin von Hatti ..." Ihr Titel „Tawananna" kennzeichnete eine weitere hethitische Besonderheit: Der „Thron des Königinnentums" stand einer Herrscher-Gattin auch nach dem Tod des Königs zu und gab ihr weitreichende Vollmachten in Haus- und Staatsverwaltung bis hin zur Steuererhebung.

In der Familie hatte es zwei Generationen zuvor einen saftigen Dynastie-Skandal gegeben. Puduhepas Schwiegervater hatte seine Stiefmutter Hinti vor Gericht gezerrt und wollte ihr Würde und Machtbefugnisse der „Tawananna" aberkennen lassen. Hinti hatte von ihren Machtmöglichkeiten so regen Gebrauch gemacht, so der Stiefsohn, dass sie Haus und Staat ruinierte. „Ihr Götter, seht ihr nicht, wie sie das gesamte Hauswesen meines Vaters dem Totentempel und dem Mausoleum zugewendet hat? Und was sie aus Babylonien herbeibringen ließ, das verschenkte sie in Hattuscha an die gesamte Bevölkerung, und nichts blieb übrig", klagte der amtierende Großkönig. Auch an der königlichen Sprachstörung sei sie schuld und den Tod der Gemahlin habe sie durch Hexerei ebenfalls verursacht. Schweres Geschütz also, um die Tawananna loszuwerden. Wie das Verfahren ausging, ist weder offiziell noch inoffiziell überliefert – und auch die Tontafeln der damaligen Yellow-Press sind nicht erhalten...

Puduhepa nahm ebenfalls *qua* Tawananna-Amt und sicher auch aus eigenem Wollen aktiv an inneren wie außenpolitischen Staatsgeschäften teil. Ihr politisches Gespür und Wissen blitzen in einem Brief in einem Nebensatz auf: „Wenn du sagst: ‚Der König von Babylon ist kein Großkönig', so weiß mein Bruder nicht, in welchem Aufstieg sich das Land Babylon befindet." Fast alle Briefe und Erlasse Hattuschilis sind auch in Puduhepas Namen verfasst und von ihr gesiegelt, sie führte selbständige Korrespondenz mit anderen Königen und bekam stets Duplikate der Briefe an ihren Mann direkt vom Absender. Der Friedensvertrag mit Ägypten ist auch mit ihrem Siegel bekräftigt. Der großmächtige Ramses II. tituliert sie in seinen Briefen mit „Schwester", sie nennt ihn „Bruder" – das sind die Anreden unter gleichberechtigten Herrschern.

Auch mit Nefertari, Ramses „Großer Königlichen Gemahlin", korrespondiert die hethitische Tawananna ausführlich. Man erkundigt sich nach dem gegenseitigen Befinden, freut sich über den Friedensschluss, wünscht sich und den Gatten Wohlergehen und beschwört der Götter Wohlwollen. In einem „Begrüßungsbrief" an Puduhepa listet Nefertari penibel auf, was sie der „Schwester" per Königsboten mitschickt: „1 Kette für den Hals, sehr bunt, aus gutem Gold, aus 12 Strängen bestehend, deren Gewicht 88 Schekel [etwa 800 Gramm] beträgt. 1 buntes linnenes Maklalu-Gewand aus Byssos, 1 bunte Tunika aus Byssos, 5 bunte Gewänder aus gutem, dünnem [Faden], 5 bunte linnene Tuniken aus gutem, dünnem [Faden]. Summe aller linnenen Gewänder: 12 linnene Gewänder."

Nefertari ist offiziell als „Herrin von Ober- und Unterägypten" ihrem königlichen Gatten gleichgestellt. Sie wird oft mit, manchmal auch ohne ihn, in Skulpturen, Reliefs und Gemälden dargestellt, hatte aber wohl nicht die politischen Einflussmöglichkeiten wie ihre anatolische „Schwester". Nefertari war vermutlich schon tot, als die

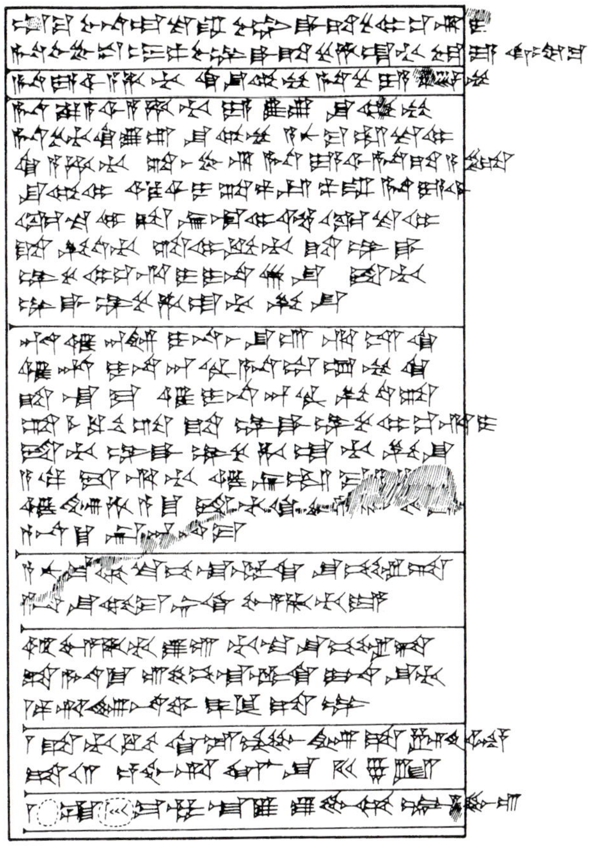

Die Ägypter setzten ihre Herrscherfiguren vorteilhaft ins Licht, auch wenn es idealisierte PR-Bilder waren. Nefertari (links), Große Königliche Gemahlin Ramses II., schickte Puduhepa freundliche Briefe (rechts eine Umschrift), kostbare Geschenke und nannte sie „Schwester“. Die Verbrüderung der beiden Großmächte wurde den Nachbarn unheimlich.

hethitische Prinzessin Scha'uschkanu mit großem Gefolge nach Piramesse kam, um „Große Königliche Gemahlin“ zu werden. Später – wann genau und warum, weiß man nicht – ehelichte der schon greise Ramses II. eine weitere Puduhepa-Tochter. Wissenschaftler nehmen an, dass die Tawananna die treibende Kraft dieser erneuten Liaison war. Denn Hattuschili II. war inzwischen gestorben und sein Sohn und Nachfolger Tudhalija IV. bedurfte wegen der Thronräuberei seines Vaters dringend einer starken – politischen wie psychologischen – Stütze gegen aufbegehrende hethitische Nobilitäten.

Schon die erste dynastische Verbindung zwischen den beiden Supermächten Ägypten und Hatti musste natürlich alle umliegenden Reiche – Assyrien, Babylonien, palästinensische Kleinkönigtümer, Mitanni – tief beunruhigen. Deren Herrscher versuchten, die drohende Machtballung mit eigenen Prinzessinnen-Angeboten an den Pharao zu unterlaufen. Doch Ramses II. blieb standhaft und ließ das seinen anatolischen Bruder Hattuschili auch brieflich wissen: „Siehe, nunmehr hat der König des Landes Babylon und der König des Landes Hanigalbat [Mitanni] mir geschrieben, wie folgt: ‚Die Tochter des Königs des Landes Hatti wird man zum König des Landes Ägypten senden und der König des Landes Ägypten wird sie zur Königin des Landes Ägypten machen, setze du aber meine Tochter an ihre Stelle‘ – so haben jene Könige an mich geschrieben. Ich aber gedenke nicht, ihnen die Königinnenschaft zu gewähren.“ – Haremsdame schon, aber nicht „Große Königliche Gemahlin“, das sollte exklusiv Hethiterprinzessin Scha'uschkanu werden. Im Gegenzug bekräftigte Hattuschili II.: „Ich bin dein Bruder und ich werde dir meine Tochter geben, und ich werde sie nicht dem König des Landes Babylon geben oder dem König des Landes Hanigalbat.“

Die politischen Befürchtungen der Nachbarn scheinen nicht unbegründet, denn niemand im damaligen Vorderen Orient hätte der geballten Macht einer *entente cordiale* zwischen Hattuscha und Piramesse widerstehen können. Und die Gedankenspiele der Hauptakteure lesen sich nicht gerade beruhigend. Ramses schreibt an Puduhepa: Nach der Heirat wären Hatti und Ägypten nicht mehr bloß „verbrüdert“, sondern es würden „die beiden großen Länder zu einem Land“. Und Puduhepa antwortet: „Dieses Wort ist sehr, sehr richtig!“

Da kamen vielleicht bei den Nachbarn Erinnerungen an noch gar nicht so lange zurückliegende Geschehnisse auf: Zwischen 1350 und 1300 v. Chr., nachdem der sogenannte Ketzerpharao Echnaton mit seinem Monotheismus-Experiment um den alleinigen Gott Aton gescheitert war, befand sich Ägypten in wirtschaftlichen und innenpolitischen Zerfallserscheinungen. Außenpolitisch war die Situation nicht minder fragil: Die penibel austarierte Machtbalance im Vorderen Orient zwischen Babylonien, Mitanni und Ägypten wurde gestört durch den barbarischen Neuling auf der weltpolitischen Bühne: Die Hethiter drängten im 14. Jahrhundert v. Chr. aus ihrem Stammland Anatolien weit nach Süden, nach Syrien und Mesopotamien. Während eines Kriegszuges gegen den Ägypten-Verbündeten Mitanni erhielt der hethitische Großkönig Schuppiluliuma einen Brief mit einem Friedensangebot einer ägyptischen Königin: „Mein Gatte starb. Einen Sohn habe ich nicht. Aber du, so sagt man, hast viele Söhne. Gäbest du mir einen deiner Söhne, würde er mein Gemahl."

Ramses II. entging bei der Schlacht von Qadesch nur knapp einer verheerenden Niederlage gegen die hethitischen Streitkräfte. Er schloss mit dem Großkönig aus Hattuscha den ersten paritätischen Friedensstaatsvertrag und ehelichte eine Hethiter-Prinzessin. Mit einer Regierungszeit von 63 Jahren wurde er zum Alptraum mehrerer Kronprinzen.

Die Verfasserin des Schreibens wird in der hethitischen Abschrift als „Dahamunzu" personalisiert. Es gibt in den ägyptischen Quellen keine Königin solchen Namens. Wer war Dahamunzu? In Frage kommen entweder die – unbedeutende – Witwe des Tutanchamun oder die machtvolle Nofretete, die, nach Lesart mancher Wissenschaftler, ihren Mann Echnaton überlebt hatte. Die Frage ist bis heute nicht eindeutig geklärt. Hethiterkönig Schuppiluliuma war misstrauisch und schickte einen Emissär zur Recherche an den Nil. Die Reaktion der Herrscherin klingt gereizt: „Du glaubtest mir nicht und sagtest mir das unverblümt! ... Ich habe an kein anderes Land geschrieben. Nur dir habe ich geschrieben! ... Gib mir doch einen deiner Söhne. Mir wird er der Gatte sein, Ägypten aber wird er der König sein!"

Eine unvorstellbare Mitgift: Es entstünde ein Reich unter hethitischer Herrschaft vom Schwarzen Meer bis zum schwarzafrikanischen Nubien. Dem kann kein Machtmensch widerstehen. Also wurde Hethiter-Prinz Zannanza nach Ägypten geschickt. Er kam nie an, auf dem Weg zur Weltherrschaft wurde er ermordet. Und nun, rund 100 Jahre später, kürte der Pharao eine Hethiter-Prinzessin zur „Großen Königlichen Gemahlin" – da sollten keine Befürchtungen bei den Nachbarn aufkommen?

Neun Monate nach der Hochzeit zwischen Ramses II. und Scha'uschkanu war Puduhepa Großmutter einer ägyptisch-hethitischen Enkelin. Ihrem Mann wäre offenbar ein Enkel lieber gewesen. Er betont in einem Brief an Ramses II., einem Sohn seiner Tochter „hätte ich das Land Hattuscha gegeben, aber du hast meiner Tochter keinen Sohn gezeugt ... Ist es meinem Bruder nicht möglich, einen Sohn zu zeugen?"

Die Überlegung Ramses II., als Schwiegersohn und Enkelin-Erzeuger könne er ja selbst die Thronfolge in Hattuscha antreten, stieß bei Hattuschili II. offenbar auf ziemlich verstopfte Ohren. Das entsprechende Antwortschreiben ist nur fragmentarisch erhalten und in Hethitisch abgefasst, so dass unsicher ist, ob es je auf den Weg an den Nil gebracht wurde. Vermutlich war es nur ein Briefentwurf. Dem aber kann man entnehmen, dass es ja in Hatti einen legitimen Thronfolger gäbe und Ramses II. nun vielleicht doch schon ein bisschen zu alt sei.

Wie auch immer – Puduhepa die Große ist die letzte namentlich erwähnte hethitische Königin, und ein Anatolien bis nach Afrika blieb ein Traum.

DIE MYTHISCHE HERKUNFT DER HETHITER

ZALPA UND NERIK

„Legenden haben ihren Ursprung im populären Erzählgut“, analysiert Volkert Haas und beschreibt ihre Wirkung: „Da sie Identität stiftend und Identität erhaltend sind, werden sie über Generationen geglaubt und tradiert.“ Da machen auch die Hethiter keine Ausnahme, und ihre Ursprungssaga geht so:

Die Königin von Kanisch – wo später die Assyrer Handel trieben – brachte in einem einzigen Jahr 30 Söhne zur Welt. „Was für eine Monstrosität habe ich da geboren!“, schaudert ihr. Da sie die Vielfachgeburt nur als böses Omen empfinden konnte, legte sie die 30 Söhne in Körbchen und überantwortete sie dem Fluss Kızılırmak. Der brachte die Ausgesetzten zum Land Zalpuwa, das am Schwarzen Meer lag, „und die Götter zogen sie auf“. Die Aussetzung (oder Verstoßung), meist eines Sohnes, ist ein beliebtes und immer wiederkehrendes Motiv bei Gründungslegenden quer durch die Welt; in der Regel wird der Ausgesetzte später besonders klug und reich und Stammvater eines Volkes.

Bei den Hethitern lief die Geschichte ein bisschen anders weiter: „Wie nun die Jahre vergingen, da gebar die Königin abermals, [und zwar] 30 Töchter.“ Die zog sie im Gegensatz zu ihren Söhnen jedoch selbst auf. Irgendwann machten die Söhne sich auf und kamen nach Nescha

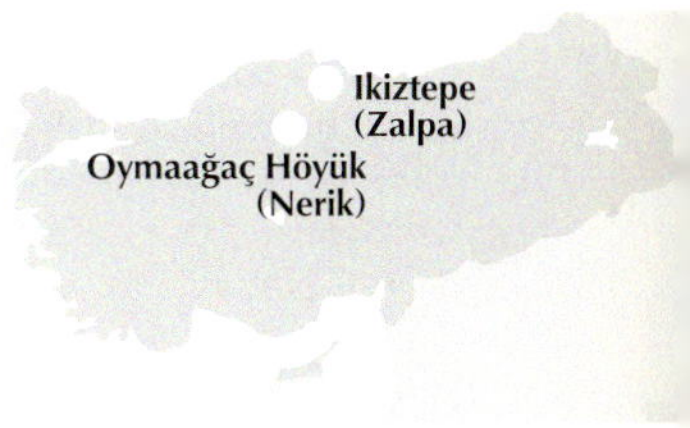

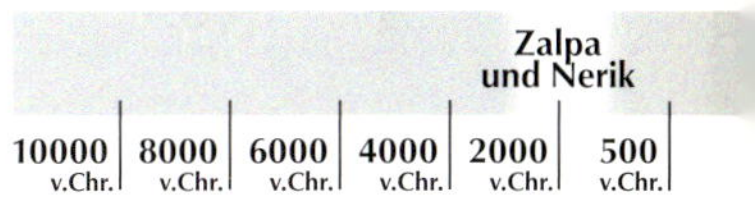

Der Ursprungsmythos der Hethiter – hier der Keilschrifttext – ist dunkel und fantastisch: 30 Brüder von einer Mutter stehen am Anfang und 30 Schwestern der gleichen Königin, ein Massen-Inzest bahnt sich an – wenn das keine Story ist!

(Kanisch) zurück. Den Zug der 30 kommentiert Haas folgendermaßen (bei Haas, Die hethitische Literatur): „Der Kern der Erzählung könnte in einer frühen Wanderung eines hethitischen Stammes vom Schwarzen Meer ins Innere Anatoliens, nämlich nach Nescha, ihrer späteren Residenz, zu suchen sein." Da werden Archäologen hellhörig.

Aber das hethitische Ur-Drama ist noch nicht zu Ende: Die Götter täuschten die Königin, so dass sie ihre Söhne nicht erkannte, und „sie gab ihre Töchter an ihre Söhne. Zuerst erkannten die Söhne ihre Schwestern nicht". Nur der Jüngste, nach dem üblichen Erzählschema zugleich der Klügste, merkt etwas: „Nicht wollen wir unsere Schwestern nehmen! Nicht sollt ihr einen solchen Frevel begehen!" Dann bricht der Text ab, es bleibt offen, ob der massenhafte Geschwisterinzest stattfand oder nicht. Die Fortsetzung ist schwer deutbar; zumindest der jüngste Sohn kehrt nach Zalpuwa (Zalpa) zurück. Danach gibt's Keilschriftnebel, klar wird nur, dass die Stadt Zalpa / das Land Zalpuwa und Hattuscha in mythischer Zeit eine wie auch immer geartete Beziehung – eher gegen- als miteinander – hatten. Zalpa blieb für die Hethiter immer ein religiös aufgeladener Ort.

„Der Mythos bezeugt also", resümiert Norbert Oettinger, „dass die Leute von Zalpa mit denen von Nescha (Kanisch) stammverwandt waren." Daraus folgert der Sprachforscher der Universität Erlangen, „dass die Einwohner oder zumindest die führende Bevölkerung von Zalpa im frühen 2. Jahrtausend v. Chr. hethitisch (und nicht etwa hattisch) sprach". Das wiederum ist ihm Beleg für die Hypothese, dass Nescha (Kanisch) – nach der hethitischen Geschichtsschreibung die Urzelle des hethitischen Reichs – von Zalpa am Schwarzen Meer aus gegründet wurde. Damit wäre die von der Lehrmeinung postulierte Einwanderung der indoeuropäischen Hethiter nach Zentralanatolien in Wahrheit bloß die Binnenwanderung einer bereits ansässigen hethitischen Bevölkerung. Das aber hieße, dass die Urhethiter viel früher als bislang angenommen nach Kleinasien eingewandert sind. Oettinger ist sich denn auch sicher, dass die indoeuropäischen Uranatolier schon vor 2500 v. Chr. nach Anatolien kamen (s. S. 107). Die zu ihnen gehörenden Hethiter spalteten sich ab und siedelten relativ isoliert an der Schwarzmeerküste, bei Zalpa eben – womit wir wieder beim Mythos wären. Ob sich vielleicht über Ursprungslegende und Sprachwissenschaft die Herkunft der Hethiter einkreisen lässt?

Ähnlich gewichtig in der hethitischen Genese ist Nerik. Die Stadt, ebenfalls am Kızılırmak nahe der Schwarzmeerküste gelegen, war wohl das politische und kulturelle Zentrum der altanatolischen Hattier. Von dieser Vorgängerkultur entlehnten die Hethiter große Teile ihrer Götterwelt, und auch die späteren Vorstellungen über Königtum und Staatsidee sind von den Hattiern zumindest vorgeprägt worden. Die Hattier verschwinden unter der Herrschaft der Hethiter und später unter der Knute der Kaschkäer. Nerik gehörte zu den drei Städten, die neben der Hauptstadt Hattuscha von Steuern befreit war. Eines der wichtigsten hethitischen Kultfeste war hier beheimatet, und der Wettergott von Nerik genoss besondere Beachtung. Dem musste jeder hethitische König seine Referenz erweisen, bevor er sein Amt antreten konnte.

Kultstädte im Niemandsland

Die beiden regionalen Zentren Zalpa und Nerik waren also schon in der Vor-Hethiterzeit bedeutend. Für die Hethiter blieben sie auch nach der Eroberung durch die Kaschkäer mythisch und kulturell wichtig. Im 13. Jahrhundert v. Chr. eroberte Hattuschili III. weite Teile Nordanatoliens zurück und baute die beiden Städte aus. Vor allem der Kult in Nerik wurde aufgewertet. Nach dem Niedergang des Großreichs versinken die beiden Orte weitgehend im Vergessen. Zwei so wichtige Stätten im historischen Dunst – das kann keinen Archäologen ruhig lassen. Beide Ortschaften liegen zudem in einer zu allen Zeiten dicht besiedelten Gegend, was den zahlreichen Metallvorkommen in der Umgebung zu verdanken ist. Zalpa wird nach der Gründungslegende zumeist an der Mündung des Kızılırmak ins Schwarze Meer lokalisiert. Dort gräbt seit 30 Jahren Önder Bilgi, Archäologe an der Universität Istanbul, die chalkolithitischen und frühbronzezeitlichen Schichten des umfangreichen Siedlungshügels Ikiztepe aus. Schmelzöfen und Webgewichte belegen schon für das 6. bis 4. Jahrtausend v. Chr. fortgeschrittenes Können in Metallurgie und Textilherstellung. Die Grabbeigaben, vielfach auserlesene Metallgeräte, weisen auf Wohlstand. Ikiztepe ist zweifellos ein überaus wichtiger archäologischer Platz. Dennoch möchte der Ausgräber die legendäre Stadt Zalpa lieber ein bisschen weiter ins Landesinnere verlegen – ins Dorf Oymaağaç.

Versierte Schreiber in der Provinz

Dort aber, am Oymaağaç Höyük in der Nähe von Vezirköprü, suchen seit 2005 Berliner Archäologen nach dem „Ursprung und der Entwicklung der hethitischen Kultur im mittleren Schwarzmeergebiet". Privatdozent Rainer Maria Czichon vom Institut für Vorderasiatische Archäologie der Freien Universität Berlin (FU) leitet eine interdisziplinäre deutsch-türkische Forschertruppe, die am Oymaağaç Höyük sehr gern das Kultzentrum Nerik finden möchte. Seit 30 Jahren wird der Siedlungshügel mit der Kultstadt in Verbindung gebracht. Seine erkennbare Besiedlung reicht vom 7. Jahrhundert v. Chr. bis in die Bronzezeit des 3. Jahrtausends v. Chr. zurück – gute Voraussetzungen also, geballte Geschichte zu finden.

Gleich die ersten Surveys förderten Tontafelfragmente zu Tage, die Jörg Klinger, Philologie-Professor am FU-Institut für Altorientalistik, als Kulttext und königliche Tatenbeschreibung – eines Feldzuges (?) – rekonstruiert. Die Professionalität der Schrift (Zeichengröße knapp drei Millimeter) lässt auf einen routinierten Schreiber, der Inhalt der Texte auf eine übergeordnete hethitische Kanzlei schließen, die hier im 13. Jahrhundert v. Chr. tätig war. Auch der Name des Verwaltungsbeamten Sarini, der auf einer Tonbulle in Oymaağaç Höyük auftaucht, weist in die Großreichszeit. Texte aus Hattuscha berichten dazu passend von der Rückeroberung der nördlichen Gebiete durch König Hattuschili III. Die archäologische Ausbeute der Surveys erbrachte 13.500 „signifikante Scherben", die die Datierung der Siedlung in die Großreichszeit bestätigen.

Der Hügel verbirgt sieben bis zehn Meter starke Siedlungsschichten und gliedert sich in einen 180 mal 200 Meter großen Stadtkern mit einer Unterstadt auf tiefer liegenden Terrassen. Die geophysikalische Prospektion zeichnet ein großes Gebäude auf der Hügelkuppe in die Koordinaten, das wahrscheinlich bei einem heftigen Brand unterging: vermutlich ein Tempel. Schemenhaft wird eine Befestigungsmauer erfasst, Hinweise gibt es auf ein Stadttor und einen Turm. Und dann finden sich in den geomagnetischen Zeichnungen noch so seltsame „chaotische Strukturen", die deutlich, aber nicht erklärbar sind. Die geben auch nach der ersten richtigen Grabungskampagne im Herbst 2007 weiterhin Rätsel auf. „Wir haben dort eine kleine Ecke einer fünf Meter dicken Mauer freigelegt", berichtet Rainer Czichon. Die besteht aus soliden Steinfundamenten, Holzbalken, einem Lehmziegelaufbau und Steinpackungen. „Diese Steinverfüllungen können wir noch nicht erklären", bedauert Czichon und hofft auf ausführlichere Grabungen in den kommenden Jahren. Dabei gibt er sich hoch optimistisch: „Es ist nur eine Frage der Zeit, bis wir hier ein Archiv finden."

Bei so vielfältigen forscherischen Bemühungen um die beiden mythisch und kulturell alles überragenden Städte der Hethiter muss etwas „rauskommen". Nur, was wird das sein? Was graben die Berliner aus – Nerik? Oder doch Zalpa – wie ihr türkischer Kollege meint? Rainer Czichon: „Beides wäre schön, aber es kann auch ein ganz anderer Ort sein. Wichtig ist für uns in erster Linie, dass wir möglichst viele Erkenntnisse über diese bislang unerforschte hethitische Randregion finden."

Bei Oymaağaç graben Berliner Archäologen eine Siedlung aus, die die hethitische Kultstadt Nerik sein könnte (unten). In Ikiztepe liegt vielleicht die Stadt Zalpa, die im hethitischen Ursprungsmythos eine wichtige Rolle spielt.

TROJA UND DAS QUADRAT DER MACHT

DIE SPÄTBRONZEZEIT

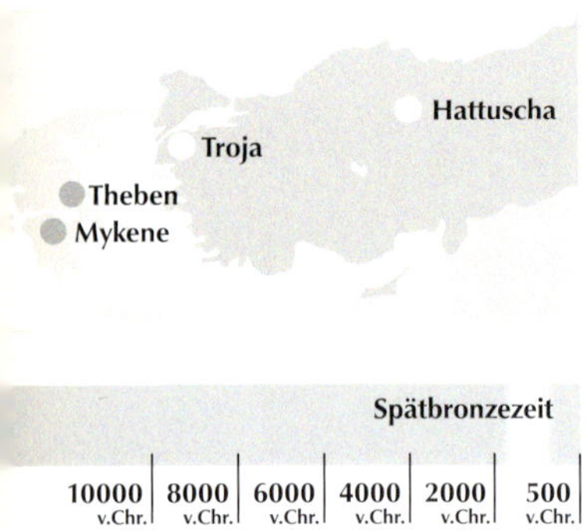

Nach dem Uralt-Mythos noch einmal zurück zu einem etwas moderneren Mythos, der untrennbar mit der Schlussphase des hethitischen Großreichs verbunden ist und eine der spannendsten Fragen darstellt: Wer, was, wo war Ahhijawa? Damit nämlich stoßen wir in ein Wespennest: Was ist nun mit dem Trojanischen Krieg?

Um 1500 v. Chr. strukturiert sich die Welt neu. Das – damals – globale Macht-Triangel „Hethitisches Großreich – Pharaonen-Imperium – Mesopotamien" entsteht und wird schon bald zum Viereck erweitert: Ahhijawa tritt auf. Die neue expansive Macht im Nordwesten kann nicht mehr ignoriert werden, seit sie die Nachfolge der minoischen Herrschaft auf Kreta angetreten hat. Wenig später taucht Ahhijawa an der kleinasiatischen Westküste auf und übernimmt auch dort, speziell in Milet, die Rolle des Hausherrn von den Minoern, wie Wolf-Dietrich Niemeier vom DAI Athen mit seinen Grabungen nachgewiesen hat. Diese in den hethitischen Texten „Millawanda" genannte Siedlung nutzen die Emporkömmlinge aus dem Westen später als permanenten Brückenkopf gegen die Hethiter.

Der Gelehrtenstreit, wer und wo Ahhijawa ist, scheint inzwischen ausgestanden zu sein. Der Hethitologe Frank Starke und sein Londoner Kollege Joshua David Hawkins haben aus den hethitischen Texten unabhängig von einander eine politische Geographie Kleinasiens (s. Karte S. 78) rekonstruiert, die für Ahhijawa auf der asiatischen Halbinsel keinen Platz lässt. Auf dem großen He-

☙ In der richtigen Beleuchtung bekommt selbst die archäologische Stätte von Troja den mythischen Nimbus, an dem sich seit nunmehr Jahrtausenden die Fantasie entzündet. Bei Tageslicht sieht der Ort etwas nüchterner aus und bedarf einer eingehenden Erklärung. Jenseits allen Streits: Troja war groß und wichtig – aber nicht allein.

thitologen-Kongress in Montreal 2006 herrschte große Einmütigkeit – unter Anatolisten und Mykenologen –, dass Ahhijawa in Griechenland lag und mit der mykenischen Palastkultur gleichzusetzen ist. Strittig bleibt vorerst noch, ob der mykenische Mitspieler im Mittelmeer-Machtpoker im zentralgriechischen Theben anzusiedeln ist oder eher auf der Peloponnes. Frank Starke präferiert aufgrund der Schriftquellen Theben, der Heidelberger Joseph Maran aufgrund archäologischer Funde Mykene und den Nachbarn in der Peloponnes-Landschaft, Argolis.

Wie auch immer, es entsteht ein kultureller Großraum, dessen Anfänge der Gräzist und Homerforscher, Joachim Latacz eindrucksvoll so beschreibt (bei Latacz, Troia. Archäologie eines Siedlungshügels und seiner Landschaft): Der Übergang „zum neuen Werkmaterial Bronze ... bedeutete eine Verdichtung und Verfestigung der zwischen den vier Machtgebilden bestehenden Kontakte, ausgehend letztlich vom Zwang zur Beschaffung der dringend benötigten Rohstoffe Kupfer und Zinn. Durch die gesteigerten Abbau-, Transport- und Handelsaktivitäten war es naturgemäß zur Intensivierung des Austauschs vielfältiger weiterer Gebrauchsgüter, aber auch vielfältiger Erfindungen, Anregungen und Ideen kreuz und quer über den gesamten Großkulturraum hinweg gekommen, so dass bei allen Einschränkungen ... von einer ersten ‚Globalisierung' gesprochen werden kann." Der dabei gewonnene Reichtum der Eliten musste gesichert, die Macht zwischen den Blöcken jeweils neu austariert werden. Lebhafte diplomatische Aktivitäten – wie Verträge, dynastische Heiraten, Schmeicheleien, Geschenke – waren dazu ebenso probate Mittel wie Überfälle oder veritable Kriege. „Die politische Landschaft im östlichen Mittelmeerraum befindet sich infolgedessen im 2. Jahrtausend v. Chr. in ständiger Bewegung", resümiert Latacz. Und das rund 300 Jahre lang. „Krieg", so konstatiert Ulf-Dietrich Schoop, „war in der Spätbronzezeit Bestandteil des normalen Lebens."

Mit dem Auftreten Ahhijawas in dieser „mittelmeerischen Wohlstandszone" (Latacz) beginnt auch der Anfang vom Ende des nun tatsächlich großen wie reichen Trojas – und Hattuscha und Mykene mischen mächtig mit. Nach den Eroberungen in Syrien, der Levante und Mesopotamien wandten die hethitischen Könige ihre Aufmerksamkeit den Ländern an ihrer Westflanke zu. Tudhalija I. besiegte den mächtigen und gefährlichen Staatenverbund Arzawa (mit der Zentrale Ephesus), zudem die Länder Seha und Masa und vernichtete, quasi auf dem Heimweg im Vorbeigehen, noch Assuwa und brachte reiche Beute nach Hause. Als Länder des Reichs Assuwa – vermutlich eher Verwaltungsbezirke – werden „Wilusija" und „Taruisa" genannt – die ersten Erwähnungen der zu „Ilion" und „Troja" hinführenden Namen. Und auch Ahhijawa taucht hier zum ersten Mal auf.

Zu Hause aber machten die Kaschkäer, die kriegerischen Stämme im anatolischen Norden, dem hethitischen König Ärger; sie besetzten große Gebiete des hethitischen Kernlandes, Hattuscha schwächelte. Arzawa erhob sich wieder, das Land Hatti schien erledigt. Der ägyptische König Amenophis III. schrieb „Ich habe gehört, dass das Land Hatti zerschmettert ist" und erheischte eine Prinzessin aus Arzawa. Ob er die bekommen hat, ist unklar, sicher ist dagegen, dass sich die Hethiter erholten und Arzawa abermals besiegten und aufteilten. Und nachdem auch das Reich Mitanni unterworfen war, konnte sich das Land Hatti als hethitisches Großreich fühlen.

Ein Teil des Goldschatzes, den Erstausgräber Schliemann dem König Priamos zuschrieb. Er irrte und war Jahrhunderte weiter in die Vergangenheit vorgestoßen als er dachte. Die Troja-Schätze wurden nach dem 2. Weltkrieg von der Sowjetarmee aus Berlin nach Russland verfrachtet, wo sie erst vor einigen Jahren aufgespürt wurden.

Heinrich Schliemann (links), gescholten bis zur Denunziation, hat mit seinem Glauben an Homers Schilderung des Trojanischen Krieges die antike Stätte überhaupt erst zum Gegenstand wissenschaftlicher Arbeit gemacht. Rechts: Drei Gefäße der sogenannten Buckelkeramik, die aus dem Balkan nach Kleinasien kam.

Ruhe gab es dennoch nicht. Ahhijawa und von ihm offenbar unterstützte Piraten, Räuber, Terroristen machten die Westküste weiterhin unsicher. Nur das Land Wilusa (Wilusija), so scheint es, stand treu zum Verbündeten und späteren Oberherrn in Hattuscha. Die Hethiter zogen gen Millawanda, eroberten und zerstörten es. Wolf-Dietrich Niemeier findet dazu passend um 1316 v. Chr. eine gewaltige Brandschicht in den Ruinen von Milet. Auch das arzawa'ische Ephesus wurde Beute der Hethiter. Später gab der König von Hattuscha allerdings Milet wieder an Ahhijawa zurück, ein kooperatives Verhältnis schien ihm wichtiger zu sein, denn in Syrien bahnte sich die direkte Konfrontation mit den Ägyptern an.

Wir bleiben in Westanatolien, genauer in Troja – oder griechisch Ilion. Der wissenschaftliche Streit um die Zuordnung der in den hethitischen Nachrichten „Wilusa" genannten Region ist in den letzten Jahren weitgehend beigelegt worden; auch wenn Hyperskeptiker eine Tontafel aus Troja fordern, auf der „Wilusa" geschrieben steht. Von den bescheidenen Anfängen hatte sich der Fürstensitz im Nordwesten Kleinasiens bis ins 18. vorchristliche Jahrhundert schubweise ausgedehnt, war mehrfach – durch Krieg oder Katastrophen – zerstört worden und hatte sich immer dickere, höhere und raffiniertere Mauern zugelegt. „Der Ort war immer bedeutend genug, dass er bedroht wurde", so Manfred Korfmann, der die Ruinen auf dem Hisarlık Tepe 18 Jahre lang, bis zu seinem überraschenden Tod 2005, erforscht hat.

Auch Schliemanns Troja-Goldschatz belegt eindrucksvoll, dass sich hier schon früh viel Geld angesammelt hatte. Das stammte sicher nicht allein aus den Erträgen des ländlichen Umfeldes. Die Lage an den Dardanellen, dem Engpass zwischen Mittel- und Marmarameer, machte den Ort zur natürlichen Zollstation für alle, die weiter hinauf ins Schwarze Meer wollten. Zumal widrige Winde und eine heftige Strömung den Schiffsverkehr schwierig und zeitweilig unmöglich machten. Als Hafenort war Troja vermutlich auch Import-Kontor für sein Hinterland. Und, wie wir durch die Grabungen in Küllüoba erfahren haben, Endstation einer Karawanenroute aus den zentral- und südostanatolischen Gegenden der riesigen Halbinsel.

Ob es aber Drehscheibe für den internationalen Handel war, wie oft und vehement behauptet wurde, kann mit guten Gründen bezweifelt werden. Die Macht und damit die saugende Wirtschaftskraft lagen denn doch etwas weit weg. Am Ende seiner Arbeit in Troja kam Korfmann zu der Einsicht: „Aus der Sicht der Städte der Hochkulturen, wie Assur, Babylon, Uruk oder Hattuscha, war Troja ein relativ kleiner Ort am Rande der damaligen Welt. Troja war damit nie der Nabel der bronzezeitlichen Welt oder gar deren Metropole." Aus der Sicht Europas aber, da war sich Korfmann sicher, war Wilusa unvergleichlich, eine Fata Morgana von Glanz und Reichtum –, und vom Balkan richteten sich ab 1200 v. Chr. immer mehr begehrliche Blicke auf die reichen Regionen Kleinasiens und des östlichen Mittel-

ↄ3 Eine Art „Piratennest“ nannte der Ausgräber Manfred Korfmann den Beginn Trojas; so stellt es sich in der wissenschaftlich fundierten Computer-Rekonstruktion auch dar (links). Doch rasch wuchs die Siedlung zu einer reichen und mächtigen Stadt, wobei von der Unterstadt bislang nicht viel mehr eruiert wurde, als die Häuser direkt vor der Mauer (unten).

meers. Die materiellen Belege für Beziehungen Trojas nach Südosteuropa und ins Schwarzmeergebiet während der Bronzezeit sind verzweifelt dünn. Das liegt an fehlenden archäologischen Erkundungen zu dieser Zeit in diesen Gegenden. Abgesehen von der vom Balkan stammenden „Buckelware“, der eisenzeitlichen Keramik (mit Buckelverzierungen häufig auf einem verdickten, gerippten Ring, der um das Gefäß herumläuft), gibt es nicht einmal Zufallsfunde in aussagekräftiger Anzahl aus diesen Regionen.

Vielleicht war dies dennoch die Initialzeit für die Erkundung des nördlichen Binnenmeers: Mythische Mär in Griechenland, wie etwa die Argonauten-Saga, legt die Kenntnis der Küstengebiete nahe. Auch die massive Kolonisierung der Schwarzmeergestade durch die ionischen Städte an der kleinasiatischen Ägäis-Küste vollzog sich einige hundert Jahre später sehr rasch und sehr zielgerichtet.

Zurück zum Troja der Bronzezeit. Der Ort muss etwas Extraordinäres gehabt haben. Bei Homer sowieso, und die massiven Troja-Mauern sind keine Fiktion. Und afrikanische Straußeneier, Kettenpanzer aus Mesopotamien und Bernstein aus dem Baltikum sind sicher nicht Besitz von Dorfbewohnern. Aber auch in den schriftlichen Zeugnissen aus den Hattuscha-Archiven zeigt sich immer wieder die besondere Bedeutung des Fürsten- oder Königssitzes an den Dardanellen. Die Hethiter-Herrscher bemühten sich auffällig und anhaltend um den Ort. Er behielt auch nach den hethitischen Eroberungen in Westkleinasien lange Zeit seine volle Eigenständigkeit, wurde gehegt und geschützt, seinen Monarchen wurde bei Thronstreitigkeiten geholfen. Wegen banaler räuberischer Überfälle auf Wilusa ersuchte Großkönig Hattuschili II. seinen „Bruder“, den König von Ahhijawa, brieflich, aber offenbar vergeblich, dem Treiben eines gewissen Pijamaradu Einhalt zu gebieten. Pijamaradu war vermutlich der Enkel eines ehemaligen Königs von Arzawa und tat

Trojas Mauern wurden im Lauf der Jahrhunderte immer stärker und raffinierter – der Fürstensitz hatte offenbar viele und feindselige Neider. Die archäologischen Funde aus den verschiedenen Siedlungsschichten belegen, dass die Herrscher auf dem Hirsalık Tepe weitreichende und prestigeträchtige Beziehungen pflegten.

sich unter den Unruhestiftern an der Westküste besonders hervor. Wann immer die Hethiter ihn packen wollten, wich er nach Millawanda, dem ahhijawischen Militärstützpunkt, aus.

Derlei Raubzüge, deren Ziel unter anderem die Beschaffung von Arbeitskräften war, schreibt Joachim Latacz, „sind uns in jener Zeit aus den hethitischen Quellen durchaus auch für die Hethiter selbst belegt. Offensichtlich handelt es sich um eine allgemein verbreitete internationale Praxis der Zeit. Insofern hätten die mykenischen Griechen also keine Ausnahme gebildet. Ein Punkt aber fällt auf: In den hethitischen Dokumenten beschränken sich diese Raubzüge auf Gebiete in Kleinasien; Frauen aus Ahhijawa – etwa aus Pylos, Mykene oder Theben – sind darin bislang nicht aufgetaucht. Was sich da deutlich abzuzeichnen scheint, ist Expansivität, aber Expansivität, die nur in eine Richtung geht: von West nach Ost, von Ahhijawa nach Kleinasien – nicht umgekehrt." In der Ägäis sind offenbar die Mykener die Bösen.

Als Beleg führt der streitbare und wortgewaltige Gräzist Tontafeln in Linear-B, der mykenischen Schrift, an (bei Latacz, Troja und Homer. Der Weg zur Lösung eines alten Rätsels), die in den Palästen von Pylos und Mykene auf der Peloponnes gefunden wurden. Darin ist unter anderem von „einer Troerin" und von „Aswiai", „Asierinnen", die Rede, offensichtlich Frauen aus dem von den Hethitern eroberten Assuwa. Aus dem Textzusammenhang ergibt sich, dass Arbeitsgruppen von Frauen gemeint sind – aus Kleinasien geraubte und versklavte Handarbeiterinnen also. Auch Trojas hoch gelobte Metallhandwerker waren von antiken Kidnappern bedroht.

Verpflichtung zum Kriegsdienst

Noch deutlicher wird Wilusas Bedeutung im Vasallenvertrag mit dem Troja-Herrscher Alaksandu: „Wenn die Majestät [der hethitische Großkönig] einen Feldzug [in den Randgebieten] unternimmt, wirst auch du an meiner Seite mit Truppen und Streitwagengespannen den Feldzug unternehmen." Das galt ebenso für Kriege im hethitischen Kernland wie gegen die anderen Großmächte der Zeit. In seinem Kriegsbericht über die Zerschlagung des Staatenbundes Assuwa berichtet der siegreiche hethitische König von 10.000 Soldaten und 600 Streitwagengespannen, die der Gegner aufgeboten habe. Auch wenn man hier propagandistische Überhöhungen annehmen kann, wird doch klar, dass sich die von Alaksandu geforderte Hilfe nicht im Bereich von etlichen Dutzend Kämpfern bewegte. Ugarit, reicher Stadtstaat und Vasall Hattuschas an der Levanteküste, war mangels Masse von solcher Unterstützung mit Mann, Pferd und Wagen freigestellt, musste den Dispens jedoch mit jährlich 23,5 Kilogramm Gold begleichen.

Troja hatte irgendein spezielles Potential, das den Ort über andere erhob – zumindest in den Keilschriftquellen aus Hattuscha. Das sind bislang die einzigen schriftlichen Nachrichten. Es gibt keine Gegenkorrespondenz von wilusischen Königen. In Troja wurde weder von Erst-Ausgräber Schliemann noch von Groß-Ausgräber Korfmann Schrift aufgespürt. Das eine in der Siedlung gefundene Siegel als Beleg für Schriftlichkeit darzustellen, grenzt an Unseriosität. Die offensichtlichen Skrupel der Troja-Ausgräber wegen der fehlenden Textzeugnisse sind unverständlich, denn schriftliche Nachrichten aus dem 2. Jahrtausend v. Chr. sind und bleiben die Ausnahme, nicht die Regel – 20.000 Keilschrifttafeln aus Hattuscha sind der sensationelle Sonderfall. Die Grabungen in Milet, Küllüoba und Limantepe, um nur die hier schon erwähnten bronzezeitlichen Burgen zu nennen, haben bislang ebenfalls keine Textarchive erbracht.

Und die spärlich überkommenen Niederschriften im mykenischen Linear-B in Griechenland behandeln nur die untersten Verwaltungsvorgänge, es wurden keine politischen, religiösen oder literarischen Höhenflüge festgehalten. „Da hat eine Palastadministration gewirkt", weiß Joseph Maran, „die nur das Allernotwendigste aufgezeichnet hat. Das sind nur Stichworte, Linear-B kommt spielend ohne Verben aus." Die Akten wurden für die nächste Haushaltsperiode in Wasser aufgelöst, um aus demselben Ton neue Tafeln herstellen zu können. „Die Mykener haben die Schrift ja von den Minoern übernommen und zu Linear-B weiterentwickelt", referiert Schriftgelehrter Frank Starke. Die Linear-B-Zeichen wurden jedoch nicht wie die Keilschrift-Keile eingedrückt, sondern vermutlich mit einem Pinsel geschrieben. Das aber eben nicht auf Ton, sondern auf Stoff, Pergament oder Papyrus wie bei den Kretern. Die Archäologen haben minoische Siegel gefunden, an denen Reste von Papyrus hafteten. „Es wäre bitter", meint Maran, „wenn die wichtigsten Texte in Griechenland in dieser Form aufgezeichnet worden sind – dann ist nichts zu erwarten." Aber noch ist der Heidelberger verhalten optimistisch, dass irgendwann gebrannte Keilschrifttafeln mit Hattuscha-Korrespondenz auch in Griechenland auftauchen: „Die müssen doch miteinander korrespondiert haben!"

Der „Ahhijawa-Brief": Seit Jahrzehnten ist die Keilschrifttafel bekannt. Sie wurde immer als Brief eines Hethiterkönigs an einen Herrscher in Ahhijawa angesprochen. Eine neue Begutachtung und Lesung machen ihn nun zum Antwortschreiben eines griechischen Potentaten an einen Monarchen in Hattuscha. Das fehlte bis jetzt.

Wenn man nach den hethitischen Archiven geht, haben die anatolischen Großkönige mehrfach an ihre „Brüder", also gleichrangige Herrscher in Ahhijawa, geschrieben. Aktuell, wie im Fall Pijamaradu, oder historisch argumentierend etwa bei Gebietsansprüchen. Post aus Hellas fehlt – bislang, meint Frank Starke; er ist sich sicher, einen Antwortbrief entdeckt zu haben. Es wäre der erste. Auf dem Hethitologen-Kongress in Montreal war dieser Brief Hauptthema, und nach seinem einstündigen Vortrag, so erzählt Starke, gab es für seine Lesart breite Zustimmung. Der Brief liegt im Istanbuler Museum und ist seit fast 100 Jahren bekannt. Als Starke ihn in die Hand nahm, „ging es mir eigentlich noch einmal um das Land Assuwa und die Lokalisierung von Wilusa, dazu haben wir schließlich nicht so viele Texte". Von dem Brief sind die ersten zwölf Zeilen so erhalten, „dass man sie verständlich machen kann. Es ging darum, diese zwölf Zeilen in einen plausiblen Zusammenhang zu stellen – mehr kann ja nicht geleistet werden", umreißt Starke seine Schriftpuzzle-Arbeit und das Ergebnis.

Jetzt wird es etwas verwinkelt, aber spannend. In dem Brief geht es um den zwischen Ahhijawa und Hattuscha strittigen Besitz von Inseln.

■ Das Schreiben stammt aus dem 13. Jahrhundert v. Chr., nimmt jedoch Bezug auf Ereignisse im 15. Jahrhundert v. Chr. Das ergibt sich daraus, dass der König von Assuwa zweimal im Text genannt wird. Das Land Assuwa gab es aber nur bis zum Ende des 15. Jahrhunderts.

■ Der hethitische Großkönig argumentiert: Hattuscha habe schließlich Assuwa erobert und deshalb gehörten die davor liegenden Inseln seitdem zum hethitischen Einflussgebiet.

■ Diese Beweisführung wiederholt der Briefschreiber jetzt als Zitat aus einem früheren hethitischen Königsbrief – es ist also „ganz eindeutig ein Antwortbrief aus Ahhijawa" (Franke).

Um 1180 v. Chr. wurde Troja tatsächlich endgültig zerstört. Der Fama nach durch eine List des Odysseus. Ob es aber der alles verschlingende Trojanische Krieg Homers war oder Folge der allgemeinen Umwälzungen zum Ende der Bronzezeit im östlichen Mittelmeerraum – darüber werden die Gelehrten weiter streiten.

■ Der König von Ahhijawa argumentiert nun selbst, dass die Inseln schon vor der Eroberung Assuwas an Ahhijawa gegangen seien – und zwar durch eine Verbindung zwischen Assuwa und Ahhijawa, es taucht explizit das Wort „vermählen" auf. Starke: „Es spricht alles dafür, dass es sich um eine damals übliche dynastische Heirat gehandelt hat."

■ Die Inseln gehörten, nach dieser geschichtlichen Rückschau, also schon zu Ahhijawa, bevor Hattuscha Assuwa erobert und als Staatenbund zerschlagen hat. Bei dem Streitgegenstand handelt es sich vermutlich um die Inseln Imbros, Lemnos und Samothrake, die in Sichtweite von Wilusa / Troja liegen – und somit schon damals als Sprungbrett auf das kleinasiatische Festland einen hohen strategischen Wert hatten.

Das alles bedeutet, so Starke nach seiner Lesung, „dass zwischen dem mykenischen Griechenland und Westkleinasien seit dem 15. Jahrhundert v. Chr. Beziehungen, und zwar freundschaftlich-familiäre, bestanden". Bleibt die Frage: Wo residierte der antwortende König von Ahhijawa? Da in dem Brieffragment der Name „Kadmos" auftaucht, ist Starke überzeugt, dass Theben damals der Mittelpunkt Griechenlands gewesen ist. Kadmos war der erste König der Burgresidenz in Zentralhellas. Joseph Maran, Ausgräber von Tiryns und Kenner der Argolis auf der Peloponnes, ist da skeptisch: „Wenn ich überlege, welche Hinweise wir in Theben auf anatolische Kontakte haben, würde mir nichts einfallen." In Tiryns und Mykene hingegen treten im 13. Jahrhundert v. Chr. geballt anatolische Innovationen auf: zum Beispiel „die massiven Kragsteingewölbe, die es vorher in Griechenland nie gab", zählt Maran auf und nennt noch eine Bohrtechnik mit einem raffinierten Hohlbohrer, ebenfalls ein Import aus Hethiterland. Die Lokalisierung ist aber, konzediert der Heidelberger Professor, „derzeit noch eine große Forschungskontroverse".

Wo ist das Archiv?

Die direkte Frage hinter dem Brief aus Hellas ist sowieso eine andere: Woher weiß der König von Ahhijawa des 13. Jahrhunderts v. Chr. von den Beziehungen und Unternehmungen seines Landes im 15. Jahrhundert v. Chr.? Die Antwort kann nur lauten: Der König besaß, oder die Könige von Ahhijawa hatten, wie die Hethiter, ein wohlgepflegtes Textarchiv für Korrespondenz und Verträge – sonst könnte er nicht so präzise zitieren und geschichtlich argumentieren. Wo ist das griechische Königsarchiv? Warum hat man es bis heute nicht gefunden?

Die Könige aus Ahhijawa betrieben auf alle Fälle eine aktive, ausgesprochen expansive, um nicht zu sagen aggressive Politik in Richtung Osten, gegen die Hethiter. Vor der Küste liegende Inseln und ein veritabler Landstützpunkt, wie Millawanda, sind da Gold wert. Dennoch: Irgendwann in der zweiten Hälfte des 13. Jahrhunderts v. Chr. kam Milet wieder unter hethitischen Einfluss. Die neue Stadtmauer ist anatolische Architektur pur und in den Gräbern haben die Bestatteten jetzt orientalische Schwerter bei sich. „Leider wissen wir nicht", bedauert Wolf-Dietrich Niemeier, „wie Ahhijawa von der Szene Westkleinasiens verschwand und wie Millawanda unter hethitische Herrschaft kam. Am wahrscheinlichsten ist es, dass Tudhalija IV. diesen ständigen Unruheherd an der Westküste seines Einflussbereichs ausschalten wollte." Jedenfalls hatten die Mykener ihren Brückenkopf auf kleinasiatischem Boden verloren.

„Diese Schlappe einfach hinzunehmen", spekuliert Joachim Latacz, „dürfte dem König von Ahhijawa schwergefallen sein. In Milet selbst anzugreifen, das wäre strategisch nicht besonders klug gewesen. Aber zu versuchen, an einer anderen Stelle der kleinasiatischen Küste Fuß zu fassen, an einer Stelle, die wegen ihres wachsenden Reichtums und ihrer handelspolitischen Bedeutung schon lange im Visier war: Troia – das konnte als verlockend erscheinen." Wolf-Dietrich Niemeier sekundiert: „Troia erlitt mehrere Angriffe und Besetzungen, die von Ahhijawa zumindest unterstützt wurden. Der Trojanische Krieg ist nicht direkt in den hethitischen Texten zu finden, diese entwerfen aber ein Szenario, in das sich ein Angriff mykenischer Griechen gut einfügt."

Damit wollen wir die große Diskussion gar nicht erst beginnen: Der Beweis für den einen großen Trojanischen Krieg steht weiterhin aus. Sicher ist jedoch, dass um 1200/1180 v. Chr. das glänzende Troja nachhaltig zerstört wurde. Zeitgleich gingen das hethitische Großreich und die mykenische Palastkultur restlos unter. Die Levante wurde durcheinandergeschüttelt, Mesopotamien schwer geschwächt, Ägypten kam mit einem blauen Auge davon. Das Quadrat der Macht im östlichen Mittelmeerraum war zerborsten, der globalisierte Handel zusammengebrochen. Wieder einmal war eine Weltordnung zu ihrem Ende gekommen.

Die etablierten Reiche waren weitgehend verschwunden oder kümmerten dahin. Fremde Völker und Potentaten betraten die anatolisch-orientalische Bühne. Dabei zog sich die Geburt der neuen Welt im Alten Orient quälend über Jahrhunderte – und zu Beginn war nicht klar, wohin die Reise ging. Aufbruch aber lag überall in der Luft. Zunächst schien es nur um Macht und Krieg zu gehen. Kleinasien erlebte viele Herren und zahlreiche „durchreisende" Eroberer, die alle ihre Spuren hinterließen.

Doch dann hatte, angestoßen durch das jahrtausendelange, multikulturelle Miteinander an der Ägäisküste, die geistige Welt ihren Urknall: Die Götter wurden entthront, Vernunft und Wissenschaft nahmen ihren Platz ein, der Mensch emanzipierte sich.

ANATOLIEN UND DIE GEBURT EUROPAS

DIE EISENZEIT

DIE FAMA VOM LÖWENSTEIN

DIE ERBEN DES HETHITERREICHS

Erben des Hethiterreichs

10000 v.Chr. | 8000 v.Chr. | 6000 v.Chr. | 4000 v.Chr. | 2000 v.Chr. | 500 v.Chr.

Nach dem Ende des hethitischen Großreichs zerfiel Kleinasien in viele kleine König- und Fürstentümer; eines baute sich auf dem Karatepe eine ansehnliche Festung, die mit steinernen Reliefs und monumentalen Skulpturen ausgestattet war.

Die wichtigste Entdeckung zur nach-hethitischen Geschichte begann mit einem Gerücht. Die Fama von einem „Löwenstein" (Aslantaş), angeblich ein Felsrelief in den dichten Wäldern im Südtaurus beim Ort Kadirli, wurde einer Gruppe von Archäologen zugetragen. Und manchmal entspricht die Realität dem Klischee, denn auch so beginnt bahnbrechende Archäologie: „Der Weg war völlig aufgeweicht und schlammig. Er war mit schlechten Pferden und einem des Gebietes unkundigen Kutschers nicht zu bewältigen. So wurde dieser zurückgeschickt, und ein neuer Pferdekarren mit kräftigen Pferden und einem ortskundigen Kutscher angeheuert. Nach dem Dorfe Karaömerli löste sich der Weg in einem Labyrinth von Wagenspuren auf. Bei Dunkelheit, während das Pferd einmal in eine Grube fiel, konnten wir trotzdem unversehrt in Kadirli eintreffen. Dort erwartete uns bereits die Obrigkeit der Stadt." So schildert Halet Çambel, die *Grande Dame* der türkischen Archäologie, ihre Annäherung an die Ruinenstätte auf dem Karatepe, dem „Schwarzen Berg". Hier wurde die Bilingue gefunden, die durch ihre Zweisprachigkeit die Entzifferung der luwischen Hieroglyphen möglich machte.

Davon freilich ahnten die Archäologen zunächst nichts. Halet Çambel fährt fort: „Der Kaymakan Münir Alkan, der Bürgermeister, Ibrahim Savrun, Stadtrat, und Hilmi Inan, Leiter der Volksschule von Kadirli, waren zugegen, aber keiner von ihnen hatte je vom Löwenstein gehört. So wurde ein Bote ausgeschickt, um Ekrem Kuşcu, während der letzten 20 Jahre Lehrer an der Volksschule von Kadirli, kommen zu lassen. Er hatte die ganze Region mehrmals durchwandert und konnte zu unserer großen Freude genaue Auskunft über das Monument geben. Der Erzählung von Ekrem Kuşku nach sei der Löwenstein kein Felsrelief, sondern eine Rundskulptur, ein Löwensockel, auf dem ursprünglich eine männliche Statue stand, die im Laufe der Zeit umgefallen und ihres Kopfes verlustig gegangen sei. Der Körper sei mit einem Keilschrifttext bedeckt. Das Monument befinde sich fünfeinhalb Stunden zu Pferd entfernt östlich von Kadirli auf einem bewaldeten Hügel, Teil der Bergkette Karatepe."

Die Zeitangaben stimmten, die Wegbeschreibung ebenfalls – am 28. Februar 1946 standen die junge Assistentin Halet Çambel und die beiden deutschen Archäologen Helmuth Theodor Bossert und Franz Steinherr vor der umgestürzten übermannsgroßen Statue und dem Löwenstein, der sich als Stiersockel entpuppte. Bruchstücke mit Keilschrifttext, aber auch Steinplatten mit Hieroglyphen, Fragmente von Reliefs und Mauerreste, ein desolates Gewirr von Steinen, machten schon beim ersten Augenschein klar, dass hier Bedeutendes zu erwarten war. In den folgenden Kampagnen wurden denn auch zwei monumentale Toranlagen freigelegt, Burgmauern, Silos, Wohn- oder Lagergebäude, ein Stück Palast und jede Menge zerborstener Reliefs – Sisyphus-Arbeit für viele Jahre. Nach 60 Jahren präsentiert sich die chaotische Steinansammlung am Schwarzen Berg als Archäologiepark allererster Güte: informativ, fein, faszinierend. Die hartnäckige Halet Çambel, im letzten Herbst auch mit 91 Jahren noch an „ihrem" Karatepe tätig, hat die Grabung nach dem Rückzug der deutschen Kollegen nicht nur weitergeführt, sondern auch durchgesetzt, dass die Monumente nicht, wie meist üblich, in irgendein Museum wanderten, sondern an Ort und Stelle die Geschichte der späthethischen Burg Karatepe-Aslantaş erzählen. Ihre Arbeit ist bewundernswert.

Nach dem unschicklich ruhmlosen Abgang des letzten hethitischen Großkönigs aus Hattuscha ins Nirgendwo zerbrach das zusammengestückelte Reich auf der Stelle. In einigen Teilgebieten entstand ein Geschichtsvakuum für zwei, drei Jahrhunderte, das die Archäologen nicht füllen können. In anderen Regionen etablierten sich sogleich mehr oder minder mächtige Nachfolgestaaten, die – nicht ganz zutreffend – unter dem Begriff „spät- oder neuhethitische Reiche" gehandelt werden, denn nur wenige beriefen sich weiter auf hethitische Tradition. Die beiden wichtigsten, Tarhuntassa und Karkemisch, waren noch von den Großkönigen in Hattuscha zu Vizekönigreichen erhoben worden, ihre Herrscher schmückten sich bereits mit dem Titel „Großkönig" und waren somit legitime Nachfolger.

Tarhuntassa lag irgendwo am Oberlauf des Kalykadnos (Göksu) in der Südtürkei, Karkemisch am Euphrat, direkt auf der heutigen Grenze der Türkei mit Syrien. Als drittes Vizekönigreich kam Mira mit seiner Hauptstadt Abasa (Ephesus) im Westen Kleinasiens kurz vor dem Ende hinzu. In den Archiven dieser Residenzen müssen regaleweise Nachrichten aus der Endzeit des Großreichs liegen, vom Niedergang der Weltmacht, über Verbleib und Schicksal des letzten Großkönigs – drei gute Ansätze für die Lösung des großen hethitischen Rätsels. Wünsche, und seien sie noch so dringlich, kollidieren leider oft mit der Wirklichkeit: Die Gleichsetzung von Ephesus mit der Mira-Metropole Abasa ist archäologisch noch nicht gesichert; Karkemisch liegt für Archäologen unerreichbar im türkisch-syrischen Grenzgebiet und Tarhuntassa haben die Altertumsforscher noch gar nicht wieder lokalisieren können.

Schwergewicht Karkemisch

In Karkemisch ist ein einziges Mal gegraben worden, dabei sind die britischen Archäologen jedoch nicht bis zu den hethitischen Schichten vorgedrungen. Die Stadt lag schon im 3. Jahrtausend

Die überlebensgroße Statue des Wettergottes Baal / Tarhunt auf dem Karatepe wurde aus zahlreichen Bruchstücken zusammengesetzt.

Steinerne Löwen blieben auch in der Zeit nach den Hethitern das obligatorische Herrschaftssymbol (oben) – je größer die Reißzähne um so besser. Aber man ließ sich auch beim Wohlleben porträtieren, wie die unvollständige Szene unten beweist. Der fein ondulierte Herr – ein reicher Kaufmann? – speist genüsslich und lässt sich Kühlung zufächeln.

v. Chr. verkehrsgünstig an der Kreuzung etlicher Handelswege am Rande einer fruchtbaren Ebene, mit gleichzeitigem Zugang zu den rohstoffreichen Bergregionen. 1322 v. Chr. wurde der Stadtstaat als letzte Bastion des Mitanni-Reichs von den Hethitern erobert und zur Zentrale der südostanatolisch-nordsyrischen Besitzungen und Bundesgenossen gemacht. Ihr politisches Gewicht drückt sich darin aus, dass Karkemisch als Sekundogenitur (Vizekönigreich) für den Sohn des Großkönigs „geadelt" wurde. Ihm oblagen, wie seinem Kollegen in Tarhuntassa, die Sicherung und Verwaltung der unterstellten Reichsteile, er hatte Weisungsbefugnis gegenüber den Vasallenfürsten und Entscheidungsgewalt bei Rechtsstreitigkeiten. Kurz vor dem Ende wurde dem Regenten von Karkemisch der Titel „Großkönig" zugestanden. Nach spätestens 100 Jahren aber war auch das Nachfolgereich in dieser Ausdehnung am Ende, es zerbröselte in kleine Herrschaftsgebiete, die dann schnell Opfer der assyrischen Expansion wurden. Der Kernbereich Karkemisch fiel 717 v. Chr. an die Assyrer.

Über Tarhuntassa ist aus der Zeit vor den Hethitern wenig bekannt. Für kurze Zeit war es Hauptstadt des Hethiterreichs, dann Zentrum und im späten 13. Jahrhundert v. Chr. Vizekönigtum für die südlichen und westkleinasiatischen Territorien Hattuschas. Die Aufwertung zur Sekundogenitur war der vergebliche Versuch, die vom Großreichsthron verdrängte legitime Dynastielinie stillzustellen. Der letzte Hattuscha-König Schuppiluliuma II. führte gar noch einen Bruderkrieg gegen das Vizekönigreich, was das Ende beschleunigt habe dürfte. In sieben Felsinschriften feiert sich danach ein Tarhuntassa-Herrscher als „Großkönig". Wie lange dieses späthethitische Reich Bestand hatte, ist ungewiss. Für die folgenden 400 Jahre finden die Archäologen keine Nachrichten aus dieser Gegend. Als die Assyrer im 8. Jahrhundert v. Chr. auf ihrem Expansionszug nach Kleinasien kommen, vermerken sie hier drei Staaten mit jeweils vielen untergeordneten Kleinkönigen.

Über das Vizekönigtum Mira als Zentrale der hethitischen Vasallenstaaten im westlichen Teil Kleinasiens ist nach dem Zusammenbruch des Großreichs nichts bekannt – was zum größten Teil an den fehlenden Grabungen in dieser Region liegt. Vermutlich ist das Bündnis schnell wieder in einzelne Kleinkönigtümer zerfallen. Der Hethitologe Frank Starke geht von einer gewissen Staatlichkeit mit anatolischen Relikten aus, da er in der trojanischen Gesellschaft hethitische Insti-

tutionen findet, wie die „Versammlung der Troer" und den „Eid der Herren". Ab dem 11. Jahrhundert v. Chr. strömten dann schon die ersten griechischen Siedler und Stadtgründer in die westlichen Küstengebiete Kleinasiens.

In einigen Nachfolgereichen setzt sich die hethitische Kulturtradition bis ins 8. Jahrhundert v. Chr. fort, sie schwächt sich dabei ab und wird schließlich von assyrischer Kunst und Kultur verdrängt. „Ab 1000 v. Chr.", weiß Andreas Schachner, der neue Grabungschef in Hattuscha, „war in all diesen sogenannten späthethitischen Staaten die Führungselite multikulturell." Es wurde luwisch, phönizisch und aramäisch gesprochen, wobei vor allem das Aramäische, als Sprache neu eingewanderter Herren, tonangebend wurde. Die Länder dieser Epoche beziehen sich auch mit keiner Silbe mehr auf das hethitische Reich. Ihre Einwohner sind jedoch gemeint, wenn etwa das Alte Testament von „Hethitern" spricht (s. S. 87). „Um 800 v. Chr. ist das Hethitische völlig am Ende", konstatiert Hermann Genz, der sich speziell mit der eisenzeitlichen Nach-Hethiterepoche befasst, „auch die Hieroglyphen verschwinden."

Damit taucht noch so ein Phänomen aus der Palette der hethitischen Sonderheiten auf: Mit dem Zusammenbruch des Großreichs verschwindet die Keilschrift – und zwar völlig. Zugegeben, es war nicht die Schrift Anatoliens, sie wurde für Verwaltung und Außenpolitik verwendet und war ein Import aus dem Süden. Aber immerhin hatten die Hethiter sich die Keilschrift für ihre Belange modifiziert und Jahrhunderte lang benutzt; ziemlich ausgiebig sogar, wie die allein 20.000 Keilschrifttafeln aus Hattuscha zeigen. Wie auch immer: Es wird abrupt ab 1200 v. Chr. nur noch in den umständlichen luwischen Hieroglyphen geschrieben. Und das vermutlich auf vergänglichem Material wie Holztafeln oder Bleistreifen. Das wiederum ist sicher ein Grund, warum es aus der Zeit zwischen 1200 und 800 v. Chr. aus den Nachfolgereichen kaum bis keine kulturellen oder politischen Nachrichten gibt. Der schriftliche Anschluss an die Bronzezeit ging verloren, die „Dunklen Jahrhunderte" legten sich lähmend über die Region. Da die Archäologen ebenfalls kaum Informationen beschaffen können, sind diese Jahrhunderte tatsächlich ziemlich finster.

Das ergibt anhaltende Diskussionen über Datierungen bei Inschriften und Kunstwerken – bei der Grenzburg auf dem Karatepe-Aslantaş reicht die diskutierte Zeitspanne über zwei Jahrhundert.

spielt zur Unterhaltung – oder ist es ein Wettbewerb? Eine Hirschjagd, eine Audienzszene, ein Vogelfänger; zwei Ziegen fressen einen Baum kahl, ein Stier wird geopfert – da werden ganze Geschichten erzählt. Alles nicht unbedingt künstlerisch erster Klasse, aber sehr lebendig und immer mit der überdimensionierten hethitischen Nase.

Mythisches fehlt nicht: Ein aus Ägypten adaptierter Gott, der zwergenhafte Bes mit dem bösen Blick, wird als Beschützer von Burg und Besitzer gedeutet. Der Genius mit der geflügelten Sonnenscheibe, Sinnbild des hethitischen Großkönigs, galt als menschenfreundlich und steht hier gleich neben den Göttern. Zwei Stiermenschen wachen mit Lanze. Rätselhaft erscheint die detaillierte „Schiffsszene“: Ein Ruderschiff mit Rammsporn, Takelage, Ausschau haltendem Bugmann und Steuermann am Heck schwimmt über acht Fischen und zwei Wasserleichen (?) – wie kommt so etwas ins bergige Binnenland? Nach vielen Vergleichen identifizieren die Ausgräber das Wasserfahrzeug als Kriegsschiff ägäischer Herkunft und mutmaßen eine Rückprojektion – kamen die Burgherren unfriedlich als Teil der „Seevölker“ ins Land?

Und sei der Herrscher noch so mächtig – vor dem Wettergott schrumpft auch er. Das Felsrelief des Königs Warpalawas von Tuwana bei Ivriz aus dem 8. Jahrhundert v. Chr. steht noch voll in hethitischer Tradition.

Halet Çambel setzt strikt auf die Zeit um 700 v. Chr. Der Besucher wird sich vermutlich eher dem umfangreichen, mühsam restaurierten Bildinventar der beiden Toranlagen zuwenden, das einem, bei aller orientalischen Exotik, seltsam vertraut erscheint. Die kolossalen Torlöwen, überall und immer Symbol für Stärke und Herrlichkeit, sind zwar blind geworden im Laufe der Jahrhunderte, aber die Zähne sind noch immer imponierend. Das „irgendwie“ seltsame Aussehen der vierflügeligen Sphinx, ein Ideenimport aus Ägypten, erklärt Halet Çambel damit, dass der Steinmetz vermutlich nur eine zweidimensionale Vorlage, etwa eine geschnitzte Elfenbeinplatte, als Vorbild hatte, die er „irgendwie“ dreidimensional umsetzen musste, da wurde manches etwas schief.

Die lebhaften Inhalte der Steinreliefs verblüffen immer wieder: Eine Göttin gibt einem Kind unter Palmen die Brust. Ein Gott erlegt einen Löwen, über ihm schlägt ein Raubvogel ein Kaninchen. Ein König – oder ist es doch auch ein Gott? – lässt beim Festmahl üppig auftischen, ein Diener fächelt Kühlung. Eine Musikanten-Tanz-Gruppe

Eigenlob in zwei Schriften

Der Erbauer der Burg steht uns ganz deutlich vor Augen, dafür hat er mit seinen steinernen Inschriften gesorgt. Damit es auch ein jeder weiß, hat er sich – dankenswerterweise – gleichlautend in zwei Schriften verewigen lassen: Auf der einen Torseite in herkömmlichen luwischen Hieroglyphen, auf der anderen mit den damals wohl schon gängigen phönizischen Buchstaben. Die kannten die Schriftwissenschaftler und damit konnten sie in den fünfziger Jahren des letzten Jahrhunderts endlich das Puzzle der luwischen Hieroglyphen zusammensetzen. Damit begann die eigentliche Entdeckung der Hethiter. Halet Çambels archäologischer Park lässt den Besucher ein Stückchen daran teilhaben.

Azatiwatas hieß übrigens der Erbauer von Karatepe-Aslantaş. Ob er ein großer Herrscher war, lässt sich mangels anderer Nachrichten nicht nachprüfen, ein begnadeter Angeber war er auf alle Fälle: „Ich habe alle Festungen in dieser Gegend vernichtet, habe Festungen errichtet, damit alle Menschen in [einem Land] Adanava [vermutlich heute Adana] in Ruhe und Frieden leben können. Ich habe starke Länder überwältigt,

Die Kunstwerke auf dem Karatepe sind nicht immer erster Klasse, aber allemal eindrucksvoll – wie diese Tanz- und Musikszene belegt. Oder ist es ein Sängerwettstreit? Die Ausgräberin datiert die Karatepe-Skulpturen auf 700 v. Chr.; die Erinnerung an das hethitische Großreich war schon lange verblasst – nur die hethitischen Nasen sind weiter präsent.

unten: Der vierfach geflügelte, scharfschnabelige Genius auf dem Karatepe stützt die geflügelte Sonne. Er ist wohl ein dem Menschen wohlgesonnenes Mischwesen.

die Könige vor mir nicht überwältigen konnten. Wo einst Männer sich fürchteten, auf einsamen Wegen zu gehen, laufen heute Frauen spinnwebend umher." Etc. und so weiter. Sein Fluch über etwaige Schänder seiner Zitadelle („wird von der Erde gewischt!") hielt die Assyrer, 720 oder 680 v. Chr., nicht davon ab, seine schöne Burg auf dem Schwarzen Berg zu zerstören.

In der Einsamkeit der waldigen Bergwelt blieben die Überreste geborgen, bis die weltläufige Diplomatentochter Halet Çambel angeritten kam und sich der Ruine am Löwenstein verschrieb. Wenn man heute noch Ruhmesstelen aufstellen würde, könnte sie als ihre Bilanz für Dorf und Umgebung einmeißeln lassen: „Bau einer Straße zur nächsten Kreisstadt, Einrichtung einer Sommerschule für die Dorfkinder, Gründung eines Nationalparks, Austausch der Ziegen gegen Schafe in diesem Gebiet, Anlage einer Telefonleitung und Poststelle mit Dienstwohnung, Einrichtung einer Trinkwasseranlage mit Leitungen für das Dorf." Weiterhin folgten im Zuge der Halet Çambel-Aktivitäten: eine Volksschule, Schreiner- und Schmiedewerkstatt für die Ausbildung der Jungen, Vermittlung von Naturfarben an die Frauen und Mädchen, die Kelims mit Anilinfarben herstellten, und schließlich Elektrizität für das Dorf.

EIN GROSSREICH WILL ENTDECKT WERDEN

URARTU

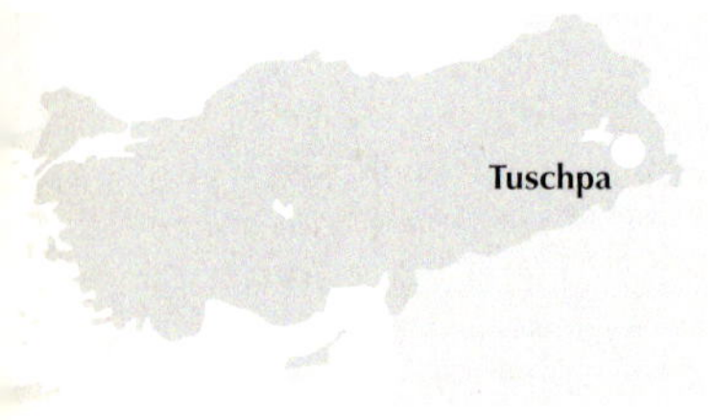

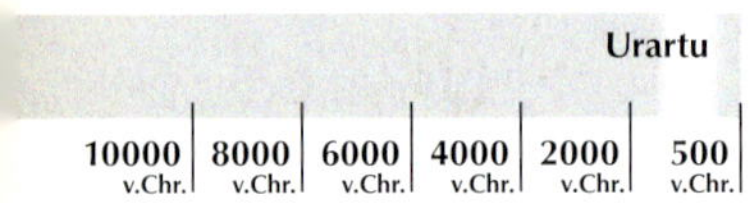

Der 5165 Meter hohe Ararat in der Osttürkei war der „Hausberg“ der Urartäer – und, so die Bibel, Landeplatz der Arche Noah.

„Als sie der Passhöhe schon ziemlich nahe waren, hatten sie, um eine Bergecke biegend, etwa 25 berittene und wohlbewaffnete Kurden auffällig langsam vor sich herreiten sehen. Eine Aufforderung, schneller zu reiten, lehnten sie ab, ihre Pferde seien müde, man möge nur an ihnen vorbeireiten – was selbstverständlich vermieden wurde. Nach einigen weiteren Zurufen herüber und hinüber hatten sich jene Kurden plötzlich von den Pferden geworfen und, hinter Steinen und Gebüschen gedeckt, aus ihren Gewehren ein lebhaftes Feuer eröffnet. Ali Chan hatte sich darauf in Deckung gebracht, sofort ein Gegenfeuer eröffnet und meinen Reisegefährten ersucht, so schnell wie möglich die zurückgebliebenen Leute heranzubringen. ...“

Diese Schilderung stammt nicht aus Karl Mays Räuberpistole „Durchs wilde Kurdistan“, sondern aus dem Bericht der beiden deutschen Forschungsreisenden Waldemar Belck und Carl Friedrich Lehmann-Haupt. Die beiden wollten 1898 die geheimnisumwitterte Kelischin-Stele auf dem gleichnamigen 2981 Meter hohen Pass zwischen den heutigen Staaten Iran und Irak untersuchen. Das hatten vor ihnen schon andere ohne wirklichen Erfolg versucht, der deutsche Gelehrte R. Rosch war dabei ums Leben gekommen. Die wilde Region um den Ararat, wo keine Zentralmacht sich durchsetzen konnte, war für Europäer erst recht eine gefährliche Ecke.

Doch hier, im nordöstlichsten Zipfel der heutigen Türkei und in den anrainenden Landstrichen lag das Kerngebiet des vergessenen Reichs Urartu, das in Nordostanatolien weite Teile des zusammengebrochenen Hethiterimperiums übernommen hatte und fast 200 Jahre der mächtigste Kontrahent des imperialistischen Assyriens war. Die Stele auf dem Pass versprach reiche wissenschaftliche Erkenntnis, denn es war bekannt, dass sie eine zweisprachige Inschrift (Bilingue) in Assyrisch und Urartäisch trug – und die Sprache der Gebirgsvölker war noch nicht entziffert. Der 1,75 Meter große beschriftete Stein schildert die Wallfahrt zweier urartäischer Könige zum zentralen Kultort des Staatsgottes Chaldi. Aber das konnte wissenschaftlich exakt erst 1976 vom italienischen Forscher Mirjo Salvini untersucht werden – 2800 Jahre nach der Aufstellung des Nachrichtenpfeilers. Heute ist die Stele, 150 Meter von der irakischen Grenze entfernt auf iranischem Boden stehend, abermals nicht mehr erreichbar.

Die Wiederentdeckung Urartus begann mit einer Liebesgeschichte: Eine armenische Legende berichtet von König Ara, dem Herrlichen, und

Blick vom Vanfelsen auf die zerstörte und verlassene osmanische Stadt Van.

Blick von Vankale bei Tuschpa auf den abendlichen Van-See.

der assyrischen Königin Semiramis – ja, genau der, die fälschlicherweise auch für die hängenden Gärten von Babylon verantwortlich gemacht wird. Nach dem Tod ihres Geliebten sublimierte sie ihre Trauer mit einem gigantischen Bauprogramm an einem See im Süden des Landes; sie errichtete ein Stadt mit bronzenen Toren, Palästen und Parkanlagen, ließ die Berghänge über und über mit Keilzeichen beschriften und ermöglichte durch Bewässerungskanäle liebliche Wein- und Obstplantagen. Das bunte Bild der Legende führte tatsächlich zur Entdeckung der urartäischen Königsstadt Tuschpa, deren Überreste heute am Van-See bestiegen werden können. In der Nähe geben die Ruinen von Cavus Tepe einen tiefen Einblick in die urartäische Groß- und Verteidigungsarchitektur. Generell gesehen jedoch stehen systematische archäologische Arbeiten zur Geschichte Nordostanatoliens im 1. Jahrtausend v. Chr. aus. Die urartäische Erfolgs- und Niedergangshistorie wird bis heute hauptsächlich anhand der schriftlichen Quellen aus Assyrien und Urartu rekonstruiert.

Noch zu Hethiter-Zeiten, um die Mitte des 13. Jahrhunderts v. Chr., tauchen in den assyrischen Nachrichten – natürlich Kriegsberichte – Gegenden, Reiche und Könige zwischen Van-See und Ararat auf, die besiegt, besetzt und ausgeplündert wurden. 51 Städte und acht Länder eroberte und zerstörte der assyrische König Salmanassar I. in „Uruatri". Die aufstrebende Großmacht vom Tigris versuchte, die Rohstoffquellen des Nordens – Metallerze und Obsidian – unter ihre Kontrolle zu bringen. Diese erste schriftliche Erwähnung Urartus kennzeichnete eher eine Landschaft denn ein Reich; die isolierte Gebirgsgegend war vermutlich in viele Fürstentümer oder Stammesgemeinschaften zersplittert. Tiglatpilesar I. schildert seinen Feldzug an das „Obere Meer" (Van-See) so: „Der Gott Assur, mein Gebieter, sandte mich in die Länder ferner Könige, welche am Ufer des Oberen Meeres wohnen und nicht wissen, was Unterwerfung heißt. Dorthin zog ich. Auf beschwerlichen Pfaden und steilen Pässen, durch die noch kein König vor mir gezogen war; auf verborgenen Pfaden und ungebahnten Wegen führte ich meine Truppen. ... 23 Könige versammelten ihre Streitwagen und Fußtruppen ... und standen gegen mich zu Krieg und Kampf. Ich rückte gegen sie vor mit dem Wüten meiner furchtbaren Waffen, und wie die Sturmflut des Gottes Adad vernichtete ich ihre große Armee." Die Könige nahm Tiglatpilesar I. natürlich alle gefangen, ließ sie aber gegen einen Treueid und einen jährlichen Tribut von 1200 Pferden und 2000 Stück Großvieh wieder frei. Ihre Söhne jedoch nahm er als Geiseln mit nach Assur.

So ging das wiederkehrend bis ins 9. Jahrhundert v. Chr. Da konnte ein König Aramu erstmals die Bergstämme zumindest im Widerstand gegen die Assyrer einen; nachhaltiger Erfolg war ihm gegen die überlegene Militärmacht jedoch nicht beschieden. Das gelang erst „Sarduri, dem Urartäer", der um 840 v. Chr. die erste Königsdynastie Urartus begründete und die Hauptstadt Tuschpa am Van-See erbauen ließ – eben die, welche die Legende der Semiramis zuschreibt.

Sarduri meißelte auch die Keilschriftnachrichten in die Felswände. Er schrieb sie noch in assyrischer Sprache und ahmte die Diktion der assyrischen Königstitulaturen bei seiner eigenen Lobpreisung bis in Detail nach: Dies ist die Inschrift „des Sarduri, des großen Königs, des mächtigen Königs, des Königs der Gesamtheit, des Königs, der seinesgleichen nicht hat, des bewunderswürdigen Hirten, der den Kampf nicht fürchtet, des Königs, der die zur Unterwerfung zwingt, die sich ihm nicht beugen" ... und so weiter, und so weiter ... „Ich habe diese Mauer [die Hauptstadt Tuschpa] errichtet."

Sein Sohn und Nachfolger Uschpina errichtete die (noch) zweisprachige Stele am Kelischin-Pass, kürte Chaldi zum Staatsgott und stiftete ihm mit vielen Gaben einen Tempel in Musasir. Chaldi, ein Neuling in Urartu, war Gott des Himmels, Herr des Landes, Gott der Herden, Gott des Staates, insbesondere jedoch Gott des Krieges. Erst nach ihm kamen in der himmlischen Hierarchie der alteingesessene Wetter- und der Sonnengott. Diese Beförderung eines Unbekannten war sicher ein geschickter und identitätsstiftender Schachzug, der Uschpina beim Zusammenschweißen vieler Stämme zu einem Reich hilfreich war.

Einkreisung Assyriens

Der Enkel Sarduris, König Menua, verfasste seine Inschriften nur noch in urartäischer Sprache. Die ist dem Hurritischen verwandt und – wie diese – nicht vollständig entziffert. Spätestens mit Menua beginnt die extrem expansive Phase der urartäischen Geschichte. „Assur musste die Herrschaft Urartus in Vorderasien nicht nur hinnehmen, sondern sogar eine Eingrenzung der eigenen Interessensphären befürchten", schreibt Ralf-Bernhard Wartke (bei Wartke, Urartu. Das Reich am Ararat). Der Oberkustos und stellvertretende Direktor des Vorderasiatischen Museums Berlin fährt fort: „Die politische Führungsrolle ging in dieser Zeit von Assyrien auf Urartu über, das etwa seit 810 v. Chr. mit der Regierungszeit König Menuas für ungefähr 70 Jahre zum mächtigsten Staat ganz Vorderasiens wurde."

In seiner Blütezeit dehnte sich das Reich Urartu westlich weit hinein in ehemals hethitisches Gebiet, das späthethitische Reich Malatya wurde tributpflichtig. Im Norden führten staatliche Raubzüge die urartäischen Krieger alljährlich in transkaukasische Regionen, die heute armenische Stadt Erivan ist eine urartäische Gründung. Im Osten versuchten die Könige aus den Bergen, das iranische Hochland dauerhaft zu erobern. Im Südwesten kontrollierten sie in Syrien die Handelswege zum Mittelmeer, im Süden kamen die Urartäer der assyrischen Grenze immer näher – das Kultzentrum Musasir, ein urartäischer Vasallenstaat, lag 150 Kilometer von Ninive, der Hauptstadt des Kontrahenten, entfernt. Assyrien war eingekreist.

Doch dann kamen die Kimmerier, kriegerische Reiternomaden aus Sibirien auf der Suche nach Beute. Die machten den urartäischen Königen schwer zu schaffen. „Die Streitkräfte des Urartäers sind ... gänzlich geschlagen worden. Elf seiner Statthalter mit ihren Streitkräften konnten sich absetzen. Sein Feldmarschall und zwei Statthalter sind jedoch in Gefangenschaft geraten." So berichtete vor 2722 Jahren der Geheimdienstchef an der Nordgrenze an die königliche Zentrale in Assur. Ein zweiter Agent bekräftigte die Meldung: „Die frühere Information über die Urartäer, welche ich geschickt habe, hat sich bestätigt: Unter ihnen ist ein furchtbares Blutbad angerichtet worden. Sein Feldmarschall ist in Gefangenschaft geraten."

Urartu, das schwer zugängliche Königreich im Kaukasus, erbte den nördöstlichen Teil des hethitischen Imperiums und war in seiner Glanzzeit mächtiger Gegenspieler Assyriens. Seine Götter wurden reich mit Preziosen geehrt: Dieser bronzene Höfling war vermutlich Teil eines Götterthrons und vergoldet.

nächste Seite: **Die immer noch eindrucksvolle Bergfestung Vankale von Tuschpa. 80 Meter über dem Van-See gelegen und fast zwei Kilometer lang gibt sie einen Eindruck von der fortifikatorischen Baukunst der Urartäer im 1. Jahrtausend v. Chr. Es ist höchst fraglich, ob die Lehmziegelarchitektur auf Dauer erhalten werden kann.**

Der etwas seltsame, heute nur noch dreibeinige Greif war Teil eines Möbelstücks aus Urartu. Er ist aus Bronze gefertigt und war ursprünglich mit farbigen Einlagen aufgehübscht.

Die Meldungen werfen ein grelles Punktlicht auf ein Machtinstrument altorientalischer Herrscher, über das bis vor kurzem kaum etwas bekannt war – Spionage. Da die Geheimdienstaktionen in der Auseinandersetzung zwischen Assur und Tuschpa beispielhaft sind, wollen wir sie hier kurz abschweifend beleuchten. Archäologen und Keilschrift-Entzifferer spüren in den Tontafelarchiven des Alten Orients – in den Palästen von Ninive, Kalchu, Babylon und Mari – immer mehr Dossiers von und über frühgeschichtliche James Bonds auf. Jeder Potentat der unruhigen Region hatte seine Informationsübermittler – Diplomaten gehörten ebenso dazu wie Fernhändler und professionelle Spione; sie alle dienten als „Auge und Ohr des Königs". Das geheime Nachrichtennetz war flächendeckend und eine tragende Säule der altorientalischen Reiche – im Inneren wie in der Außenpolitik.

Eva Cancik-Kirschbaum, FU-Keilschriftexpertin: „Die Geheimdienstberichte zeigen, welchen Stellenwert die Informationspolitik für den König hatte." Aus ihren eigenen Übersetzungen und den Arbeiten französischer Kollegen rechnet die FU-Professorin die Spionagemeldungen für den assyrischen Hof auf 10.000 Dossiers in zwei Jahren hoch. „Das war ein hocheffizientes, durchorganisiertes Gebilde", liest Eva Cancik-Kirschbaum aus ihren Texten. Es gab verschiedene Berichtswege: Kleine Lauscher meldeten an Agentenführer, die wiederum an den Provinzstatthalter, der dann den Hof unterrichtete. Daneben arbeiteten jedoch noch „qepu", Agenten, die direkt an den König berichteten.

Die Spione des Königs

Unklar ist den Forschern noch, wie der König mit dieser Informationsflut fertig wurde und auch, „wie das zeitlich funktionierte", so Cancik-Kirschbaum, denn „da waren ja einige Entfernungen zu überwinden". Wie schnell konnten die Spione ihre keilschriftlichen Briefe übermitteln? „Mehr als drei bis vier Tage dürften ja wohl wegen des Verfallsdatums der Information nicht dazwischen sein", mutmaßt die FU-Wissenschaftlerin.
Einer von König Sargons II. qepu-Geheimagenten ist namentlich aus den Tontafelarchiven in Ninive bekannt: Assur-resuja residierte offiziell als Gesandter des assyrischen Königs im südurartäischen Fürstentum Kumme. Von dort aus organisierte er die Ausspähung von Urartu. Unter der stets wiederkehrenden Eingangsformel: „An den König, meinen Herrn: Euer Diener Assur-resuja. Gesundheit für den König, meinen Herren", berichtet er, „Narage und 20 seiner Eunuchen haben gegen den König konspiriert und sind festgenommen worden. Der König ist nach Tuschpa gekommen und hat sie verhört. 100 in die Verschwörung verwickelte Personen sind hingerichtet worden."
Neben militärischen Problemen mit den Kimmeriern hatte der urartäische König Rusa I. also auch noch innenpolitische Schwierigkeiten – eine einmalige Chance. Die Nachrichten über die Schwäche seines Feindes ließen Sargon II. um 714 v. Chr. handeln: Als Vorwand wurde flugs ein Vergehen Rusas gegen den assyrischen Reichsgott Assur konstruiert, und schon walzte Sargons Kriegsmaschinerie mit den üblichen Gräueltaten durch das Nachbarland. Da ihm klar war, dass eine so wilde Gebirgsregion wie Urartu nicht dauerhaft zu

kontrollieren oder zu besetzen war, praktizierte er eine frühe Form der „verbrannten Erde", um seinen Feind wirtschaftlich in die Knie zu zwingen: Felder, Wälder und Siedlungen wurden niedergebrannt. Die Einwohner allerdings konnten sich meist rechtzeitig mit Hab und Gut und Tier in die Berge retten.

Dadurch blieb die Beute gering – Rechtfertigung und Finanzierung des Feldzuges gerieten ins Minus. Das war der einzige Grund, um – auch damals rechtswidrig – das formal unabhängige Fürstentum Musasir in einem Kommandounternehmen zu überfallen und das dortige Reichsheiligtum der Urartäer auszuplündern. 430 Zeilen lang ist der Rechenschaftsbericht, den Sargon auf einer großformatigen Keilschrifttafel an seinen Auftraggeber, den Staatsgott Assur, richtet. In diesem „Gottesbrief" beschreibt er nahezu feuilletonistisch die Mühen des Krieges, seine unerhörten Taten und zählt schließlich in allein 50 Zeilen seine Beute aus Musasir auf: tonnenweise Gold und Silber, Bronze, Waffen, Möbel, Geschirr, Schmuck, eine goldene Harfe und ein Bett aus Elfenbein mit einer Liegefläche aus Silber – über 330.000 Gegenstände werden inventarisiert (s. nächste Seite). Die Staatsfinanzen des Assyrers standen wieder im Haben.

Ein anderer Erfolg des Kriegszuges war Sargon so wichtig, dass er ihn in Zeile 300 extra festhalten ließ: Er eroberte unter anderem die Stadt Uaiais, die stärkste und kunstvollste Festung des urartäischen Königs: „Seine wilden Kampftruppen und die Spione, die Nachrichten über die Länder ringsum hereinbringen, waren in ihr stationiert." Nach heutigem Frontbericht hatte er wohl die Garnison der Elitetruppen und die Geheimdienstzentrale seines Feindes vernichtet. Über das Ende des urartäischen Königs berichten die assyrischen Annalen orientalisch blumig und geringschätzig: „Rusa, der Urartäer, wurde vom leuchtenden Glanz des Gottes Assur, meines Herrn, überwältigt, und mit seinem eigenen Eisenschwert durchbohrte er, wie ein Schwein, sein Herz und beendete so sein Leben."

Die Nachfolgestaaten des hethitischen Großreichs verteidigten ihre Eigenständigkeit, hier ein Bogenschütze vom syrischen Tell Halaf aus dem 9. Jahrhundert v. Chr. Sieger aber blieben letztlich die Assyrer.

Dieses geschah 714 oder 713 v. Chr. In den Jahrzehnten nach diesem empfindlichen Aderlass des urartäischen Reichs kam es zu einer etwas seltsam anmutenden Koexistenz der beiden Kontrahenten: Assyrien expandierte weiter gen Westen und Richtung Iran; Urartu suchte im Norden Gebietserweiterung – man tat sich gegenseitig nicht mehr weh und lebte nebeneinander. Assyrien verzichtete auf Raubzüge ins Nachbarland, Tuschpa schickte Gesandte nach Ninive, politische Flüchtlinge wurden ausgetauscht. Die Urartu-Könige legten noch einmal ein gewaltiges Bauprogramm auf und gründeten mehrere befestigte Städte zur Erschließung und gleichzeitigen Sicherung des Landes. Doch an den Rändern beider Reiche zogen neue Gefahren auf. Urartu wurde 630 oder 625 v. Chr. von den reiternomadischen Skythen, die den Kimmeriern aus Sibirien gefolgt waren, endgültig zerschlagen. 612 v. Chr. erlag das riesige Reich von Assur dem Ansturm der iranischen Meder und der mesopotamischen Erbfeinde aus Babylon. Nordostanatolien wird medisch, dann persisch, Alexander der Große interessiert sich nicht sonderlich für die götter-verlassene Ecke; Urartu schrumpft zu Armenien, Urartu wird vergessen. Urartu ist zu entdecken.

Ein goldenes Urartäer-Medaillon aus der Münchner Prähistorischen Sammlung: Der reichgewandete König betet mit erhobenen Händen zu einem auf einem Löwen stehenden Gott, vermutlich der neue Staatsgott Chaldi.

Sargons Beuteliste

Die Auflistung der verschleppten Kunstwerke und Prestigegeräte aus dem Staatsheiligtum der Urartäer gibt eine Vorstellung von den dort gehorteten Preziosen: „... mehrere große Tische aus Elfenbein, Ebenholz [und] Buchsbaumholz, wie sie sich für ein Königtum geziemen, deren Beschläge aus Gold und Silber gefertigt waren ... goldene Messer [mit] zapfenförmigen [Griffen] aus Gold, kleines goldenes Messer, goldener Fliegenwedel, Opferschale aus Alabaster, der Besatz mit Steinen und Gold ... Silberschale des Königs Rusa mit ihrem Deckel, Schalen aus dem Lande Tabal [mit] goldenen Henkeln, silberne [Gefäße mit] Schuppen[dekor], silberne Pfeile mit Goldauflage ... Schilde aus Gold, die rechts und links in der Cella des Tempels aufgehängt waren und mit Strahlenglanz leuchteten, ... die Köpfe von wilden Löwen kommen aus ihrem Inneren hervor, 5 Talente 12 Minen von rotem Gold sind als Gewicht festgehalten [etwa 160 kg] ... 1 Riegel aus Gold – [in Form] einer menschlichen Hand, der die Doppeltür sichert [und] auf dem ein geflügeltes Fabeltier gelagert ist ... 1 großes goldenes Schwert, das große Schwert [an] seiner Seite, mit einem Gewicht von 26 Minen und 3 Schekel Gold [nahezu 13 Kilogramm] ... 96 [Silberobjekte]: silberne Speere, silberne Panzer, silberne Bogen und silberne Pfeile, die mit Goldauflagen und Fassungen aus Gold versehen sind ... 33 [Silberobjekte]: silberne Wagen, silberne Bogen, silberne Köcher, silberne Keulen, silberne Stäbe ... silberne Schilde, silberne Kegelhelme, Wurfspeere [und] silberne Embleme ... 393 Silberschalen, schwere und leichte, Erzeugnisse aus Assyrien, Urartu und Chabchi ... 1 goldene Harfe für die vollständige Durchführung des Kults der Göttin Bagbartu, der Gattin des Gottes Chaldi, bedeckt mit einer Auslese von Steinen, ... 9 Gewänder, Kleider seiner Gottheit, mit Gürteln aus Gold, Rosetten [aus] Gold, deren Stickereien mit Goldfäden eingefasst sind ... 1 Bett aus Elfenbein, die Liegefläche aus Silber, die Ruhestätte der Gottheit, und der Besatz mit Steinen und Gold ... 25.212 Schilde aus Bronze, schwere und leichte, bronzene Kegelhelme, bronzene Panzer und bronzene Rundhelme ... 305.412 bronzene Schwerter, leichte und schwere, bronzene Bogen, bronzene Köcher und bronzene Pfeile ... 607 Bronzekessel, schwere und leichte, bronzene Waschbecken, bronzene Wasserkannen, Bronzetöpfe [und] Bronzekrüge ..."

DIE SCHLACHT UNTER DER SCHWARZEN SONNE

UNRUHIGE ZEITEN IN KLEINASIEN

Endlose sechs Minuten kämpften die Krieger mit der Angst – und nicht mit dem Feind. Doch dem erging es ebenso. Die Sonne hatte sich mitten am Tag, mitten in der Schlacht schwarz verfinstert, die Natur hüllte sich in gespenstische Stille, es wurde beklemmend dunkel. Ein Zeichen der Götter! Das Ende!

Am 28. Mai 585 v. Chr. versetzte eine totale Sonnenfinsternis den kampferprobten Landsknechten der Meder und Lyder einen Schock, ihren Kriegsherren erging es wohl ähnlich: Es wurde Frieden geschlossen, der gar in einer Verschwägerung der bis dahin bitter verfeindeten Dynastien durch eheliche Bande des Nachwuchses gipfelte.

Das ist die wohl bizarrste Kriegsberichterstattung im an Kämpfen wahrlich nicht armen Kleinasien. Sie hat den Vorteil, den Tatsachen zu entsprechen. Aufgeschrieben hat sie der im Altertum allgegenwärtige griechische Historienschreiber Herodot. Verifiziert wird sie durch die Grabung von Geoffrey Summers auf dem Siedlungshügel Kerkenes beim Pass zwischen den Ortschaften Tokat und Yıldızeli im Norden Anatoliens. Dort gräbt der Brite, der an der *Middle East Technical University* in Ankara lehrt, eine riesige Stadt der Mittleren Eisenzeit aus – Pteria. Vorausberechnet hatte die totale Sonnenfinsternis übrigens Thales von Milet, einer der genialen Vorsokratiker (s. S. 169).

Doch wir müssen zunächst noch einmal um etwa 600 Jahre zurück, als die Hethiter-Hauptstadt Hattuscha ihr herrschaftliches Dasein beendete. Als um 1200 v. Chr. Großkönig und Gefolge die Stadt verließen, war die Welt auch außerhalb Anatoliens aus den Fugen: Die mykenischen Palast-Herrschaften in ganz Griechenland kollabieren, der internationale Handel im gesamten östlichen Mittelmeerraum bricht zusammen, eine allgemeine Rezession erfasst die Region. Babylon spielt keine Rolle mehr, ebenso wenig Assyrien. Zypern wird überrannt, Palästina verwüstet. Nur Ägypten kann sich isolationistisch behaupten. Die sogenannten Dunklen Jahrhunderte legen sich verdüsternd über Kultur und Leben im Vorderen Orient. Die Schrift geht verloren, die feine Keramik zerbröselt, aus Palästen werden Hütten, Tempel zerfallen und niemand baut sie wieder auf. Ursache für den tiefgreifenden Umbruch am Ende der Bronzezeit sollen, nach bisheriger Lehrmeinung, Wanderungen verschiedener Menschengruppen, gar ganzer Völker, aus dem Norden und dem westlichen Mittelmeerraum sein, zusammengefasst unter dem Schlagwort „die Seevölker". Vor allem die ägyptischen Berichte darüber suggerieren einen alles niederwalzenden „Hunnensturm".

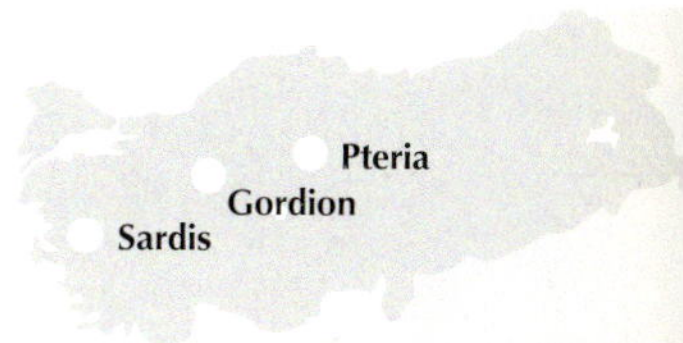

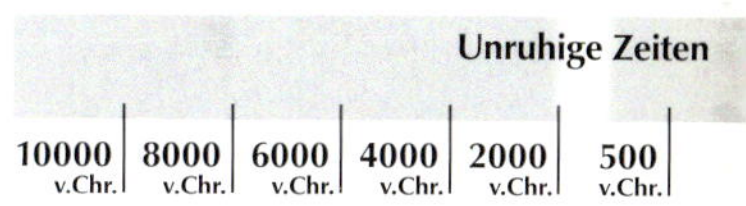

Dieser elegante und reichverzierte Tonkrug gehörte einem Kind der phrygischen Herrscherfamilie in Gordion.

„Damit macht man sich die Sache zu einfach", meint Hermann Genz und fragt: „Wer sind die ‚Seevölker' überhaupt? Wirklich Völker, die von den Rändern der zivilisierten Welt kommen? Oder sind das Elemente, die aus dem spätbronzezeitlichen Staatensystem selbst hervorgehen?" In Hattuscha jedenfalls hat der Eisenzeit-Experte, inzwischen Professor an der Amerikanischen Universität Beirut, marodierende Seevölker nicht entdeckt. Was er bei seinen Grabungen in der hethitischen Kernregion konstatieren konnte, ist „ein völliger Abbruch der hethitischen Kultur, eine völlig andersartige Struktur der Gesellschaft". Statt Monumentalbauten bäuerliche Hütten, statt feinen scheibengedrehten Geschirrs „Hausfrauenkeramik", die aus Tonwürsten von Hand zusammengepappt wurde und allein dem familiären Bedarf diente. Die Schrift – immerhin zwei verschiedene Systeme bei den Hethitern – ist weg. Es gibt keinerlei Hinweise mehr auf eine strukturierte Gesellschaft mit Spezialisierung und Herrschaft. „Und das lässt sich wahrscheinlich für das ganze Land verallgemeinern", resümiert Genz. Nur in Südostanatolien und Nordsyrien, also in den Gebieten jenseits des Taurus, bleiben Lebensart, Schrift und materielle Kultur der großreichszeitlichen Blüte lebendig. Dort bildeten sich sofort nach dem Zusammenbruch der Zentralmacht eigenständige späthethitische Nachfolgestaaten, deren Herrscher sich gleich stolz „Großkönig" nannten.

Die Rückkehr der alten Formen

Nach traditioneller Lesart sind in die Gebiete um Hattuscha neue Bevölkerungsgruppen geströmt und haben das leere Land okkupiert. „Das ist relativ unwahrscheinlich", meint Hermann Genz, „denn erstens ist ein kompletter Austausch einer Bevölkerung niemals in der Geschichte zu beobachten. Und zweitens ist zwar die hethitische Elite verschwunden, aber nicht das Volk. Die Bauern sind natürlich auf ihrem Acker geblieben – wo sollten sie denn auch hin?" So findet er denn in der materiellen Hinterlassenschaft der Nachhethiter auch kaum Keramik, die auf eine neue Bevölkerung schließen lässt.

Im Gegenteil – und das ist das eigentlich Spannende in dieser Umbruchszeit um 1200 v. Chr.: Die bäuerlichen Hattuscha-Bewohner der frühen Eisenzeit „greifen auf ein Formen- und Dekorationsrepertoire zurück, das typisch ist für die Keramik der vorhethitischen Zeit der mittleren und frühen Bronzezeit", puzzelt Genz aus seinen Scherben. Auf Deutsch: Sie töpferten wie ihre Vorfahren 1000 Jahre zuvor. Wie kann Erinnerung so lange überleben? Oder war die Schlichtkeramik all die Jahrhunderte gar nicht verschwunden gewesen? Hatte „das Volk" immer aus grobem Geschirr gelöffelt? Jürgen Seeher hat zum Beispiel in den Soldatenunterkünften in Hattuscha des 15. Jahrhunderts v. Chr. ebenfalls frühbronzezeitliche Esstöpfe gefunden. Dass die Töpfertraditionen also gar nicht abgebrochen waren, ist wahrscheinlich, aber nicht zu beweisen. Denn, so Genz, „wie hethitische Dörfer aussahen, wissen wir überhaupt nicht."

Auf alle Fälle lebten in Hattuscha und Umgebung weiterhin Menschen, die immer noch behauptete Siedlungslücke in einer menschenleeren oder nur von Nomaden durchstreiften Region gab es nicht. Die Zeit von 1200 bis etwa 800 v. Chr. kann man für weite Teile der Türkei dennoch als Dunkle Jahrhunderte bezeichnen, denn wie die Menschen in dieser Zeit politisch und kulturell agierten, ob sie es überhaupt taten, lässt sich nicht eruieren.

Eine ähnliche Entwicklung konstatiert Genz in Gordion, 60 Kilometer westlich von der heutigen Hauptstadt Ankara. Auch hier wird die städtische Struktur nach 1200 v. Chr. durch eine dörfliche Bebauung ersetzt, die Keramikkunst verkümmert, eine Führungselite ist nicht mehr auszumachen. Zwei, drei andere archäologische Stätten haben nachweislich das gleiche Schicksal erlebt; darüber hinaus aber fehlen aussagefähige Grabungen. Nach dem Ende der hethitischen Hochkultur zersplitterte das riesige Land offenbar wieder in viele kleine Einheiten. Die sind an ihrer speziellen Keramik erkenn- und abgrenzbar und hatten untereinander, wenn überhaupt, nur rudimentäre Kontakte. An einem Ort Kleinasiens wird der Bruch besonders spannend: In Troja taucht nach dem Niedergang um 1200 v. Chr. die „Buckelkeramik" auf – und die hat ihren Ursprung in Thrakien, sprich auf dem Balkan.

Von dort sollen indoeuropäische Völker, unter ihnen die Phryger, nach Kleinasien eingewandert sein. Die Phryger, so berichten Herodot um 450 v. Chr. und der noch spätere römische Geograph Strabon, gründeten in Zentralanatolien im 8. Jahrhundert v. Chr. ein mächtiges Reich, das sich bis an den Tigris ausgedehnt haben soll. Der sagenhaft reiche König Midas benannte seine Hauptstadt nach seinem Vater „Gordion". Er verlor, so Strabon, eine Schlacht gegen die ein-

dringenden Kimmerier, ein Reitervolk aus Südsibirien, und brachte sich deshalb 697/6 v. Chr. auf bizarre Weise, nämlich mit einem Becher Stierblut, um. Das glänzende Gordion wurde zerstört. Einige nachfolgende Kleinfürstentümer wurden im 7. Jahrhundert v. Chr. von den aufstrebenden Lydern geschluckt.

So weit die Fama. Die Fakten: Es gibt keine phrygischen Texte über Entstehung, Entwicklung und Ende des postulierten Reichs. Die phrygische Kultur ist ab dem 9. Jahrhundert über eine sehr qualitätvolle, graupolierte Keramik und ein ausgefeiltes Metallhandwerk (Bronzekessel und -schalen) sowie über spezielle Gewandnadeln (Fibeln) archäologisch fassbar. Über ihre angebliche Herkunft vom Balkan ist verzweifelt wenig nachzuweisen, denn es gibt so gut wie keine Grabungen zur Eisenzeit in Thrakien. Bei der archäologischen Mammutaktion im Zuge des U-Bahn-Baus in Istanbul kamen 2007 zwei „phrygische" Fibeln zum Vorschein. In Gordion selbst legten Archäologen eine gewaltige Zerstörungsschicht frei. Eine Landkarte eines „Midas-Staates", mokiert sich Genz, „fällt jeweils anders aus, je nachdem, ob man die Verbreitung der Schrift, der Keramik oder der Fibeln zugrunde legt". Alle drei Kriterien sind, für sich allein genommen, sowieso fragwürdig – nicht überall, wo eine Coca-Cola-Flasche auftaucht, leben Amerikaner. „Es gibt keine historischen Informationen über ein zentral gesteuertes phrygisches Reich, das ist eher eine Hilfskonstruktion der Wissenschaftler", fasst Genz zusammen.

Und auch die Archäologie kann da nicht weiterhelfen, es gibt zwar – bislang unentzifferte – phrygische Schrift und Siegel, „aber in keinem nachweisbaren Fall sind diese Elemente für Verwaltungszwecke eingesetzt worden". Die Schrift beschränkte sich auf Weihinschriften auf Felswänden (die Phryger bauten keine Tempel), und

Gordion, westlich von Ankara, war die Hauptstadt des Phrygerreichs. Doch die archäologischen Nachrichten über eine zentrale Herrschaft in einer Metropole sind so dünn, dass ein einheitliches Staatswesen infrage gestellt wird. Im Vordergrund die Ausgrabung von Gordion, im Hintergrund mehrere kleine der charakteristischen phrygischen Grabhügel.

Der Grabhügel des Königs Midas – so wird die gewaltige Erdaufschüttung zumindest genannt. Die Grabkammer im Inneren ist fantastisch erhalten und bescherte den Archäologen reiche Funde. Nach den Daten der Dendrochronologie kann in dieser Grablege aber nicht der sagenhafte Midas bestattet sein, sondern ein Vorgänger; vielleicht Gordion, der Vater des Midas?

der Sinn der Siegel bleibt schleierhaft, Bürokraten jedenfalls nutzten sie nicht. Alle Nachrichten über die Phryger kommen von den antiken Geschichtsschreibern, die oft auch Geschichtenschreiber waren und ihre Historien Jahrhunderte später verfassten.

Hermann Genz hält es da lieber mit dem archäologischen Augenschein und naturwissenschaftlichen Methoden. Zum Beispiel bei der Datierung: Die gewaltige Zerstörungsschicht in Gordion wurde bislang einhellig Midas verlorenem Kampf gegen die Kimmerier zugeschrieben und, den alten Autoren entsprechend, auf 695 oder 676 v. Chr. festgelegt. Die Radiokarbondaten von Materialien aus dem Brandschutt rücken den Untergang der Stadt jedoch zweifelsfrei in die Zeit zwischen 830 und 820 v. Chr. Und die berühmte und nicht beraubte Grabkammer des Königs Midas mit seiner einmalig gut erhaltenen Holzkonstruktion stammt, nach den dendrochronologischen Daten, aus dem Jahr 740 v. Chr. Damit kann in dem imponierenden Grabhügel nicht König Midas bestattet sein, denn der war nach den Kriegsberichten Sargon II. von Assyrien noch 716 v. Chr. sehr aktiv. Im besten Fall liegt in dem – besuchenswerten – Grabhügel neben der monumentalen Palastanlage nicht Midas, sondern ein Vorgänger.

Zudem: Das Grab gehört zu den frühen Erdmonumenten, ist aber nicht das früheste in der Region. Und: Nicht nur bei Gordion gibt es diese aufwendigen Gräber, auch andere Orte beherbergen solch fürstliche Bestattungen unter großen Erdhügeln. Im nicht weit entfernten Ankara zum Beispiel gibt es beim Atatürk-Mausoleum eine ganze Reihe davon, vier sind ausgegraben. Bei Afyon, 200 Kilometer südwestlich von Gordion, liegt ein ausgeraubtes Hügelgrab, dessen Kammer üppig ausgemalt ist. Viele geplünderte Begräbnisstätten in der Region sind bekannt, ebenso viele sind noch nicht archäologisch untersucht.

Gordion war sicher ein, vielleicht das Zentrum der phrygischen Kultur, aber ob sich daraus ein einheitliches Reich konstruieren lässt, bezweifelt Hermann Genz. Für ihn zeichnet sich nach den archäologischen Befunden das „Bild mehrerer, nebeneinander existierender Fürstentümer ab, die sicher die gleiche Kultur hatten und vielleicht dem gleichen Volk angehörten". Wie die aber zueinander standen – Konkurrenz, Krieg, Kooperation – ist unbekannt. Eine vergleichbare politische Struktur sieht der deutsche Archäologe in amerikanischen Diensten in der Hallstatt-Kultur des eisenzeitlichen Mitteleuropas. Dort wurden ebenfalls verschiedene Zentralorte und fürstliche Gräber (Heuneburg, Hochdorf, Asperg, Glauberg) gefunden, ohne dass ein „Hallstatt-Reich" konstruiert wird. Bei dem Vergleich fällt dem Archäologen noch eine andere erstaunliche Gemeinsamkeit auf: In Anatolien wie in Süddeutschland nahmen die Fürsten keine Waffen mit ins Jenseits. Vielmehr präsentieren sie sich als Gastgeber – zu ihrem Grabinventar gehören Trink- und Essgeschirr und große Kessel für vermutlich alkoholische Getränke.

Da die Chronologie Gordions vielfach das zeitliche Gerüst für das eisenzeitliche Geschehen in Zentralanatolien abgab, stimmen nun einige Prämissen nicht mehr. Das Midas-Grab ist älter als der König, seine Hauptstadt wird 130 bis 150 Jahre eher zerstört als bislang gedeutet – der neue Gordische Knoten muss erst noch durchschlagen werden. „Die bisherigen Versuche, die chronologische Entwicklung der Eisenzeit Zentralanatoliens mittels historischer Daten zu fixieren", meint Genz apodiktisch, „müssen als gescheitert betrachtet werden." Die ganze Region harrt einer neuen Datierung, „und das fängt jetzt erst an", klagt Hermann Genz, „weil etliche konservative Forscher den Datierungen mit der Radiokarbonmethode immer noch nicht trauen und sich lieber auf die schriftlichen Nachrichten verlassen. Aber die wurden teilweise 1000 Jahre später verfasst – das sind für mich keine historischen Quellen mehr."

Nach den Phrygern kommen wir allmählich in historisch gesicherte anatolische Zeiten. Zwar liegt der Ursprung der nachfolgenden Lyder wie bei den Phrygern im Dunkeln, weil es von ihrer Genese im 2. Jahrtausend v. Chr. keine schriftlichen Quellen gibt. Ihre Sprache allerdings ist ein Zweig der uranatolischen Sprachfamilie, also schon sehr alt. Die meisten Nachrichten stammen wieder von Herodot. Demnach war der lydische König Gyges am Kampf der Phryger gegen die Kimmerier beteiligt, was ihn nicht hinderte, sich Gordion nach der phrygischen Niederlage einzuverleiben – nach der bisherigen Chronologie also um 697/6 v. Chr. Der sagenhafte Reichtum der Lyder ermöglichte ihnen eine offensive Politik. Er stammte aus den Goldvorräten der Gegend und

Die Phryger waren Meister im Möbelbau und in der Metallverarbeitung, was diese filigrane Halskette aus Goldperlen und der Anhänger verdeutlichen.

Gottheiten sind langlebig und wandlungsfähig: Die Göttin Kubaba der Hethiter mutierte bei den Phrygern zur Kybele und bei den frühen Griechen zu Artemis. Bei der Artemis aus Ephesus ist ein orientalischer Einschlag kaum zu übersehen.

aus der Kontrolle über die wichtigsten Handelswege der antiken Welt. Ihre Metropole Sardis zählte zu den glanzvollsten Städten der damaligen Zeit, hier wurden die ersten Münzen geprägt.
Im ganzen 7. Jahrhundert v. Chr. hatten die Lyder einerseits mit den einwandernden Griechen an der türkischen Westküste zu kämpfen und am anderen Ende des Reichs mit den Kimmeriern, die erst mit Unterstützung der Assyrer kurz vor 600 v. Chr. endgültig besiegt und verdrängt werden konnten. Das machte Kräfte frei für eine Expansion weit nach Osten, wo die Lyder auf die Meder stießen. Die im Iran siedelnden Meder hatten in einer Koalition mit den Babyloniern 612 v. Chr. das assyrische Weltreich zerstört und die nördlichen – anatolischen – Teile davon okkupiert. 585 v. Chr. kam es zur direkten Konfrontation der beiden Mächte – in der Sonnenfinsternis-Schlacht, die Frieden und Familienbande brachte.

Die sieben Tore von Pteria

Die Meder hatten – wahrscheinlich kurz nach 600 v. Chr. – auf das anatolische Hochplateau in Nordkappadokien eine gewaltige Festungsstadt, Pteria, geklotzt: sieben Kilometer Mauer, sieben Tore, größer als Hattuscha, planmäßig angelegt. Von hier aus kontrollierten sie ihre neuen Gebiete im Westen. Nur 40 bis 50 Jahre nach ihrer Gründung wurde die Trutzstadt 547 v. Chr. zerstört und niedergebrannt. Denn inzwischen hatten sich die Machtverhältnisse dramatisch verschoben. Im Iran hatten die Perser die Macht übernommen. Die „Auslands-Meder" in Pteria liefen zu ihnen über. Das gefiel Krösus, dem neuen lydischen König, nicht. Er eroberte Pteria zurück und versklavte die Einwohner. Das sollte sein Brückenkopf zur Eroberung des – nun persischen (achämenidischen) – Reichs im Osten werden.
Es kam anders. Der persische König Kyros zog ihm entgegen und stellte ihn zur Schlacht. Die ging unentschieden aus, und Krösus zog sich – das Jahr war weit fortgeschritten, die Kriegssaison eigentlich beendet – in seine Hauptstadt Sardis zurück. Doch Kyros hielt sich nicht an die überkommenen Spielregeln, verfolgte den Lyder bis in seine Hauptstadt und besiegte den Überraschten. Pteria kam bei den Auseinandersetzungen unter die Räder, die Stadt wurde durch ein verheerendes Feuer zerstört. Zentral- und Westanatolien wurden zum Aufmarschgebiet der Perser auf ihrem Zug gegen Griechenland.

Die 16 mal 16 Meter große „Midas-Fassade" in Midas-Stadt ist ein Unikat und gibt Rätsel auf. Das augenverwirrende Muster auf der Tuffoberfläche leuchtet, je nach Sonneneinfall, gelb, braun oder rötlich. In der Nische stand eine Statue der Göttin Kybele. Sicher weiß man von diesem Monument nur, dass es nicht das Grab des Midas war. Auch die Inschrift an der Felskante löst das Geheimnis des Bauwerks nicht.

Der sagenhaft reiche König Krösus, der letzte Herrscher der Lyder, protzt mit seinen angesammelten Pretiosen vor dem griechischen Gesetzgeber und Staatsmann Solon, wie es der Maler Nicolaus Knüpfer im 17. Jahrhundert sah. Mit seiner Expansionspolitik gen Osten war Krösus nicht so erfolgreich, er wurde vom persischen König Kyros besiegt.

Die Überbleibsel der stolzen Feste Pteria sind noch heute gut erkennbar, weil der Kerkenes-Dağ in den Jahrhunderten danach kaum überbaut wurde. Das Archäologen-Ehepaar Françoise und Geoffrey Summers hat sich in den vergangenen Jahren mit naturwissenschaftlich-technischen Methoden – Luftbilder, geophysikalische Prospektion, Radar – ein umfassendes Bild dieser verborgenen Stadt gemacht: „Es ist alles da, was zu einer Stadt gehört: öffentliche Gebäude, eine ausgeklügelte Wasserversorgung mit Reservoiren und Kanälen, ein großer Palastkomplex, ein öffentlicher Marktplatz, Wohnanlagen, Ställe und Lager." Großflächige Grabungen stehen aus, aber einen monumentalen Eingang zur Königsresidenz mit Steinskulpturen und phrygischen Inschriften haben die beiden amerikanischen Forscher inzwischen aus der Erde geholt. Kerkenes Dağ wird in den nächsten Jahren weiter an Bedeutung gewinnen, liegt die Stätte doch an räumlichen und zeitlichen Schnittstellen, die immer Überraschungen und neue Einsichten in Zusammenhänge und Ursachen bringen.

So auch bei einer sagenhaften Entwicklung, die ganz weit weg ihren Anfang nahm: Am Rande der Welt, so die antiken Annalen, hatten die „Gold hütenden Greife" ihr Territorium. Westlich neben ihnen lebten die Stämme der einäugigen Arismapen. Die vertrieben ihre Nachbarn, die Issedonen, nach Sibirien. Die Issedonen verjagten die dortigen Skythen in Richtung Kaukasus und Schwarzes Meer, von wo diese die Kimmerier in den Vorderen Orient und nach Anatolien verdrängten.

Was im mythischen Ungefähr begann, hatte sehr reale und heftige Auswirkungen auf die Machtverhältnisse im Vorderasien des 1. Jahrtausends v. Chr. Da kamen, so berichten die assyrischen Chroniken, Herodot und Co., die Reiternomaden der Kimmerier tatsächlich aus dem Nordosten, besiegten um 715 v. Chr. das Kaukasus-Reich von Urartu, bedrohten Assyrien und verwüsteten in Kleinasien die griechischen Küstenkolonien. Erst nachdem der Assyrerkönig Assurbanipal den Kimmerierfürsten Tugdamme, die „Ausgeburt der Hölle", geschlagen hatte, verschwanden die Barbaren nach rund 100 Jahren aus den altorientalischen Annalen an die Schwarzmeerküste, wo sie im Dunkel der Geschichte versanken.

Die indoeuropäischen Skythen-Stämme kamen kurz nach 700 v. Chr. ebenfalls über den Kaukasus, verjagten die Kimmerier nach Anatolien,

In den weiten Landschaften Anatoliens gab es selten friedliche Zeiten. Nach den Berichten des griechischen Geschichtsschreibers Herodot zogen zum Beispiel die aus Sibirien kommenden Kimmerier und Skythen im 1. Jahrtausend v. Chr. eine Spur der Verwüstung durch Kleinasien. Archäologisch allerdings sind die Reitervölker so gut wie nicht zu fassen.

zogen gen Mesopotamien und sogar bis an die Grenze Ägyptens. Der Pharao konnte sie nur mit guten Gaben und viel Diplomatie von Schlimmerem abhalten. Beim Abzug plünderten die Skythen Palästina, was ihnen eine Erwähnung im Alten Testament einbrachte. Selbst die kampfstarken assyrischen Könige hatten der Aggressivität der wendigen Reiterhorden nichts entgegenzusetzen. König Asarhaddon machte den Skythenfürsten Bartatua denn auch lieber gleich zum Schwiegersohn. Auf eigene Faust und in wechselnden Koalitionen tyrannisierten die Barbaren aus dem Osten den Vorderen Orient. 616 v. Chr. wurden sie vom Meder-König Kyaxares geschlagen und zogen sich in das Steppengebiet nördlich des Schwarzen Meeres zurück. Bei ihrem Rückzug über den Kaukasus versetzten sie 585 v. Chr. dem Urartu-Reich den Todesstoß. Im Bereich zwischen Donau und Don etablierten die Flüchtlinge ein Königreich, das in den antiken Quellen „Skythien" genannt wird. Archäologisch manifestieren sich die Kimmerier in Anatolien mit zwei Gräbern, zu den Skythen in Kleinasien können die Archäologen gar nichts sagen.

Der Aufbruch der Welt zu neuen Ufern war eingeläutet: Alles war in Bewegung, nichts hatte Bestand. Selbst das scheinbar ewige Ägypten versank in Bürgerkrieg und Chaos. Die einzige Konstante war der stetige und scheinbar unaufhaltsame Aufstieg Assyriens zur ersten Weltmacht. Die Geburt der neuen Zeit vollzog sich quälend langsam über Jahrhunderte, die vor allem in Anatolien eher durch kriegerische Kalamitäten als durch geistige Höhenflüge gekennzeichnet waren.

Das Urteil ist vielleicht etwa voreilig und zu harsch, denn für diese Umbruchepoche hat die Archäologie ihre Hausaufgaben noch nicht einmal richtig angefangen. Und es bleibt fraglich, ob sie überhaupt eine Chance hat, gesellschaftlich-kulturelle Veränderungen in einer Zeit großer Ruhelosigkeit ausreichend dingfest zu machen. Sicher scheint in den ersten Jahrhunderten des 1. Jahrtausends v. Chr. nur eins: Es bahnt sich etwas an, hinter dem Horizont wartet etwas Neues. Um die heraufdämmernde Metamorphose der Welt zu verstehen, müssen wir im nächsten Kapitel eine Schifffahrt zurück unternehmen.

HETHITISCHER STAHL?

Die jungsteinzeitlichen Jäger und Sammler erhitzten natürlich vor- vorkommendes Kupfer im Feuer, klopften die weiche Masse zu dünnen Plättchen, rollten sie zu Röhren und zersägten sie. Mit auf diese Art hergestellten Kupferperlen schmückten sich vor fast 11.000 Jahren erstmals Menschen in Südostanatolien. 100 solcher Schmuckperlen in der jungsteinzeitlichen Siedlung Çayönü in Ostanatolien belegen die Begegnung des Menschen mit Metallen, als er noch nicht einmal tönerne Töpfe herstellen konnte.

Diese frühe Nutzung von Metall war ein Zufallsprodukt und hatte noch nichts mit Metallgewinnung zu tun. Um Kupfer zu schmelzen, müssen 1083 Grad Celsius erst einmal erzeugt und über längere Zeit konstant gehalten werden – ein Geniestreich der prähistorischen Menschen. Erste Belege solcher Verhüttung von Kupfererzen (Schlacken und Schmelzöfen) tauchen um 5000 v. Chr. auf.

Die Entwicklung der Metallbe- und -verarbeitung ist ganz offensichtlich an die Neolithisierung, also an die Sesshaftwerdung des Menschen, gekoppelt – und zwar zeitlich wie örtlich. „Es ist sicher kein Zufall", schreibt Ernst Pernicka, der Erfinder der Archäometallurgie, „dass die drei Werkstoffe, zu deren Herstellung hohe Temperaturen nötig sind, nämlich Kalkmörtel, Keramik und Metall, im selben Zeitraum und in derselben Region erstmals erscheinen." Es sei jedoch ebenso offenkundig, „dass Metalle in dieser Periode keine nennenswerte Bedeutung in der Gesellschaft hatten". Das brach erst 2000 Jahre später richtig durch.

Die Entwicklung von der ersten Kupferperle des 9. Jahrtausends zum globalisierten Metallhandel ab 3000 v. Chr. lief langsam, aber sie wirkte sehr nachhaltig. Denn: „Hauptmotor für die intensive Vernetzung der ostmediterranen Kulturräume war eindeutig der Austausch von Rohstoffen", schreibt Ünsal Yalçın vom Deutschen Bergbau-Museum Bochum. Neben den Luxusstoffen Gold und Silber waren vor allem Kupfer und Zinn die wichtigsten Metalle – zur Bronzeherstellung. Die Erzlagerstätten waren jedoch höchst unterschiedlich verteilt: Der Balkan, Nordgriechenland, die Türkei, Kaukasus- und Zagrosgebirge bis zum Nordwestiran verfügten über Erz. Die kulturtreibenden Regionen des 4. und 3. Jahrtausends jedoch – Mesopotamien, Levante, Ägypten – hatten keine eigenen Metallvorkommen.

Zwangsläufig entstand ein dichtes Rohstoff-Handelsnetz: Kupfer lieferten Anatolien, Oman

Eisen wurde in Anatolien schon lange vor der Eisenzeit verwendet. Allerdings handelte es sich dabei um meteoritisches Eisen (Himmelsmetall). Das war so kostbar, dass zur weiteren Veredelung nur noch Gold infrage kam, wie bei diesem Dolch aus Alaca Höyük aus der Zeit um 2500 v. Chr.

Bronze blieb auch in der Eisenzeit für Waffen (wie bei diesem schönen Schwert aus Hattuscha) und für Gebrauchsgegenstände das Metall erster Wahl. Denn das frühe Eisen war weich und rostete. Eisengeräte sind in den hethitischen Texten detailliert beschrieben, aber gefunden haben die Archäologen nicht einmal ein Dutzend eiserne Stücke.

und später Zypern, Zinn kam aus Zentralasien. Eine ausgefeilte Bronzetechnologie entwickelte sich seltsamerweise zuerst, zu Beginn des 3. Jahrtausends v. Chr., im metalllosen Mesopotamien und östlich angrenzenden Gebieten, erst mit ein, zwei Jahrhunderten Verspätung trat sie in Anatolien bis hin zur Ägäis auf. Zypern als Kupferlieferant und Zentralasien als Zinnquelle blieben noch länger ohne Bronzegeräte.

Die Unterbrechung der Zinnrouten aus Innerasien um 1200 v. Chr. dürfte die Initialzündung für den Vormarsch des Eisens sein. Zwar datieren die ältesten Eisenobjekte im Iran ins 6. und in Uruk ins 4. Jahrtausend v. Chr., doch waren das sicher Artefakte aus meteoritischem Eisen; woher wohl auch der Begriff „Himmelsmetall" für Eisen in den alten Sprachen stammt.

„Das erste nicht-meteoritische Eisen" ist für den Tübinger Archäologie-Professor Ernst Pernicka „spätestens in der zweiten Hälfte des 3. Jahrtausends v. Chr. in Troja und Alaca Höyük mehrfach sicher belegt." Die meisten Eisenobjekte lieferten dabei die glanzvollen Fürstengräber von Alaca Höyük (s. S. 48): einen Eisendolch mit Goldgriff, zwei Nadeln mit goldenem Kopf, einen Eisenanhänger, eine Halbmondscheibe und ein Messerfragment. Die archäologischen Funde aus der althethitischen Zeit sind jedoch überaus spärlich.

Texte aus den Assur-Handelskontoren im anatolischen Kanisch um 1900 v. Chr. kennzeichnen Eisen als überaus kostbar: Ein horrendes Angebot von acht Schekeln Gold für ein Schekel Eisen wurde als völlig unzureichend abgelehnt. In dieser Zeit war Eisen offenbar mehr Prunksymbol und Schmuckmetall als Material für Gebrauchsgegenstände. „Eisen war nicht zunächst besser als Bronze", weiß Pernicka, „es rostete und war weich. Die Hethiter haben damals keine Waffen daraus gemacht."

Erst in der Großreichszeit, ab 1400 v. Chr., werden in den hethitischen Schriftquellen neben Handwerksgeräten auch Waffen aus Eisen genannt: Dolche und Schwertklingen. Das Metall wurde Massengut, was sich auch daran ablesen lässt, dass es nicht mehr mit dem kleinen Gewicht „Schekel" gewogen wurde, sondern in der Großeinheit „Mine". Die Umfunktionierung könnte in einer Qualitätsverbesserung liegen. Zwar berichtet keine schriftliche Nachricht von Fortschritten in der Eisenherstellung, aber die Hethiter unterschieden sehr wohl zwischen verschiedenen Qualitätsstufen. Der Begriff „gutes Eisen" ließ bei den Forschern die Vermutung aufkommen, dass es sich dabei um Stahl handeln könnte.

Tatsächlich zeigte sich, dass die hethitischen Eisenstücke in Alaca Höyük und Hattuscha aus einer inhomogenen Eisen-Kohlenstoff-Legierung – also Stahl – bestanden. Die Untersuchung eines hethitischen Schwertes, berichtet Ünsal Yalçın weiter, „brachte sensationelle Ergebnisse: Die Schneide war aus mehreren Stücken zusammengeschmiedet, die unterschiedlich aufgekohlt waren". Diese Technik ist ein Grundbaustein für den berühmt-berüchtigten Damaszener Stahl. Die Hethiter können guten Gewissens weiterhin als die Patentinhaber für Stahl betrachtet werden.

DAS SCHIFF VON ULUBURUN

WELTHANDEL IM ZWEITEN JAHRTAUSEND

Abends gab's Bier an Bord. Der ägyptische Handelsherr schob sein Trinkrohr in die Amphore und nuckelte genüsslich den vergorenen Körnersaft. Den trüben Bodensatz hielt ein Sieb im Saugrohr zurück. Um gesittet, also im Sitzen, genießen zu können, nutzte der Geschäftsreisende einen bleiernen „Strohhalm" mit einem rechtwinkligen Knick – ganz so wie moderne Plastiktrinkröhrchen.

Bier war im 2. Jahrtausend v. Chr., neben Brot, Grundnahrungsmittel für Menschen und Götter in den Ländern rund ums östliche Mittelmeer. Schlürfen mit geknicktem Trinkrohr aber zeugte von Lebensart. Das Fragment eines solchen Utensils – zunächst nur ein elf Zentimeter langes, unscheinbares, völlig korrodiertes Bleibruchstück – begeisterte die Archäologen. Geborgen wurde der Alltagsgegenstand aus einem antiken Wrack in 50 Metern Tiefe vor der türkischen Südküste bei Uluburun. An der felsigen Landzunge war das Schiff vor etwa 3300 Jahren havariert und gesunken.

Das „Schiff von Uluburun" avancierte während seiner elfjährigen Bergung zum Kronzeugen für den internationalen Handel in der Spätbronzezeit. Denn der alte Trinkhalm war nur eine Petitesse unter den nassen Funden. Insgesamt bargen die Archäologen aus dem ehemals 15 Meter langen und 5 Meter breiten bronzezeitlichen Lastensegler: Zehn Tonnen Kupfer und eine Tonne Zinn, Pistazienharz und mykenische Keramik, Bernstein und Öllampen, Elfenbein und Schwerter, Straußeneier und die Überreste von Öl und Oliven. Altmetall aus zerhacktem Gold- und Silberschmuck diente offenbar als Zahlungsmittel für unterwegs. Ein goldener Skarabäus trägt die Namenskartusche der Nofretete. Kobaltblaue und türkisfarbene Glasbarren gehörten damals zu den ganz großen Kostbarkeiten. Das Ebenholz kam aus Afrika, die Gewürze aus Mesopotamien. Nie zuvor haben Archäologen einen so reichhaltigen Unterwasserfund gemacht. Nach 22.500 Tauchgängen in elf Jahren ist das Wrack „ausgegraben", die wissenschaftliche Auswertung dauert an. Die Fundstücke sind im Museum für Unterwasserarchäologie in Bodrum zu bestaunen.

Ein türkischer Schwammtaucher hatte 1982 den Tipp gegeben, er berichtete von einem „Metallkeks mit Ohren", den er in 45 Meter Tiefe südöstlich vom Küstenort Kaş gesehen hatte. Der Keks entpuppte sich bei genauerer Betrachtung als „Ochsenhautbarren". In die Form gespannter Rinderhäute wurden die Metalle für Handel und Transport gegossen, wie zahllose zeichnerische und malerische Zeugnisse in Ägypten und Mesopotamien belegen. Die beiden Unterwasser-Archäologen George Bass und Cemal Pulak, der jetzige Leiter des Uluburun-Projekts, von der *Texas A&M University* fanden nach dem einzelnen Gebäckstück eine ganze Keksschachtel

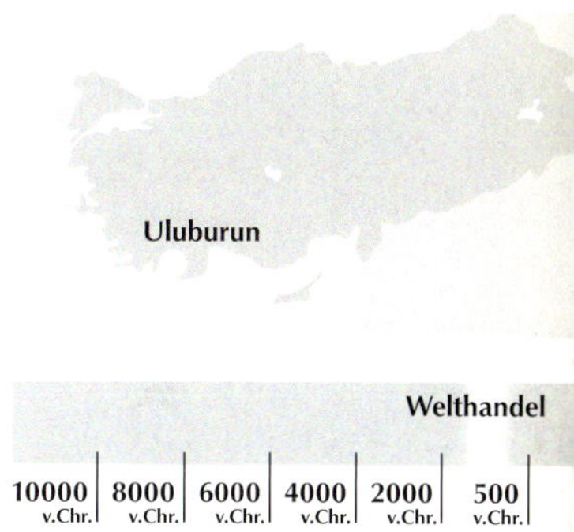

Der Frachtensegler von Uluburun hatte neben seiner Metallnutzlast das Beste und Teuerste an Bord, was im 2. Jahrtausend v. Chr. bei den Eliten im östlichen Mittelmeerraum hochgeschätzt wurde: Bernsteinperlen, Straußeneier, Ebenholz, Glasbarren, goldene Pokale, Amphoren mit Wein, Räucherharz und dieses Schminkkästchen aus Elfenbein, dessen Flügel sich aufschieben ließen.

Aus dem Wrack von Uluburun holten die Taucher Kupfer- und Zinnbarren im Verhältnis 10 zu 1 ans Licht, dem idealen Mischungsverhältnis zur Herstellung von Bronze.

auf dem Meeresgrund und holten mit ihrer systematischen Ausgrabung zum ersten Mal ein bronzezeitliches Handelsschiff ans wissenschaftliche Licht. Bis dahin kannte man den Seehandel des 2. Jahrtausends v. Chr. nur aus schriftlichen Quellen und den Grabmalereien in Ägypten. Nun konnten die Forscher die darin geschilderten Güter anfassen und analysieren. „Vor Uluburun hatte kein Archäologe jemals einen intakten Zinn- oder Glasbarren gesehen", betont Cemal Pulak die Besonderheit. „Wir wussten nicht einmal, ob Zinn in Barren oder als Erz verhandelt wurde."

Das Schiff von Uluburun war irgendwann in den Jahren zwischen 1332 und 1323 v. Chr. in einem Sturm vor der türkischen Südküste gesunken. Mit dem einfachen Rahsegel konnte die Mannschaft nicht kreuzen, das Boot ohne Schwert und Kiel war mit seinem flachen Boden anfällig fürs Kentern. Das besiegelte das Schicksal des Schiffes und bescherte der Archäologie eine Sternstunde. Die in langwierigen Tauchgängen geborgene Fracht war ein Querschnitt des Wichtigsten und Teuersten, was damals im östlichen Mittelmeer gehandelt wurde. Das Verhältnis zehn zu eins bei der Kupfer- und Zinnladung entspricht der perfekten Mischung für Bronze. Das afrikanische Ebenholz war nicht nur exotisch und deshalb prestigegeladen, sondern konnte nur von spezialisierten Handwerkern, etwa der mykenischen Paläste, verarbeitet werden. Farbiges Glas stand an Wert dem Gold nichts nach und wurde mit Edelmetall zu exzentrischen Schmuckstücken verarbeitet. Pistazienharz diente als Räucherstoff und Weinveredler. Ein Schminkkästchen aus Elfenbein hatte die Form einer Ente, unter deren ausschiebbaren Flügeln sich die Schönheitsutensilien verbargen. Straußeneier, eins davon nach über 3000 Jahren noch intakt, und Elfenbein für Schmuck und Intarsienarbeiten befriedigten die Gier nach Luxus in den spätbronzezeitlichen Machtzentren: Wir sind wer! Man wusste sich darzustellen und hatte die Mittel dafür.

Zur Überraschung der Ausgräber war der Frachtensegler kein griechisches Schiff. Die Mykener waren zu der Zeit zwar mit Booten mächtig, der Fernhandel aber befand sich offenbar in den Händen levantinischer Reeder. Irgendwo an der palästinensischen Küste wird denn auch der Ursprungshafen des Uluburun-Schiffs vermutet. In diesem Fall war es wohl keine Charterfahrt, sondern ein „Linienflug" direkt zu einem Palast auf der Peloponnes. Die Kostbarkeit der Fracht, die Qualität der Beiladung und mykenische Waffen legen die Vermutung nahe, dass hier ein königliches Geschenk, eine fürstliche Bestellung, ein Brautpreis oder ähnliches von mindestens zwei mykenischen Edelleuten begleitet wurde.

Die üblichen Routen des ostmediterranen Schiffsverkehrs wurden von privaten Hafen-Hoppern bedient, die Stückgut aller Art je nach Bedarf an den Küsten entlang transportierten. Es gibt auch Hinweise, dass Handwerker samt Material auf

„Werkstattschiffen" unterwegs waren und vor Ort gewünschte Produkte fabrizierten. Sicher scheint, dass der Seehandel in einem Kreisverkehr verlief: Die nahöstliche, kanaanäische Küste hinauf, westwärts über Zypern entlang der kleinasiatischen Südküste bis in die Südägäis und zur Peloponnes; von dort über die offene See nach Kreta und direkt zurück nach Ägypten (s. Karte S. 158). Das östliche Mittelmeer zeichnete sich auch damals im Sommer durch relativ stabile Windverhältnisse aus, die solche Fahrten ermöglichten, dann aber ganz andere Rückrouten erforderten. Die Technik des „Gegen-den-Wind-Kreuzens" beherrschten die damaligen Seefahrer noch nicht. Von Griechenland gab es weiterführende, aber wohl noch nicht fest etablierte Seehandelsrouten ins westliche Schwarze Meer, in die Adria und weiter gen Westen nach Sardinien.

In diesen Seehandel waren die Binnenländer – Mesopotamien, Hethiterreich – in vielfältiger Weise eingebunden. Sie kontrollierten zum einen die Fernhandelswege, über die begehrte Rohstoffe, wie Zinn, Kupfer oder Lapislazuli, zu den Häfen kamen. Zugleich versuchten sie immer wieder, direkten Zugang zum Meer zu bekommen: Nicht umsonst war eine der ersten Eroberungen des Hatti-Reichs der Stadtstaat Ugarit mit seinem florierenden Hafen am Mittelmeer. Und das expandierende Assyrien setzte sehr viel Kraft ein, um den Westen bis an die Küste unter seine Kontrolle zu bringen. In Ugarit ankerten Schiffe des hethitischen Königshauses und des Vizekönigs von Karkemisch; in einem Bericht wird festgehalten, dass ein Schiff der Königin Puduhepa im Hafen von Ugarit beschädigt wurde. Speziell als „Kaufleute des Königs" ausgewiesene Handelsleute genossen offenbar Abgabenerleichterungen; jedenfalls steuerten sie zu den 310 Schekeln Silber, die Ugarit an den König in Hattuscha zu berappen hatte, nur ganze 20 Schekel bei.

Die ersten Geschäfte mit begehrten Gütern über lange Strecken sind schon in der Altsteinzeit belegt, zum Beispiel die Obsidian-Route von der Kykladeninsel Melos in die Ägäis oder aus Ostanatolien nach Mesopotamien. Die Mittelmeerinseln Kreta und Zypern wurden spätestens im 8. Jahrtausend v. Chr. besiedelt – mit Schiffen, mit Mann und Vieh, Frau und Acker-Know-how. Ab

An Bord befand sich auch eine kleine Statuette, die ihre Schönheit erst nach der Reinigung offenbarte. Die weibliche Bronzefigur mit vergoldetem Kopf, Händen und Füßen ist bis ins Detail, etwa der Haartracht, so aufwendig gearbeitet, dass sie sich vermutlich nur Angehörige der Elite leisten konnten. Die Handhaltung deutet auf eine segnende Gottheit hin.

dem 3. Jahrtausend v. Chr. tauchen Abbildungen und Modelle von Schiffen in der Ägäis auf, nach denen man jedoch besser kein Schiff zu konstruieren versuchen sollte. Auf Keramiken von den Kykladen erscheinen ab 2500 v. Chr. Boote, die mit Paddeln oder Rudern bewegt wurden und zwölf (Paddler) oder bis zu 70 (Ruderer) Mann Besatzung hatten. Mit Beginn des 2. Jahrtausends v. Chr. zeigen sich in den Bildern die ersten veritablen Segelschiffe, was zeitlich zusammenfällt mit der Expansion der minoischen Kultur auf die Kykladen. Anhand der herrlichen Schiffsfresken von Akrotiri auf Santorin (Thera) könnte man heute die Takelage um 1600 v. Chr. nachbauen. Zu dieser Zeit war die Seeroute eine wirkliche Konkurrenz zu den mühsamen und gefährlichen Landwegen – und der Bedarf stieg enorm an.

Je schneller die Bevölkerung wuchs und je heftiger die Eliten miteinander konkurrierten, umso stärker wurde die Anhängigkeit von Rohstoffen, ebenso der Wunsch nach Prestigegütern. Zunächst, etwa zwischen 2500 und 2200 v. Chr., war die Beschaffung eine Angelegenheit von Nehmen und Geben unter Ebenbürtigen, also Königen, großen und kleinen. Wobei auf die Gleichwertigkeit der Gaben geachtet und eventuelle Ungleichheit notfalls sehr harsch per Keilschriftbrief moniert wurde.

Um 2200 v. Chr. gab es einen noch nicht erklärten Bruch in den ostmediterranen Handelsbeziehungen, doch dann wuchsen die Regionen abermals und immer mehr aufeinander zu. Aus Austausch wurde organisierter Handel, vor allem mit Rohstoffen und Fertigprodukten – also Textilien gegen Kupfer, Nahrungsmittel gegen Silber. Diese Form der Geschäfte kontrollierte der Palast oder der Tempel, wobei beides manchmal in einer Hand lag. Um 2000 v. Chr. traten die ersten „freien" Kaufleute auf – etwa die Assyrer im anatolischen Kanisch –, die jedoch oft im Auftrag des Hofes agierten. Die assyrischen Im- und Exporteure kamen mit ihren Eselskarawanen über einen 800 Kilometer langen Landweg, wobei sie bei jedem Regionalfürsten zur Kasse gebeten wurden – und das waren bei der anatolischen Kleinstaaterei des frühen 2. Jahrtausends v. Chr. nicht wenige. Auch vor Ort, in der Zentrale Kanisch und in den anderen anatolischen Niederlassungen, waren jeweils gute Gaben unerlässlich. Dennoch blühte der Warenverkehr, warf also überreichlich Gewinn ab. Inneranatolische Kämpfe um die Vorherrschaft zerrissen das erste organisierte Fernhandelsnetz. Es gab eine kurze Renaissance der Route, dann bricht die Verbindung endgültig ab – das zentralasiatische Zinn wird nicht mehr über Anatolien gen Westen vertrieben, sondern über Mari direkt an die Mittelmeerküste geschafft und von dort gewinnbringend verschifft.

Über den inneranatolischen Austausch ist nicht viel bekannt, die Wirtschaftskorrespondenz, so es sie gab, wurde vermutlich auf wächsernen Schreibtafeln geführt, die sich naturgemäß nicht

erhalten haben. Immerhin gibt es Hinweise, dass die Händler dem König am Herzen lagen, denn es wurden drakonische Strafen für den Mord an einem Kaufmann festgelegt: 100 Minen Silber (50 Kilogramm). Zum Vergleich: Der Monatslohn eines hethitischen Arbeiters betrug einen Schekel, und erst 40 Schekel machten eine Mine. Klauereien unter Kaufleuten gab es auch damals, wie Gerichtsurkunden belegen, und sogar ein Fall von Urkundenfälschung ist festgehalten – die Verwendung eines gestohlenen Siegels.
Zu Beginn des Warenaustauschs wurden schlicht Handelsstücke gegeneinander gesetzt, was mit zunehmender Variationsbreite der Waren schwierig wurde; die Kaufleute suchten nach objektiven Kriterien für die Feststellung eines Wertes. „Der abstrakte Schritt zu einer Feststellung von Masseeinheiten mittels Gewichten wurde schon im 3. Jahrtausend v. Chr. vollzogen", schreibt Lorenz Rahmstorf. Diese „kognitive Leistung", so der Ur- und Frühgeschichtler an der Universität Mainz, habe ihren Ausgangspunkt in dem überbordenden Bedarf der syrischen Stadtstaaten an Rohstoffen gehabt. Er weist anhand neuer Funde und Bewertungen nach (bei Rahmstorf, Zur Ausbreitung vorderasiatischer Innovationen in die Frühbronzezeitliche Ägäis), dass ein vorderasiatisches metrisches System bereits in der Frühbronzezeit auch in der Ägäis und Griechenland etabliert war. Der ägäische Raum war somit bereits ab 2500 v. Chr. voll „in den großen ostmediterranen Interaktionsraum" eingegliedert. Die Handelswelt – und damit das Ideenuniversum – erstreckte sich vor 4500 Jahren von der Peloponnes via Vorderer Orient bis an den Indus. Das muss man sich einmal auf der Karte ansehen!
Rahmstorf hat für seine Beweisführung Steinartefakte aus Troja und Stätten auf der Peloponnes als Gewichte bewertet und in die bestehenden Maßsysteme des 3. Jahrtausends v. Chr. einklinken können. Denn es gab verschiedene Standards. Grundmaß war die Mine, die in Schekel unterteilt wurde. Eine Mine wiegt im Schnitt 470 Gramm. Da sie jedoch überall anders unterteilt wurde, entstanden jeweils abweichende Schekel-Einheiten: In Syrien ergaben 50 Schekel zu 9,4 Gramm eine Mine; es konnten aber auch 60 Schekel zu 7,8 Gramm sein; in Anatolien lieferten 40 Schekel zu 11,75 Gramm eine Mine. Im Schiff von Uluburun wurden über 100 Gewichte mit einer Maßeinheit von 9,4 Gramm gefunden. Die anatolischen Messgrößen sind, laut Rahmstorf, noch nicht befriedigend einzuordnen, da es zu wenige exakt dokumentierte Stücke gebe. Funde im kilikischen Tarsus und schriftliche Quellen legen jedoch eine Übernahme des Maßsystems aus Syrien und Weiterleitung über Zentralanatolien in die Ägäis nahe. Dies wird gestärkt durch den Fund einer frühbronzezeitlichen Waage in Küllüoba im ziemlich fernen Landesinneren. Die internationale Warenwährung war das Silber. Metall als Tauschmittel und Wertmesser hatte, gegenüber

Die schönste Schiffsdarstellung des 2. Jahrtausends v. Chr. stammt aus der verschütteten Siedlung Akrotiri auf Santorin (Thera). Die unter Tuff und Lava erhaltenen Bilder von Safranpflückerinnen, Jünglingen, Tieren und Blumen gehören zum Feinsten minoischer Wandgemälde – und die Flottenparade zum Lebhaftesten. Es ist aber eher die Darstellung einer Lust- oder Prozessionsfahrt, denn eines Frachtverkehrs.

Lebensmittel oder Vieh, den Vorteil, dass es wenig Platz beanspruchte, leicht zu transportieren, teilbar und unbegrenzt haltbar war und keine Unterbringungs- oder Unterhaltskosten zeitigte.
Das syrische System scheint das geläufigere gewesen zu sein – und ist, Rahmstorf vermerkt es ausdrücklich, „älter als die ersten sicher datierten Gewichte im Ägypten des Mittleren Reichs". Da die Artefakte im 3. Jahrtausend v. Chr. nicht mit *pound*, Kilo oder *kantar* (ein türkisches Maß) beschriftet waren und vielfach auf den ersten Blick gar nicht als Gewichte erkannt, sondern als Schleudersteine interpretiert wurden und werden, öffnet sich hier ein ergiebiges Feld für anhaltenden wissenschaftlichen Disput.
Die Einführung eines Messsystems für Masse war nicht so banal, wie es klingt: Aus Archivtexten in Ebla (Syrien) wissen wir, dass abhängige Fürsten an den Palast Tausende von Minen abzuliefern hatten – und das heißt: jährlich Tonnen von Gold, Silber, Kupfer und Zinn. Bei Tribut oder grenzüberschreitendem Handel musste festgelegt werden, wie gemessen werden sollte: König Aziru von Amurru hatte an den hethitischen Großkönig Schuppiluliuma I. als Tribut „300 Schekel Gold von guter Qualität" abzuführen, das „mit den Gewichtssteinen der Kaufleute von Hatti" abzuwiegen sei.
Die Hethiter waren also nicht irgendwelche Hinterwäldler aus den rauen Bergen Anatoliens, sie kannten die Spielregeln im internationalen Umgang und mischten auf dem globalisierten Markt der späten Bronzezeit kräftig mit. Dabei setzten sie den Warenaustausch auch als Waffe ein: Als die Auseinandersetzungen mit Assyrien eskalierten, verpflichtete Hattuscha seine Vasallen und Bundesgenossen, speziell Ugarit, zu einem Handelsboykott. Die ursprüngliche Landmacht Hatti hatte im Zuge ihrer Expansion den Wert von Seeverkehr, Handelsschifffahrt und Marine erkannt; im hethitischen Hafen Ura an der türkischen Südküste lag die Kriegsmarine der Könige und aus einem Wirtschaftsbetrieb des Hofes sind sechs Bootsbauer bekannt.

Wohlstand für viele

Die Bedeutung des Seehandels im ausgehenden Bronzezeitalter hat nun das Schiff von Uluburun in schönster Weise belegt. Das Bleiröhrchen mit

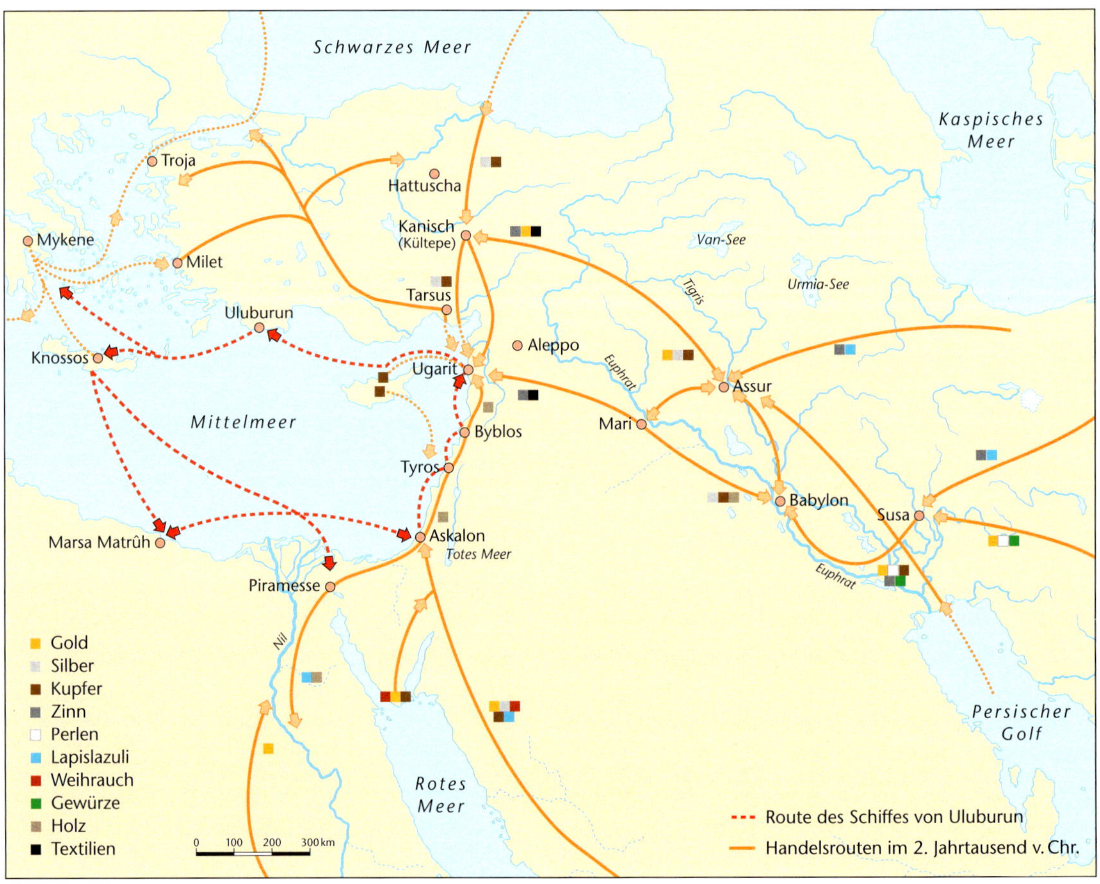

dem Knick zeigt dabei, dass die frühe Globalisierung nicht auf Staat und Wirtschaft beschränkt war, sondern auch Lebensstil und Privatsphäre des Einzelnen erreicht hatte: Das vornehme Trinken im Sitzen mit Trinkröhrchen findet sich in ägyptischen Wandmalereien ebenso wie auf syrischen Rollsiegeln oder hethitischen Stempeln. Im *British Museum* in London wird das vollständige Knickblei eines solchen gewinkelten Trinkrohres samt Sieb aus Amarna aufbewahrt.

Bier war ebenfalls ein internationales – und heiß begehrtes – Getränk, mit dem Anspruch eines Grundnahrungsmittels. Im Sumer wurde nahezu so viel Getreide für Bier verarbeitet wie für Brot. Babylonische Bierliebhaber konnten unter 16 Sorten wählen, Bierpanscher wurden in ihrem Gesöff ertränkt. Zu ägyptischen Steinbruch-Expeditionen gehörte ein Brauer, der die Arbeiter mit frischem Bier versorgte; zwei Krüge Bier galten als tägliches Minimum. In Hatti-Land musste für einige Götter Tag und Nacht Bier bereitstehen; an dem vergriffen sich aber offenbar Tempelangestellte des Öfteren, wie Gerichtsurkunden belegen. Schließlich gehörte Bier länderübergreifend zu den unerlässlichen Gaben für den Weg ins oder durchs Jenseits.

Bier und Trinkhalm hatten die Mannen von Uluburun II nicht an Bord, als sie im März 2005 von Urla auf der Izmir-Halbinsel zu ihrem ersten Segeltörn aufbrachen. Bei Urla liegt auch Limantepe mit seiner frühbronzezeitlichen Hafenanlage, das Hayat Erkanal ausgräbt (s. S. 60). Eine Gruppe Begeisterter, organisiert in dem Verein „360 Grad“, hatte innerhalb eines Jahres ein Schiff *à la* Uluburun nachgebaut. Das Originalwrack taugte zum Vorbild nicht, denn von seinem hölzernen Rumpf selbst sind nur etwa drei Prozent erhalten. Ägyptische Zeichnungen syrischer Boote dienten als Vorlage. Bei diesem Vorhaben zur experimentellen Archäologie wurde viel Wert auf Authentizität gelegt; Metall wurde nur an kritischen Punkten verwendet, das Segel nach altägyptischer Art gefertigt.

Nach ersten Testfahrten im Hafenbecken, dann bis zu den nächsten Inseln, dann sogar bis nach Istanbul hinauf wagte sich die Crew weit hinaus. „Wir wollten wissen, ob man mit einem solchen Boot über das offene Meer fahren kann“, erzählt Hayat Erkanal. Es wurde gesegelt, und an Bord versuchten die Neuzeit-Matrosen zu leben wie einst. Während der Fahrt wurde klar, dass die bronzezeitlichen Lastensegler unbedingt ausreichend Ladung oder Ballast haben mussten, um sich im Meereswellengang zu behaupten. „Wir hatten 20 Tonnen Last dabei“, berichtet Hayat Erkanal.

Die Tour ging von Urla nach Rhodos, übers offene Meer nach Zypern und entlang der türkischen Südküste wieder zurück. In Kaş, wo Uluburun I gesunken war, warfen die Nachfahren einen „Gedenkanker“ in die See. „Wir haben es geschafft, obwohl wir schlechtes Wetter und sechs Meter hohe Wellen hatten“, summiert der Limantepe-Ausgräber. Neun Tage und neun Nächte waren die Experimental-Archäologen unterwegs, „am Anfang waren wir 16 Mann“, so Erkanal, „am Ende 6“. Der Rest war desertiert. Wichtig ist dem Prähistoriker von der Universität Ankara das Fazit der Unternehmung: „Es geht!“

Uluburun II liegt im Hafen von Urla, und wenn es nicht gerade auf TV- oder PR-Tour ist, kann es besichtigt und für kleinere Fahrten gechartert werden. Ein bisschen haben die Uluburun-Nachahmer übrigens geschummelt: Sie hatten mittelalterliche Navigationsgeräte an Bord. Dennoch war ihre Unternehmung wissenschaftlich interessanter und ergiebiger als Effekthaschereien, wie der letztjährige Versuch einer Atlantiküberquerung im Schilfboot. Das östliche Mittelmeer, so zeigen nun in schönster Eintracht schriftliche Quellen, Archäologie und Experiment, hatten sich die Menschen zu Wasser und auf dem Land vor 3500 Jahren bereits voll erschlossen.

3500 Jahre nach der Havarie wagten sich experimentelle Archäologen mit einer Uluburun II auf die Tour der antiken Lastensegler. Das Schiff war ein weitgehend naturgetreuer Nachbau eines syrischen Bootes. Trotz mannigfacher Widrigkeiten – unter anderem Sechs-Meter-Wellen – bewiesen die Uluburun II-Mannen mit ihrem Neun-Tage-Törn: Es geht!

DIE „SEEVÖLKER" WAREN ES NICHT!

DUNKLE JAHRHUNDERTE UND NEUBEGINN IN IONIEN

Dunkle Jahrhunderte

10000 v.Chr. | 8000 v.Chr. | 6000 v.Chr. | 4000 v.Chr. | 2000 v.Chr. | 500 v.Chr.

Die Welt zerbrach, und nichts wurde wieder so wie zuvor. Mit Mühe nur konnte sich als einzige die Großmacht am Nil aus den Wirren retten. „Diejenigen, die zu meiner Grenze gelangten", lässt Pharao Ramses III. um 1180 v. Chr. in Stein hauen, „haben keine Nachkommenschaft. Ihr Herz und ihre Lebenskraft sind vernichtet auf ewig ..." Der unheimliche Gegner, die ominösen „Seevölker", war vorerst gestoppt. Doch es rumorte weiter: Zwischen 1200 und 800 v. Chr. wurden die Hochkulturen der Alten Welt – von Babylon bis Anatolien, von Griechenland bis Ägypten tieffurchig zerpflügt. Die Ramses-III-Inschrift berichtet weiter: „Sie machten ein Bündnis auf ihren Inseln ... nicht hielt irgendein Land vor ihren Armen stand, und die Länder von Hatti, Karkemisch, Arzawa ... waren entwurzelt auf einen Schlag."

Andere schriftliche Nachrichten von diesem säkularen Umbruch sind rar. Vor allem britische Altertumsforscher proklamierten deshalb in den siebziger Jahren die „Dark Ages". Tatsächlich versanken die eng verknüpften Hochkulturen des östlichen Mittelmeerraumes in einem vielfach noch unverstandenen „Dunklen Zeitalter". Dennoch urteilt Hartmut Kühne, Archäologie-Professor an der FU Berlin und erfolgreicher Ausgräber in Syrien: „Die Dunklen Jahrhunderte sind eine Chimäre." Was geschah nach 1200 v. Chr. tatsächlich?

Das großmächtige Hethiterreich (Hatti) in Zentralanatolien, immerhin Gegenspieler Ägyptens und Assyriens, geht unter. Babylonien und Assyrien im Vorderen Orient erleiden eine Schwächephase und ziehen sich weitgehend auf ihre Ursprungsgebiete zurück. Der ägyptische Expansionsdrang Richtung Palästina und Syrien wird gestoppt. Die griechischen Palastreiche, Theben in Zentralgriechenland, Mykene, Pylos und Tiryns auf der Peloponnes, zerbrechen und verschwinden als Machtfaktor.

Diese machtpolitischen Umstürze gehen einher mit tiefgreifenden sozialen und kulturellen Einschnitten: Die hochorganisierte Landwirtschaft zerfällt, die Jagd wird für die Fleischbeschaffung relevanter als die Viehzucht. Aus urbanen Gesellschaften werden vielfach wieder dörflich strukturierte Gemeinschaften. Die diplomatischen Beziehungen der Fürstenhöfe sind gekappt, die Routen des Fernhandels zerstört. Die Kunstfertigkeit, porzellandünne Keramikgefäße auf der Töpferscheibe zu formen, gerät ebenso in Ver-

Die meinungsbildenden Nachrichten über die „Seevölker" stammten lange Zeit von den ägyptischen Tempelwänden, wie bei dieser Darstellung einer Schlacht im Nildelta.

gessenheit wie die Technik, mehrstöckige Häuser zu bauen. Die Palastverwaltungen – einst überregional aktiv und effektiv durch zentralistische Organisation – zerfallen in die Bewirtschaftung einzelner Fürstenhöfe. Vor allem aber: Die Schrift verschwindet – inklusive der Erinnerung an sie. Erst um 800 v. Chr. tauchen, so die bisherige Lesart, im ägäisch-griechischen Raum wieder schriftliche Zeugnisse auf.

Die Faszination des Geschehens speist sich nicht nur aus dem wohligen Schauder an fernen Katastrophen, sondern vor allem daraus, dass sich der Blackout am Ende der Bronzezeit mit den Geschichten aus dem Alten Testament und den griechischen Sagen um den Trojanischen Krieg scheinbar nahtlos verbinden lässt. Der Bruch ist da und archäologisch nachweisbar. Was vielfach fehlt, sind die schriftlichen wie archäologischen Nachrichten nach dem Niedergang. „Es ist aber völliger Humbug, wenn immer noch propagiert wird, dass in den betroffenen Landstrichen nichts passierte", bilanziert Hartmut Kühne: „Nach dem Zusammenbruch der Zentralmächte findet man die historischen Daten eben nicht mehr in den Metropolen, sondern in den Provinzen." Und damit sind die von der Wissenschaft postulierten Dunklen Jahrhunderte erst einmal ein Problem der Forschung – es gibt immer noch zu wenige Ausgrabungen für die ab 1000 v. Chr. beginnende Eisenzeit (s. S. 143).

Dennoch lassen sich inzwischen – wenn man die verstreuten Erkenntnisse zusammenfasst und den Blickwinkel ändert – einige Dinge mehr darstellen, als noch vor wenigen Jahren. Danach ist sicher, dass die Seevölker-Züge kein „Hunnensturm" waren, der mit barbarischer Urgewalt über die zivilisierte Welt hereinbrach. Auch der in diesem Zusammenhang viel strapazierte Begriff „Völkerwanderung" trifft das Geschehen nicht. Plakative Formulierungen sind in solchen

Hellas in der Türkei – könnte man meinen. In der Tat diente auch die Landschaft bei Assos gegenüber der Insel Lesbos den griechischen Einwanderern im 1. Jahrtausend v. Chr. als neuer Lebensraum an der kleinasiatischen Ägäisküste. Auch hier mischen sich die Kulturen und Stile von Jahrhunderten.

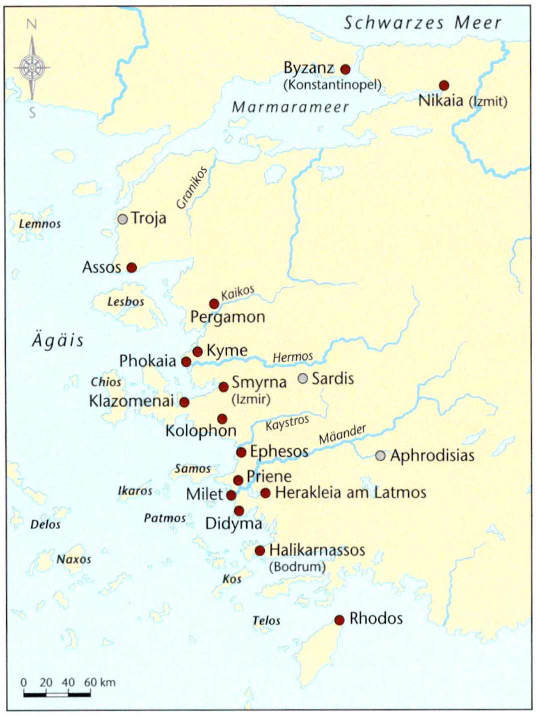

Umbruchsituationen nur bedingt hilfreich für das Verstehen eines hoch komplexen Geschehens. Nach den neuen Erkenntnissen der Wissenschaft handelte es sich um „Wirtschaftsflüchtlinge“, die, getrieben von Not, Überbevölkerung, Missernten oder staatlicher Repression, aus ihrer Heimat auszogen. Neben den Kriegern sind in den ägyptischen Bildern auch Frauen und Kinder, Vieh und Wagen dargestellt; das waren Menschen auf der Suche nach Siedlungsland. Haartracht, Waffen, Keramik, Schiffstypen der Invasoren deuten unter anderem auf eine Herkunft aus dem Ägäisraum – mykenisches Griechenland, Kreta, ägäische Inseln.

Ein weiterer Grund für den Exodus könnten die Einwanderungen der Dorer nach Nordgriechenland ab 1200 v. Chr. und die Ankunft balkanischer Stämme im Norden Kleinasiens – in Troja archäologisch nachweisbar – gewesen sein. Jedenfalls waren „die Seevölker“ keine militärische Allianz unter einheitlicher Führung vom Rande der zivilisierten Welt. Eisenzeit-Experte Hermann Genz sinniert denn auch, „ob das nicht Elemente gewesen sind, die aus dem spätbronzezeitlichen Staatensystem selbst stammen“. Er erinnert an die Habiru in der Levante, aus denen möglicherweise später die Hebräer hervorgingen. Bibel und Archäologie, ausnahmsweise einmal übereinstimmend, lassen da ein Bild entstehen, das die ausgeblendete Kehrseite des globalisierten Aufschwungs in der Spätbronzezeit ins Licht rückt – die der Verlierer und Rebellen. Genz: „Die Leidtragenden dieses rigiden spätbronzezeitlichen Systems waren die Unterschichten. Die mussten die Arbeitsleistungen für den Bau von Palästen, Tempeln und Befestigungen erbringen, die mussten drückende Steuern abführen, die wurden zum Kriegsdienst gepresst.“

Etliche entzogen sich diesem drückenden System durch die Flucht in die palästinensische Bergwelt, wo sie als „antike Robin Hoods“ nach eigenen Kriterien lebten. Überfälle, Schutzgelderpressung, befristete Söldnerdienste für Kleinkönige waren die Grundlage dieser Gruppen, die sich um charismatische Anführer sammelten. Der legendäre israelitische König David war einer von ihnen. „Ähnliches wird nun auch für die Seevölker überlegt“, meint Genz, „nicht fremde Völker von außerhalb der Welt waren da unterwegs, sondern Bevölkerungsteile, die aus dem System selbst hervorgingen.“ In der Hethiter-Hauptstadt Hattuscha jedenfalls finden die Archäologen nicht die geringste Spur von gewalttätigen Fremdländern. Die Stadt und das Reich gingen an internen Zwistigkeiten der Herrschenden zugrunde. Die Führungsschicht verschwand; die Nachbewohner von Hattuscha entstammten der eigenen Bevölkerung.

An anderen Orten sind die Zerstörungen durch „die Seevölker“ allerdings direkt ablesbar: Bis zu halbmeterdicke Brand- und Schuttschichten erzählen in Alalach, Qadesch, Megiddo, Gaza und Qatna vom gewaltsamen Ende. Der König von Ugarit, der mächtigen Hafenstadt Syriens, rief vergeblich um Hilfe aus Zypern, der dortige Herrscher hatte selbst Probleme; die Insel wurde von mykenischen Einwanderern überrannt und übernommen. Der letzte Flehbrief aus Ugarit ging nicht mehr zur Post, es war wohl niemand mehr da, der ihn abschicken konnte. So blieb er im Brennofen des Palastes erhalten: „Die feindlichen Schiffe sind gekommen, sie haben die Stadt angezündet und großen Schaden auf dem Land angerichtet.“ Die Levante war von Nord bis Süd verwüstet.

Nur der ägyptische Pharao Ramses III. hatte Zeit und Macht genug, sich auf den Angriff vorzubereiten: „Ich ließ die Flussmündungen zurüsten wie einen starken Schutzwall, bestehend aus

Das Theater in Milet fasste in römischer Zeit rund 25.000 Besucher. Die ganz frühe Phase der Stadt ist heute archäologisch schwer zu erreichen, da der Mäander viele Zeugnisse aus Stein- und Bronzezeit zugeschwemmt hat.

Der waghalsige Bogen zu den oberen Rängen des Theater in Milet hält immer noch. Im 1. Jahrtausend v. Chr. war die Stadt die unbestrittene „Nummer Eins" des griechischen Ionien.

Kriegsschiffen, Galeeren und Lastschiffen, gerüstet, indem sie von Bug bis zum Heck vollständig ausgestattet waren mit tapferen Kämpfern mit ihren Waffen, Fußtruppen von den Allerbesten Ägyptens." In monumentalen Reliefs an seinem Totentempel in Medinet Habu ließ Ramses III. die beiden siegreichen Schlachten gegen die Eindringlinge festhalten. Die überlebenden Invasoren siedelten sich in den ägyptischen Landstrichen der Südlevante an. Es waren die Peleset, in der Bibel Philister genannt, sie kamen aus dem Griechenland der mykenischen Palastkulturen.

Dann war Stille über der Welt. Kein Frachtschiff brachte Zinn von Ugarit nach Mykene, keine Zeder aus dem Libanon gelangte nach Babylon, kein Tontafelbrief übermittelte Grüße und Wünsche von Hattuscha nach Piramesse, der glänzenden Ramses-Hauptstadt. Für Lapislazuli aus Afghanistan gab es keine Abnehmer mehr; für Elfenbein aus Afrika fehlte das Geld; das Gold, wenn man noch welches hatte, behielt man im eigenen Tresor. Die Dunklen Jahrhunderte legen sich verdüsternd über die glanzvolle Kultur und das umtriebige Leben im östlichen Mittelmeer.

Es folgte der beschwerliche Weg der Völker und Reiche in die Eisenzeit. Bei flüchtiger Betrachtung war die Welt wirklich dumpf und dunkel: Die glamouröse Globalisierung wich kleinräumigen Kulturregionen, die feine Lebensart verschwand, der Ideenaustausch versickerte, der internationale Handel kam zum Erliegen. Und, vor allem, die Schrift verschwand. Sie wurde in den neuen Gesellschaften nicht mehr gebraucht.

ꟹ Der bislang im wüsten Gestrüpp verschwundene Hafenbereich von Ephesus wird jetzt Säule für Säule aus dem morastigen Boden geholt – fantastische Dinge tun sich auf: Sakrophage, Badeanstalten und römische Kaihäuser werden das antike Bild von Ephesus, jenseits der üblichen Marmorpromenaden, erheblich erweitern.

ꟹ vorherige Seite: Die fünf weithin sichtbaren Säulen vor dem großen Felshang sind das Wahrzeichen von Priene, der ionischen Perle an der türkischen Ägäisküste.

Oder lief die Entwicklung doch etwas anders? Muss man genauer und an anderer Stelle nachschauen? War es zum Beispiel mit der Schriftlichkeit eher so, wie die FU-Schriftgelehrte Eva Cancik-Kirschbaum meint: „In dieser Zeit wurde die scharfkantige Keilschrift zur gerundeten Buchstabenschrift weiterentwickelt. Dazu war Ton nicht mehr das richtige Medium, es wurde jetzt zum Beispiel auf Leder geschrieben.“ Das hat sich naturgemäß nicht erhalten. Das griechische Alphabet des 8. Jahrhunderts v. Chr., ist sich die Kulturwissenschaftlerin sicher, „streckt seine Wurzeln weit ins 11. Jahrhundert v. Chr. zurück“.

Hethitisches Nachleben

Auch das Weiterleben der hethitischen Kultur in einigen der zahllosen Nachfolgereiche in Anatolien und Syrien ist inzwischen archäologisch und philologisch nachgewiesen – samt Schrift. Grabungen im messenischen Nichoria auf der Peloponnes und bei Lefkandi auf Euböa aus dem 10. und 9. Jahrhundert v. Chr. belegen zwar nicht mehr königliche, aber doch fürstliche Lebensart. Assyrien erreichte im 9. wieder seine Grenzen des 12. Jahrhunderts v. Chr. und sah sich zugleich einer neuen Großmacht, den Urartäern, gegenüber. Den variantenreichen Kampf um Palästina kann man – mit Einschränkungen – sehr gut im Alten Testament nachlesen.

Vielleicht war es nur eine Art Atem holen, ein Innehalten vor dem nächsten Siebenmeilenschritt. Der kam rasch, verteilt in kleine Tritte über einige Jahrhunderte, und er katapultierte den Menschen in eine abermals völlig neue Welt. Während in Ost- und Zentralanatolien das alte Spiel mit neuen Protagonisten abgespult wurde, stellten die Menschen an der kleinasiatischen Westküste die Weichen ganz anders. Das Stichwort hier: die ionische Wanderung. Der Begriff ist zunächst einmal irreführend, denn es kamen Ionier, Dorer und Äoler aus Griechenland an die anatolischen Gestade. Aber die Ionier waren in der Folge offenbar die Erfolgreicheren der drei Gruppierungen und prägten dem Geschehen und der Landschaft ihren Namen auf.

Zwischen 1100 und 800 v. Chr. strömten in vielen Wellen kleine Gruppen, manchmal wohl nur so viele wie ein Schiff fassen konnte, in die Küstenregionen Kleinasiens. Die archäologischen Spuren sind inzwischen so deutlich, dass die Skeptiker kaum mehr zu hören sind, die die „Ionische" oder „Große Wanderung" als verklärende Mär späterer Zeiten abtun wollen. Aber natürlich gab es auch zu diesem Neubeginn eine passende Geschichte in der griechischen Mythologie. Demnach zog Neileos, in der Erbfolge unterlegener Königssohn aus Athen, mit einigen Getreuen los und gründete Milet.

Der Törn nach Osten

So könnte es etlichen Fürstensöhnen in Griechenland tatsächlich ergangen sein, denn so wie den Bauern das Ackerland in der Heimat ausging, waren die Erwerbsmöglichkeiten für adlige Haudraufs inzwischen eingeschränkt. Auch wandelte sich das politische Klima in Griechenland allmählich gegen die ausbeuterische und zu Willkür neigende Adelsschicht. Die Kolonisierung der anatolischen Westküste verlief, nach den Berichten der griechischen Geschichtsschreiber, grausam: Die Männer der ansässigen, luwisch sprechenden Karer wurden massakriert, die Frauen und Töchter gewaltsam geehelicht. Sie schworen daraufhin, laut Herodot, nie mit den Männern zu speisen und sie nie mit ihrem Namen zu rufen.

Neileos aus Athen gründete Milet im besten Fall erneut, denn als er kam, hatte die Stadt an der Mäander-Mündung schon 2500 Jahre Geschichte hinter sich. Milet illustriert jedoch die Erfolgsgeschichte der ionischen Kolonisation so farbenprächtig, dass sie beispielhaft auch für die anderen Griechen-Gründungen etwas ausführlicher erzählt werden soll. Aber erst schnell noch das beliebte historische Wenn-dann-Spiel: Wenn die Perser Milet 494 v. Chr. nicht zerstört hätten, dann wäre die Stadt, mitten im politischen, kulturellen und wirtschaftlichen Geflecht zwischen Griechenland, Ägäis, Anatolien und Vorderem Orient, zur geistigen und wirtschaftlichen Metropole der griechischen Welt geworden – und nicht das kleine attische Königtum Athen.

Allein schon die Beschreibung der Region um Milet macht deutlich, warum diese Stadt prädestiniert war, immer eine herausgehobene Rolle zu spielen. Zudem sorgte der Fluss Mäander für fruchtbare Ebenen und für ausgezeichnete Verkehrsverbindungen nach Inneranatolien; das Meer vor der Haustür lud zu Handel und Austausch ein, und überhaupt war die Gegend, so rühmt Herodot, „das Land, das das schönste Wetter und das beste Klima hat auf der ganzen Erde".

Diese Vorteile galten offenbar auch schon um 3500 v. Chr. Denn Wolf-Dietrich Niemeier, DAI-Statthalter in Athen und Ausgräber des frühbronzezeitlichen Milet, findet im Grundwasserschlick polierte schwarze Keramik, die es ebenso auf den Kykladen, in Griechenland und in Zentralanatolien gab. „Hier hat also eine Ideenvermittlung stattgefunden", meint der Archäologe, „vielleicht aus Anatolien in die Ägäis, auf alle Fälle aber über Milet." Auch der Obsidianhandel von der Kykladeninsel Melos nach Aphrodisias, Mäander aufwärts im Landesinneren, bezeugt Milet als Umschlagsplatz in dieser frühen Zeit. 1000 Jahre später wurden Gold und Kupfer aus Anatolien über Milet in die Kykladenwelt vermittelt. Um 1900 v. Chr. setzten sich die Minoer von Kreta in der Stadt fest, bis sie von den Mykenern aus ihren Handelsniederlassungen vertrieben wurden. Millawanda, so Milet in den hethitischen Texten, geriet in der Folgezeit zum

Der vollendet gestaltete Kopf eines Kuros von Samos aus der Mitte des 6. Jahrhunderts v. Chr.

Der großenwahnsinnige Tempel des Apollo in Didyma an der türkischen Westküste – 122 Säulen sollten es werden, 20 Meter sollten sie in den Himmel ragen. Jede kostete 20.000 Tagelöhne eines Arbeiters. Kein Wunder, dass mancher Säulensponsor absprang oder pleite ging. Die heute sichtbaren Teile des nie vollendeten Kult- und Orakelzentrums stammen weitgehend aus der hellenistischen Zeit ab dem späten 4. Jahrhundert v. Chr.

Zankapfel zwischen dem anatolischen Großreich und Ahhijawa (s. S. 118) und blieb bis zum allgemeinen ostmediterranen Zusammenbruch hethitisch.

Neileos kann sich also bestenfalls den Lorbeer einer Wiedergründung aufs Haupt setzen – einer Stadt, die seit Generationen bekannt war und die eventuell sogar eine kontinuierliche Besiedlung durch mykenische Griechen aufwies – da streiten die Wissenschaftler noch. Auf alle Fälle wurde Milet durch die große Wanderung um 1000 v. Chr. zu einer ionischen, zu einer griechischen Siedlung. Und sie wurde Spitzenreiter unter den Kolonialstädten, die auch heute noch einen klangvollen Namen haben: Ephesus, Priene, Kolophon, Smyrna (heute Izmir), Halikarnassos, Kyme. Vier Häfen, Verbindungen nach Ägypten und Inneranatolien, fruchtbares Umland und nicht enden wollende Schafherden machten Milet reich und zur führenden Handelsmetropole an der kleinasiatischen Westküste. Sie barst offenbar vor Geld und Unternehmungsgeist, die Ägäis reichte nicht mehr, Milet gründete selbst an die 60 Kolonien, hauptsächlich rund um das Schwarze Meer. In den nächsten 500 Jahren spielte die Metropole am Mäander des Öfteren Phönix aus der Asche: Besetzung, Zerstörung, Unabhängigkeit, Wiederaufbau, relative Unabhängigkeit, Demontage, Renaissance – so erging es Milet bis in die byzantinische Zeit: Die Politiker betrieben erfolgreiche Schaukelpolitik zwischen den wechselnden Mächten – bis sie sich einmal verschätzten und die Perser so heftig vergrätzten, dass sie die Stadt 494 v. Chr. zerstörten.

Wenn das nicht passiert wäre, wäre Milet die Metropole von Kultur und Geist geworden. Denn um 800 v. Chr. kam es in Ionien zu einer Explosion geistiger Novitäten, die umfassend in die Welt wirkten. Um 800 v. Chr. entstand die schriftliche Fassung der Ilias und der Odyssee – die beiden ersten „europäischen" Literaturgroßereignisse. Die Ilias, hochstilisiert zum Ur-Mythos Europas, machte den Dichter Homer und die Stadt Troja weltberühmt – oder umgekehrt. Im 7. vorchristlichen Jahrhundert bahnte der Urknall des Geistes der Wissenschaft den Weg. Milet war Heimatstadt und Wirkungsstätte jener drei Männer, die als Wegbereiter der Philosophie betrachtet werden: Thales, Anaximander und Anaximenes. Ihre Texte, und die der anderen „Vorsokratiker", sind nur in Bruchstücken erhalten. Ihre Lebensdaten sind nicht mit Sicherheit zu bestimmen. Zumindest in ihrem Nachruhm wird immer wieder die Verknüpfung von philosophischem Denken und praktischer Anwendung betont.

Thales von Milet (etwa 625 bis 545 v. Chr.) stammte nach den späteren Berichten aus einer phönizischen Familie und unternahm etliche Reisen nach Ägypten, die ihn mit der – von den Griechen bewunderten – ägyptischen Philosophie und Geometrie bekannt machten. Er soll den Seefahrern mit einer „Nautischen Astrologie" Orientierung gegeben haben. Für ihn war Wasser der Ursprung aller Dinge. Weiter beschäftigten ihn Mathematik und ganzheitliche Kosmologie. Die spektakulärste Erkenntnis jedoch, die ihm zugeschrieben wird, ist die Voraussage einer Totalen Sonnenfinsternis 585 v. Chr. (s. S. 143). Wie ihm das gelungen ist, bleibt bis heute rätselhaft, die Wissenschaftler nehmen an, dass ihm babylonische Aufzeichnungen früherer Sonnenfinsternisse zur Verfügung standen.

Thales Schüler Anaximander (610 bis 547 v. Chr.) stellte die Erde in den Mittelpunkt des Kosmos und fertigte die erste Weltkarte. Seine verschollene Schrift „Über die Natur" war der erste Pro satext in griechischer Sprache. Der Ursprung aller Dinge war für ihn der Konflikt zwischen den Gegensätzen, wie trocken – feucht, heiß – kalt. Anaximanders Schüler, Anaximenes, betrachtete die Luft als Ursprung aller Dinge, die durch Verdünnung oder Verdichtung der Luft entstehen. Offenbar gab es in seiner Lehre schon einen Unterschied zwischen beweglichen und unbeweglichen Himmelskörpern. Im Gefolge der drei Geistes-Großahnen gilt den Pythagoreern die Zahl als Grundprinzip der materiellen und gesellschaftlich-ethischen Welt. Xenophanes postuliert die Einheit, Unbeweglichkeit und Ewigkeit des Alls. Heraklit sieht den Kampf der Gegensätze als „Vater aller Dinge", der jedoch im ewigen Logos (Vernunft, Weltgesetz) aufgehoben wird.

Viele andere haben am neuen und glänzenden Gebäude der Erkenntnis mitgebaut; es tauchen Vorstellungen, Fragen und Deutungen, Begriffe und Normen auf, die bislang nicht gedacht wurden. Die Anfänge aus Ionien führen zur Vollendung bei Sokrates (Philosoph) und Solon (Gesetzgeber und Politiker). Hauptverdienst der ionischen Denker ist und bleibt die Abkehr von der mythologischen Weltsicht des Orients – hin zu einer rationalen Erklärung der Welt und ihrer Kräfte. Die Götter wurden als Motor des Seins abgeschafft, der Mensch sagte zum ersten Mal „Ich" und fragte „Warum?" – die Geburt der Wissenschaft also und des europäischen Denkens: von Griechen in Anatolien in die Wiege gelegt.

Vom Strand oder von vielen Hotelterrassen der ägäischen Küste gibt es bei Sonnenuntergang den grandiosen Blick zum Abendland.

Zeittafel

	Kleinasien	Zeit	Rest der Welt
JUNGSTEINZEIT	Ende der Eiszeit	**um 10000**	Die Sahara wird Steppe, saisonale Siedlungen mit Rundhütten in der Levante und im Fruchtbaren Halbmond.
	Die älteste Großarchitektur auf dem Göbekli Tepe, riesige Stelen und Rundbauten in Schicht III, reine Kultanlage, keine Wohnbebauung.	**um 9500**	Erste Domestizierung von Haustieren, Beginn der Kultivierung von Wildgräsern im Fruchtbaren Halbmond und Nordwestiran.
	Göbekli Tepe, kleinere Stelen und viereckige Bauten in Schicht II. Beginn der Neolithisierung in Südostanatolien. In Nevalı Çori dauerhafte Siedlung mit viereckigen Häusern und separatem Tempel, erste menschliche Tonfigurinen.	**um 8600**	Die Mauern von Jericho. Frühneolithische Großsiedlung Ain Ghazal in Jordanien mit 2500 Einwohnern.
	Nevalı Çori wird aufgegeben.	**8000**	Die Sahara wird grün.
	Göbekli Tepe wird aufgegeben. Ende des frühneolithischen Kultursystems. Erste Besiedlungsphase von Çatal Höyük.	**um 7500**	Langsame Ausbreitung der Bauernkulturen über den Vorderen Orient.
	Ausbreitung der Kochkeramik.	**um 7000**	
	Çatal Höyük wird aufgegeben.	**um 6400**	
	Die Neolithisierung ist abgeschlossen, erste Stempelsiegel. Ab 5500 Beginn des Chalkolithikums.	**um 6000**	Beginn der sesshaften Lebensweise in Europa, Ain Ghazal wird aufgegeben. Einführung der langsam drehenden Töpferscheibe in Anatolien, Mesopotanien und Iran.
		um 5800	Erste bäuerliche Kulturen in Mitteleuropa, „Linienbandkeramiker". Anbau und Verarbeitung von Baumwolle in Mexiko.
CHALKOLITHIKUM		**um 5000**	Beginn der Hochkulturen im südlichen Zweistromland. Anbau und Verarbeitung von Baumwolle in Indien.
		um 4000	Beginn der Urbanisierung in Südmesopotanien.
		um 3500	Uruk, die erste Großstadt. Erfindung der schnelldrehenden Töpferscheibe im Vorderen Orient. Entwicklung von Rad und Wagen in verschiedenen Regionen. Lehmziegelarchitektur in Peru. Himmelscheibe von Nebra; „Ötzi".
	Einwanderung indoeuropäischer Stämme (?).	**ab 3300**	Erfindung der sprachgestützten Schrift in Uruk und im ägyptischen Abydos. Einführung des Hakenpflugs in Mesopotanien. Riesige Lehmziegelpyramiden in Peru.
BRONZEZEIT	Beginn der Bronzezeit, erste befestigte Großsiedlung in Limantepe an der Ägäisküste.	**um 3000**	Beginn der minoischen Kultur auf Kreta.
		um 2700	Gilgamesch herrscht in Uruk.
	Reiche anatolische Fürstensitze Alaca Höyük und Norşuntepe. Gemauerte Hafenanlagen und Festung in Limantepe. Befestigte Handelsstadt im zentralanatolischen Küllüoba. Troja hat trotz Wehrmauer dörflichen Charakter.	**um 2500**	Cheops-Pyramide in Ägypten. Indus-Kultur. Anatolischer Einfluss bis nach Griechenland. Einwanderung der Hurriter in den Vorderen Orient (?).
	Troja wird befestigter Fürstensitz mit offenbar weitreichenden Handelsbeziehungen.	**um 2300**	Blütezeit der Hurriterstadt Urkisch an der türkischen Südgrenze mit 50.000 Einwohnern.
	„Anatolisches Siedlungsschema" in Troja.	**um 2150**	Untergang des Reichs von Akkad, des ersten Territorialstaats in Mesopotanien.
	Karum Kanisch: Blütezeit (bis 1780) der assyrischen Handelszentrale der Assyrer in Zentralanatolien.	**ab 1900**	
	Minoer in Milet.	**ab 1800**	Stonehenge entsteht.
	Großkönig Anitta und der Beginn des althetitischen Reichs vom Schwarzen bis zum Mittelmeer.	**um 1730**	Assur ist ein unbedeutendes Stadtfürstentum im Norden Mesopotaniens, im Süden begründet Hammurabi das Altbabylonische Reich.
		um 1600	Hurritisches Großreich Mitanni wird zum Gegenspieler Ägyptens.

Zeittafel

Kleinasien	Zeit	Rest der Welt
	BRONZEZEIT	
Hattuschili I. macht Hattuscha zur Hauptstadt und expandiert ohne nachhaltigen Erfolg nach Westkleinasien und Babylon.	um 1565	
Telipinu-Erlass, die erste Verfassung des Hethiterreichs. Beginn der hethitischen Vertragspolitik.	um 1500	Zerstörung der minoischen Paläste auf Kreta, Machtübernahme durch die Mykener.
Beginn der Großreichszeit mit erneuter Expansion unter Tudhalija I. Erste schriftliche Erwähnung von Wilusija und Truisa. Mykener in Milet.	um 1420	Politische Annäherung von Mitanni und Ägypten unter dem Eindruck der hethitischen Expansion.
Erste Erwähnung Ahhijawas in hethitischen Quellen.	1410	Ahhijawa, das mykenische Griechenland mit Zentrum in Theben oder Mykene, wird zum Machtfaktor im östlichen Mittelmeerraum.
Um 1340 erobern und zerstören die Hethiter die syrische Stadt Qatna.	1352-1336	Echnaton (Amenophis V.) stürzt Ägypten mit seiner Monotheismus-Revolution ins Chaos.
Eroberung Mitannis durch die Hethiter.	um 1335	Assyrien wird allmählich wieder Großmacht.
Das Schiff von Uluburun versinkt mit kostbarer Fracht vor der türkischen Südküste.	1332 / 1323	Der globalisierte Handel im östlichen Mittelmeerraum steht in schönster Blüte.
Die Hethiter erobern und zerstören Milet.	1316	
	1279 - 1213	Ramses II. auf dem Pharaonenthron.
Sieg der Hethiter in der Schlacht bei Qadesch über die Ägypter.	1275	Die Ägypter stellen die Niederlage in ihren Reliefs als grandiosen Sieg dar.
Friedensvertrag zwischen den Hethitern und Ramses II.	1259	
Hethiter-Prinzessin Scha'uschkanu heiratet Ramses II., der sie zu seiner „Großen Königlichen Gemahlin“ macht.	1246	
Zwistigkeiten innerhalb der königlichen Sippe, allmählicher Niedergang des hethitischen Großreichs.	ab 1240	Um 1210 Getreidelieferungen Ägyptens an Hattuscha.
	EISENZEIT	
Der letzte Großkönig Schuppiluliuma II. verlässt Hattuscha, das Reich zerfällt und wird für 3000 Jahre vergessen. Die späthetithischen Nachfolgestaaten setzen teilweise die hethitischen Kulturtraditionen fort. (bis etwa 800).	1200 / 1190	Der gesamte östliche Mittelmeerraum wird durch die „Seevölker“ und innere Spannungen durcheinandergewirbelt. Die sogenannten Dunklen Jahrhunderte in Vorderasien und Griechenland: Verlust der Schrift, Zusammenbruch des Handels.
Troja wird endgültig zerstört.	um 1180	Zwischen 1194 und 1186 Zerstörung von Ugarit.
Beginn der ionischen Einwanderung an der anatolischen Westküste.	ab 1000	Assyrien expandiert abermals.
Die phrygische Kultur breitet sich für rund 200 Jahre in Kleinasien aus.	ab 900	Assur wird erneut Großmacht im Vorderen Orient.
Urartu steigt zur beherrschenden Kraft im östlichen Anatolien auf und liefert sich heftige Kriege mit Assyrien.	ab 840	
Die schriftlichen Fassungen von Ilias und Odyssee entstehen an der Ägäisküste. Milet wird glanzvolle Metropole Ioniens und gründet eigene Kolonien.	um 800	
Die Lyder beherrschen Kleinasien.	ab 700	
Das Reich Urartu wird von den Skythen zerschlagen.	630 / 625	Um 630 Gründung der griechischen Kolonie Kyrene (Libyen).
Urknall des Geistes in Milet: Die „Vorsokratiker“ läuten das „europäische Denken“ ein.	um 600	612 wird Assyrien von den Babyloniern und Medern übernommen. Beginn der Eisenverarbeitung in Mitteleuropa.
Die Lyder werden vom persischen König Kyros II. vernichtend geschlagen.	547	Das Persische Weltreich beginnt.

Glossar

Abris: Aus dem Französischen „Felsüberhang", in der Vor- und Frühgeschichte oft als Unterschlupf genutzt und mit Felszeichnungen (Petroglyphen) versehen.

Abrollung: s. Siegel

Akkad-Reich: s. Territorialstaat

Akkadische Sprache: Nordöstlicher Zweig der semitischen Sprachen mit den Hauptdialekten Assyrisch und Babylonisch. Ihre Anfänge liegen um 2500 v. Chr.; endgültig in Vergessenheit geriet sie um die Zeitenwende. Dazwischen war sie als Diplomatensprache das „Englisch" des gesamten alten Vorderen Orients, inklusive Kleinasiens und Ägyptens.

Amarna, Amarna-Briefe: Der Tell el-Amarna ist eine Ruinenstätte am östlichen Nilufer und war die neugegründete Hauptstadt Echnatons (Amenophis IV.), Achet-Aton. In den Archiven fand sich die Korrespondenz der babylonischen, assyrischen, mitannischen und palästinensischen Fürsten und Könige mit den ägyptischen Herrschern Amenophis III., Echnaton und Tutanchamun.

Argolis: Landschaft im Nordosten der Peloponnes, Kernland der mykenischen Kultur mit den Zentren Mykene, Tiryns, Pylos.

Artefakte: Von Menschen hergestellte Gegenstände.

Arzawa: Im 2. Jahrtausend v. Chr. mächtiges (luwisches?) Reich im Südwesten Kleinasiens, abwechselnd Gegner und Vasall Hattuschas.

Assuwa: Staatenverbund im nordwestlichen Kleinasien, Ende des 15. Jahrhunderts v. Chr. von Hethiterkönig Tudhalija II. erobert.

Befund: Der Zusammenhang oder die Umgebung eines archäologischen Fundes.

Buckelkeramik: Mit Buckeln verzierte, von Hand geformte Gefäße, die nach 1100 v. Chr. verstärkt in Troja gefunden wurden und deutliche Parallelen zur Keramik im Balkan aufweisen.

Bukranion / Bukranien: Aus dem Griechischen „Ochsenschädel"; eine wie ein Rinderkopf gestaltete Dekorationsform. Beispiele: Die Kleinen Reliefs im Notationssystem des Göbekli Tepe oder auch naturalistische Darstellungen im Hellenismus als Altarschmuck, hier dann Anspielung auf Rinderopfer.

Chalkolithikum: Etwas willkürlich auch „Kupfersteinzeit" genannte Periode zwischen Stein- und Bronzezeit; in Vorderasien etwa zwischen 5500 und 3000 v. Chr.

Dardanellen: Antiker Name „Hellespont"; Meeresstraße zwischen Ägäis und Marmarameer, die wegen ihrer Strömungen und starken Winde für vor- und frühgeschichtliche Segler nur zeitweise passierbar war. Dadurch waren sie zu Zwangsaufenthalten im Dunstkreis von Troja gezwungen. Das wiederum förderte Handel und Reichtum der Stadt.

Dendrochronologie: Aus dem Griechischen *dendron*, „Baum", und *chronos*, „Zeit"; wichtige und präzise Datierungsmethode für Funde aus Holz anhand der charakteristischen Abfolge der Wachstumsringe (Jahresringe) eines Baumes. Die Skala der Dendrochronologen reicht für viele Weltgegenden inzwischen bis in die Eiszeit zurück, so dass auch vorgeschichtliche ^{14}C-Datierungen überprüft und sicher geeicht werden können.

Feuerstein, Flint: s. Silex

Halys: Antiker Name eines ins Schwarze Meer fließenden Stromes in Nordanatolien; heute Kızılırmak, bei den Hethitern Marassantija. Längster Fluss der Türkei.

Hattier: Stamm oder Volk, das vor den Hethitern in Zentralanatolien, speziell in Hattuscha, lebte und von diesen überrannt wurde. Ihre Sprache ging unter, ihre Kultur bleibt rätselhaft, ihre Götter und Rituale übernahmen die Hethiter.

Hieroglyphen: Im Wortsinn zunächst nur „Heilige Zeichen"; später (vor allem in Ägypten) als sprachgebundene Schriftzeichen verstanden.

Höyük/Hüyük: Türkisch für „Hügel", meist für „Ruinenhügel", manchmal auch „Tepe" (persische Bezeichnung) genannt. Auf Arabisch heißen solche vor- und frühgeschichtliche Siedlungshügel „Tell".

Idole: Meist kleine, sowohl abstrakte als auch naturalistische Menschen- oder Götterfiguren aus Stein, Elfenbein, Horn oder Ton.

in situ: Fund eines archäologischen Gegenstands in seiner ursprünglichen Lage und Umgebung. Nur ein *in situ*-Fund kann archäologisch und zeitlich richtig eingeordnet werden. Deshalb sind isolierte Funde aus Raubgrabungen wissenschaftlich nur noch die Hälfte wert.

Ionien: Von Griechen ab 1000 v. Chr. kolonisierte Landschaft an der türkischen Ägäisküste um Milet.

Ithyphallisch: Mit erigiertem Penis.

Kaschkäer: Offenbar kriegerische Nachbarn der Hethiter im Norden, die immer wieder in hethitisches Gebiet einfielen und zeitweise sogar die Hauptstadt Hattuscha besetzt hielten. Über die kaschkäische Kultur ist so gut wie nichts bekannt.

Keilschrift: Entstanden in der Mitte des 4. Jahrtausends v. Chr. in Südmesopotamien, entwickelte sich die Keilschrift aus Bild- und Zahlzeichen, die in kleine tönerne Kügelchen, sogenannte Zählsteine, eingekratzt waren. Um Zeit und Platz zu sparen, drehte man im Laufe der Zeit die Minibilder um 90 Grad und vereinfachte sie zu Symbolen, die sich aus Strichen und Winkelhaken zusammensetzten. Ihren Namen erhielt die Schrift, weil die mit einem kantigen Stäbchen in den weichen Ton eingedrückten Zeichen wie eine Kombination aus kleinen Keilen aussahen.

Kizzuwadna: Von den Hethitern eroberte, luwisch geprägte Landschaft in der kilikischen Ebene im Südosten der Türkei.

Kraggewölbe: s. Poternenwall

Kultur: Gesamtheit aller materiellen und geistigen Errungenschaften des Menschen einschließlich seiner Verhaltensweisen, die in einer bestimmten Region und einer bestimmten Zeit überliefert werden. Eine so definierte Kultur wird im allgemeinen nur dem Menschen zugestanden; im Sinne von tradiertem Sozialverhalten neuerdings aber auch auf Tiere angewendet. Von „Hochkultur" spricht man, wenn Schrift gefunden wird; diese Einschränkung ist etwas willkürlich.

Kusch: Das Goldland der Pharaonen in Nubien, dem heutigen Sudan. Als 25. Dynastie herrschten (schwarze) Könige aus Kusch über ganz Ägypten.

Linear-A und B: Linear-A war die Silbenschrift des minoischen Kreta, sie ist bis heute nicht entziffert, bekanntestes Beispiel ist der Diskos von Phaistos. Linear-B ist die daraus entwickelte Silbenschrift der Mykener. Hiervon gibt es Tausende von Tontafeln, doch beschäftigen sie sich nur mit einfachsten Verwaltungsvorgängen, literarische Texte oder königliche Korrespondenz-Archive wurden bislang nicht gefunden.

Glossar

Linienbandkeramiker: Die ersten Bauern Mitteleuropas. Benannt wird die Linienbandkultur nach den charakteristischen bandartigen Verzierungen ihrer Tongefäße. Zwischen 5800 und 4500 v. Chr. dehnte sich die linienbandkeramische Kultur vom Ärmelkanal bis ans Schwarze Meer aus. Ob die Träger dieser Kultur aus dem Osten einwanderten oder es sich dabei um eine regionale Eigenentwicklung handelte, ist umstritten.

Luwier, Luwisch: Indoeuropäisches Volk in Südwestanatolien (Tarhuntassa, Kizzuwadna), das vermutlich noch vor den Hethitern eingewandert war. Von seiner Kultur weiß man so gut wie nichts. Seine Schrift (luwische Hieroglyphen) wurde von den Hethitern, neben der babylonischen Keilschrift, verwendet.

Megalith, megalithisch / Monolith, monolithisch: Aus dem Griechischen „großer Stein" / „aus einem Stein".

Metallurgie: Das Wissen und Können über Gewinnung und Verarbeitung von Metallen und ihre dauerhafte Umformung, etwa zu Legierungen.

Obsidian: Glasartige, schnell erstarrte vulkanische Lava, meist glänzend schwarz; wegen ihrer extrem scharfen Bruch- oder Schlagkanten hervorragend geeignet für Schab- und Schneidewerkzeug, Sicheln, Bohrer und für Waffen; vor allem seit dem Neolithikum in aller Welt begehrt und über weite Strecken gehandelt. Da jedes Obsidianvorkommen eine charakteristische Zusammensetzung hat, können mit der Neutronenaktivisierungsanalyse die einzelnen Fundplätze und Bergwerke bestimmt und die Handelswege erschlossen werden.

Ossuarium: Raum oder auch Gefäß zur Bestattung menschlicher Knochen.

Pfeilschaftglätter: Stein mit einer Schleifrille zum Herstellen und Glätten von Pfeilschäften.

Philister: In der Bibel erwähntes Volk, das sich – aus dem mykenischen Kulturraum stammend – im 12. Jahrhundert v. Chr. an der palästinensischen Küste ansiedelte.

Poternenwall: Am Südende Hattuschas erhebt sich der Yerkapı („Tor im Boden"), eine gewaltige Wallanlage mit einem Tunnel (Poterne) quer durch seine Mitte. Als Verteidigungswerk kann der Bau wegen des offenen und gut begehbaren Tunnels nicht gedient haben. Die Poterne ist in Kragsteintechnik errichtet, d. h. der jeweils obere Stein ragt etwas weiter nach innen als der darunter liegende, so dass sich ein spitzdreieckiges Gewölbe bildet.

Radiokarbon-Datierung/^{14}C-Datierung: Jeder lebende Körper nimmt aus der Luft das natürliche radioaktive Kohlenstoffisotop ^{14}C auf, dessen Zerfallszeit 5730 Jahre beträgt. Mit dem Tod reichert sich kein weiterer Kohlenstoff im Organismus an, das ^{14}C beginnt zu zerfallen. Aus diesem Zerfallsprozess kann man errechnen, wie alt die Probe ist. Allerdings hat die Methode teilweise erhebliche Schwankungsbreiten, so dass die Daten mit der → Dendrochronologie geeicht (kalibriert) werden müssen.

Schliemann, Schliemanngraben: Ausgräber des Siedlungshügels Hisarlık Tepe in Nordwestanatolien. Der reiche Händler, Homer-Fan und Begründer der modernen Archäologie, grub hier 1871 bis 1890 nach seiner und der allgemeinen Meinung das homerische Troja aus. Um schnell bis in die ältesten Bauphasen zu kommen, ließ Schliemann – ohne Rücksicht auf die Vernichtung etlicher Kulturschichten – einen langen Graben von der Geländeoberkante bis auf den gewachsenen Fels ausheben (Schliemanngraben), später ging er sehr viel behutsamer vor. Diese Methode ist heute verpönt, obwohl sie einen umfassenden Überblick in die Abfolge der archäologischen Schichten gibt.

Sekundogenitur: Besitz(recht) eines zweitgeborenen Sohnes, der von der Thronfolge ausgeschlossen war. Im Hethiterreich wurden dafür die Vizekönigreiche Karkemisch und Tarhuntassa eingerichtet, die eigenständig für Verwaltung und Verteidigung ihrer Gebiete zu sorgen hatten und manchmal auch als „Abfindung" für übergangene Thronanwärter dienten.

Siegel, Siegelabdruck, -abrollung: Die vorgeschichtlichen Siegel waren Stempel, die man in weichen Ton presste. Mit der Erfindung der Keilschrift kam dann das Rollsiegel auf: Ein kleiner Zylinder mit geritzten, geschliffenen oder gebohrten Darstellungen sowie gelegentlich mit kurzen Inschriften. Beide Siegelformen dienten als Eigentumsvermerk auf Vorratsgefäßen oder als Unterschrift auf Tontafeln. Auch die aus Ton bestehenden „Briefumschläge", mit denen man die Keilschrifttafeln ummantelte, trugen Siegelabrollungen. Öffnete der Empfänger den Brief, zerbrach die Tonhülle und die Bruchstücke fielen zu Boden. Ebenso blieben die Siegelabdrücke beim Öffnen von verschlossenen und versiegelten Räumen oder Gefäßen als nutzloser Abfall am Boden liegen. Heute sind sie für die Archäologen willkommene Nachrichtenstücke.

Silex: Oberbegriff für Kiesel- und Silikatgesteine (SiO^2), die sich gut zu Werkzeugen und Waffen schlagen und schleifen lassen. Der auch als „Feuerstein" bezeichnete Rohstoff wird oft als „Stahl der Steinzeit" bezeichnet.

Spolie: In neueren Gebäuden wiederverwendete Mauersteine, Säulen, Platten, Türstürze und andere Elemente aus älteren Bauwerken.

Stele: Isoliert stehender Stein mit Inschrift und / oder Bildern.

Survey: Oberflächenuntersuchung; für diese archäologische Arbeitsmethode wird ein Untersuchungsgebiet in Planquadrate (z. B. 100 mal 100 m) eingeteilt, in denen penibel jeder von Menschen erzeugte Gegenstand aufgesammelt und eingeordnet wird. Dadurch ergeben sich erstaunliche Erkenntnisse etwa über die Besiedlungsgeschichte des Platzes: Wer hat hier wann wie lange gelebt, was hat er gearbeitet, gegessen, gebaut? Da in vielen Ländern die Infrastrukturmaßnahmen (Straßen, Staudämme, Wohnungen) langwierige archäologische Ausgrabungen nicht mehr erlauben, wird immer öfter versucht, mit Surveys wenigstens das „Offensichtliche" zu dokumentieren. Die Methode hat große Erfolge.

Tell: s. Höyük

Territorialstaat: Im Gegensatz zu den späteren Nationalstaaten umfassen Territorialreiche viele Regionen / Länder außerhalb des eigentlichen ethnischen Machtzentrums. Meist vereinte ein Stadtstaat dazu umliegende Kleinfürstentümer mit Gewalt unter seiner Herrschaft. Das erste Territorialreich begründete die Dynastie von Akkad unter Sargon (um 2350 v. Chr.) in Mesopotamien. Das Reich hatte bis etwa 2150 v. Chr. Bestand.

Ugarit: Bedeutendes Handelszentrum schon in der Frühgeschichte an der heute syrischen Mittelmeerküste, Metropole des Stadtstaates Ugarit.

Vorsokratiker: Sammelbezeichnung für Denker, die zwischen etwa 600 und 380 v. Chr. speziell im ionischen Milet versuchten, die Welt rational, ohne mythologische Vorbestimmtheiten zu erklären. Deshalb haben die Ideen der Vorsokratiker einen gewichtigen Platz in der abendländischen Philosophie.

Weiterführende Literatur

ALBERTZ, RAINER et al., Frühe Hochkulturen. Ägypter – Sumerer – Assyrer – Babylonier – Hethiter – Minoer – Phöniker – Perser, Konrad Theiss Verlag Stuttgart 2003

BLUM, HARTMUT / FAIST, BENTINA / PFÄLZNER, PETER / WITTKE, ANNE-MARIA (Hrsg.), Brückenland Anatolien? Ursachen, Extensität und Modi des Kulturaustausches zwischen Anatolien und seinen Nachbarn, Attempto Verlag Tübingen 2002

BLUM, STEPHAN W. E. / SCHWEIZER, FRANK / ASLAN, RÜSTEM, Luftbilder antiker Landschaften und Stätten der Türkei, Verlag Philipp von Zabern Mainz 2006

BOCKIUS, RONALD, Schifffahrt und Schiffbau in der Antike, Konrad Theiss Verlag Stuttgart 2007

HAYWOOD, JOHN, Atlas der Alten Kulturen, Konrad Theiss Verlag Stuttgart 2005

HÜTTEROTH, WOLF-DIETER / HÖHFELD, VOLKER, Türkei. Geschichte, Wirtschaft, Politik, Wissenschaftliche Buchgesellschaft Darmstadt 2002

KAMPHOEVENER, ELSA SOPHIA VON, An Nachtfeuern der Karawan-Serail. Märchen und Geschichten alttürkischer Nomaden, rororo Reinbek 2001

KORN, WOLFGANG, Mesopotamien, 6000 Jahre Hochkulturen an Euphrat und Tigris, Konrad Theiss Verlag Stuttgart 2004

MOSER, BRIGITTE / WEITHMANN, MICHAEL W., Türkei. Nation zwischen Europa und dem Nahen Osten, Verlag Friedrich Pustet Regensburg / Verlag Styria Graz 2002

NUNN, ASTRID, Alltag im Alten Orient, Verlag Philipp von Zabern Mainz 2006

RAHMSTORF, LORENZ, Zur Ausbreitung vorderasiatischer Innovationen in die frühbronzezeitliche Ägäis, in: Praehistorische Zeitschrift 81, 2006

RAPP, CHRISTOF, Vorsokratiker, aus der Beck'schen Reihe Denker, Verlag C. H. Beck München 2007

SCHWERTHEIM, ELMAR, Kleinasien in der Antike, aus der Beck'schen Reihe Wissen, Verlag C. H. Beck München 2005

TUBB, JONATHAN N., Völker im Lande Kanaan, Konrad Theiss Verlag Stuttgart 2005

YALÇIN, ÜNSAL (Hrsg.), Anatolian Metall I, in: Der Anschnitt Beiheft 13, 2000; Anatolian Metall II, in: Der Anschnitt Beiheft 15, 2002; Anatolian Metall III, Der Anschnitte Beiheft 18, 2005

Steinzeit

BADISCHES LANDESMUSEUM KARLSRUHE (Hrsg.), Die ältesten Monumente der Menschheit. Vor 12.000 Jahren in Anatolien, Konrad Theiss Verlag Stuttgart 2007 (dazu gibt es eine gleichnamige DVD-ROM)

BICK, ALMUT, Die Steinzeit, aus der Reihe: Theiss WissenKompakt, Konrad Theiss Verlag Stuttgart 2006

BURENHULT, GORAN, Die Menschen der Steinzeit. Jäger, Sammler und frühe Bauern, Weltbildverlag Augsburg 2000

FACCHINI, FIORENZO, Die Ursprünge der Menschheit, Konrad Theiss Verlag Stuttgart 2006

MÜLLER-BECK, HANSJÜRGEN, Die Steinzeit. Der Weg des Menschen in die Geschichte, aus der Beck'schen Reihe Wissen, Verlag C. H. Beck München 2004

PESCHLOW-BINDOKAT, ANNELIESE, Frühe Menschenbilder. Die prähistorischen Felsmalereien im Latmosgebirge, Verlag Philipp von Zabern Mainz 2003

DIES., Herakleia am Latmos. Eine karische Gebirgslandschaft. Stadt und Umgebung, Homer Kitabevi ve Yayincilik Ltd. Istanbul 2005 (ISBN 975-8293-72-9)

SCHMIDT, KLAUS, Sie bauten die ersten Tempel. Das rätselhafte Heiligtum der Steinzeitjäger, Verlag C. H. Beck München 2007

Hethiter

ALAURA, SILVIA, „Nach Boghasköi!“. Zur Vorgeschichte der Ausgrabungen in Bogazköy-Hattuscha und zu den archäologischen Forschungen bis zum Ersten Weltkrieg, Deutsche Orientgesellschaft Berlin 2006 (ISBN 3-00-019295-6)

BITTEL, KURT, Die Hethiter, Verlag C. H. Beck München 1976

BRANDAU, BIRGIT / SCHICKERT, HARTMUT, Hethiter. Die unbekannte Weltmacht, Piper Verlag München 2001

ÇAMBEL, HALET / ÖZYAR, ASLI, Karatepe – Aslantaş. Die Bildwerke, Verlag Philipp von Zabern Mainz 2003

CORNELIUS, FRIEDRICH, Geschichte der Hethiter, Wissenschaftliche Buchgesellschaft Darmstadt 1973

EHRINGHAUS, HORST, Götter, Herrscher, Inschriften. Die Felsreliefs der hethitischen Großreichszeit in der Türkei, Verlag Philipp von Zabern Mainz 2005

HAAS, VOLKER, Die hethitische Literatur, Walter de Gruyter Berlin / New York 2006

HÜSER, ANDREAS, Wasser für Sarissa, in: Antike Welt 5, 2006

KLENGEL, HORST, Hattuschili und Ramses. Hethiter und Ägypter – ihr langer Weg zum Frieden, Verlag Philipp von Zabern Mainz 2002

KLINGER, JÖRG, Die Hethiter, aus der Beck'schen Reihe Wissen, Verlag C. H. Beck München 2007

KUNST- UND AUSSTELLUNGSHALLE DER BUNDESREPUBLIK DEUTSCHLAND (Hrsg.), Die Hethiter und ihr Reich. Das Volk der 1000 Götter, Konrad Theiss Verlag Stuttgart 2002

NEVE, PETER, Hattuscha, Stadt der Götter und der Tempel, Verlag Philipp von Zabern Mainz 1993

SEEHER, JÜRGEN, Hattuscha-Führer. Ein Tag in der hethitischen Hauptstadt, Istanbul 2006 (ISBN 975-807-144-0; Bezugsadresse www.zerobooksonline.com)

DERS., Die Lehmziegel-Stadtmauer von Hattusa. Bericht über eine Rekonstruktion, Istanbul 2007 (Bezugsadresse www.zerobooksonline.com)

SPERLICH, WALTRAUD, Die Hethiter, Das vergessene Volk, Jan Thorbecke Verlag Ostfildern 2003

Troja

ARCHÄOLOGISCHES LANDESAMT BADEN-WÜRTTEMBERG (Hrsg.), Troia – Traum und Wirklichkeit, Konrad Theiss Verlag Stuttgart 2001

HERTEL, DIETER, Die Mauern von Troia. Mythos und Geschichte im antiken Ilion, Verlag C. H. Beck München 2003

KORFMANN, MANFRED O. (Hrsg.), Troia. Archäologie eines Siedlungshügels und seiner Landschaft, Verlag Philipp von Zabern Mainz 2006

KORFMANN, MANFRED O. / MANNSPERGER, DIETRICH, Troia, ein historischer Überblick und Rundweg, Konrad Theiss Verlag Stuttgart 1998

LATACZ, JOACHIM, Troia und Homer, Der Weg zur Lösung eines alten Rätsels, Koehler & Amelang Leipzig 2005 (5. aktualisierte und erweiterte Auflage)

SIEBLER, MICHAEL, Troia – Homer – Schliemann. Mythos und Wahrheit, Verlag Philipp von Zabern Mainz 1990

SPERLICH, WALTRAUD, Troja war nicht allein, Jan Thorbecke Verlag Ostfildern 2001

ULF, CHRISTOPH (Hrsg.), Der neue Streit um Troia. Eine Bilanz, Verlag C. H. Beck München 2003

ZIMMERMANN, MARTIN (Hrsg.), Der Traum von Troia. Geschichte und Mythos einer ewigen Stadt, Verlag C. H. Beck München 2006

ZÖLLER, WOLFGANG / ACKERMANN, ROSEMARIE, Troia – 3000 Jahre Geschichte im Modell, Konrad Theiss Verlag Stuttgart 2001

Eisenzeit

CANCIK-KIRSCHBAUM, EVA, Die Assyrer, aus der Beck'schen Reihe Wissen, Verlag C. H. Beck München 2003

EID, VOLKER, Im Land des Ararat. Völker und Kulturen im Osten Anatoliens, Wissenschaftliche Buchgesellschaft Darmstadt 2006

SALVINI, MIRJO, Geschichte und Kultur der Urartäer, Wissenschaftliche Buchgesellschaft Darmstadt 1995

WARTKE, RALF-BERNHARD, Urartu. Das Reich am Ararat, Verlag Philipp von Zabern Mainz 1998

YAÇIN, ÜNSAL / PULAK, CEMAL / SLOTTA, RAINER (Hrsg.), Das Schiff von Uluburun. Welthandel vor 3000 Jahren, Deutsches Bergbau-Museum Bochum 2005

Orts- und Personenregister

Bildnachweis

Akademie der Wissenschaften und der Literatur, Mainz: 116, 123 – Alamy: 4, 46, 118 – Archäologische Staatssammlung München (Foto: M. Eberlein): 142 – Berndt, Dietrich: 148 li – Aus: Bittel, Kurt, Die Hethiter, München 1976: 49, 62 – BLM: 28 (P. u. U. Gautel), 32 li (T. Goldschmidt), 32 r, 35, 36 (D. Johannes) – BPK: 69, 137, 140 – Bridgeman Giraudon: 113 li, 141 – Buccellati, Frederico, Project Urkesh: 73 u (D. Reemes, IIMAS), 74 (G. Gallaci, IIMAS) – Çatal Höyük Research Project: 39 – Corbis: 84 u, 146 – DAI, Orientabteilung. 12, 15, 16, 20, 22 – Efe, Turan (Istanbul): 65 – Ehringshaus, Horst: 111 – Erkanal, Hayet, Project Limantepe (Ankara): 60, 61 o – Grabung Oymaağaç, FU Berlin: 115 (Vogelsang), 117 – H. Hauptmann, Euphratarchiv Heidelberg: 25, 26, 27, 28, 29 – INA: 154 li – Aus: Korfmann (Hrsg.), Troia, Traum und Wirklichkeit, Stuttgart 1997: 120 li – Kunst- und Ausstellungshalle der Bundesrepublik Deutschland, Bonn / P. Oszvald: 94 – A. Müller-Karpe / Uni Marburg: 99, 100, 101, 102, 103, 106 – Aus: Müller-Karpe, Hermann, Frauen des 13. Jahrhunderts v. Chr., Mainz 1985: 113 re – Museum für Anatolische Zivilisationen, Ankara: 67, 151 – Neve, Peter: 81 – Niemeier, Wolf-Dietrich, DAI-Athen: 58, 59 – Peschlow-Bindokat, Anneliese: 54, 55 – Picture-alliance: 42, 53, 66, 71,83, 87,124, 130 o, 138/139, 149, 156/157, 160 – Schmidt, Klaus: 13, 17, 18 – Seeher, Jürgen (Istanbul): 96 – The Art Archive: 37,47, 61 u, 104, 147 o – T. C. Kulturministerium – Generaldirektion für Denkmäler und Museen, Ankara: 70, 82, 119, 120 re, 152, 153, 155 – Universität Tübingen, Projekt Tell Mozan: 73; Projekt Qatna: 75, 76, 107 – Unruh, Jack: 38 – Yalçın, Ünsal: 154 re – ZKM/H. Klotz: 40, 41 – Zöller, Wolfgang: 121, 122 – 360derece: 159

Alle übrigen Abbildungen: Michael Zick, Stuttgart

Danksagung

Dieses Buch ist entstanden aus vielen ausführlichen Gesprächen mit zahlreichen deutschen und türkischen Wissenschaftlern. Ohne diese gezielten oder auch beiläufigen „Privatvorlesungen", die direkt für dieses Buch, aber auch in ganz anderem Zusammenhang in den letzten Jahren stattfanden, hätte ich es nicht schreiben können. Dies, die manchmal mühsame Lektüre von Grabungsberichten, etliche Reisen durch die Türkei und wiederholte Besuche bei einigen Ausgrabungen haben mir einen etwas breiteren Zugang zur Vor- und Frühgeschichte Anatoliens verschafft; so konnte ich dieses Buch wagen.

Ich bedanke mich – in der Reihenfolge ihres Auftretens – speziell bei:

Harald Hauptmann, dem Doyen der deutschen Anatolien-Forschung, der mir während seiner Zeit als Hochschullehrer in Heidelberg ebenso wie als Chef des DAI Istanbul über Jahre hinweg mit Informationen und Hinweisen behilflich war.

Klaus Schmidt, dem Ausgräber der Kultanlage auf dem Göbekli Tepe, der mir gegenüber seine wissenschaftliche Reserviertheit etwas zu lockern bereit war, mich am Ausgrabungsleben teilhaben ließ und meine nie erlahmende Neugier erträgt.

Ulf-Dietrich Schoop, dem Dicke-Bretter-Bohrer unter den jungen Archäologen, der mangels deutscher Arbeitsmöglichkeiten jetzt an der Universität in Edinburgh forscht und lehrt und mich als Reisebegleiter unter anderem auf die Frage stieß: Warum wurde der Mensch eigentlich sesshaft?

Anneliese Peschlow-Bindokat vom DAI Berlin, der Finderin des ersten Hochzeitbildes, die mich mit ihrer Begeisterung für die steinzeitlichen Petroglyphen im Latmos ansteckte und nur einmal kurz zusammenzuckte, als ich die Menschen auf den Steinen als „Strichmännchen" bezeichnete. Ihr danke ich speziell auch für die Bereitstellung der Bilder.

Wolf-Dietrich Niemeier, dem Leiter der Abteilung Athen des DAI, der mich reichlich mit Material und Bildern versorgte und mir schon vor Jahren die Einbettung des bronzezeitlichen Milet in seine ägäische und anatolische Nachbarschaft klar machte.

Joseph Maran, Archäologie-Professor in Heidelberg mit Sommeradresse „Zyklopenburg Tiryns, Argolis, Griechenland", dem ich aus immer wiederkehrenden Gesprächen die oft filigranen entwicklungsgeschichtlichen Zusammenhänge in der Ägäis der Bronzezeit verdanke.

Hayat Erkanal, dem vielbeschäftigten und vielgefragten Archäologen an der Universität Ankara, der mich mit seiner Ausgrabung in Limantepe in völlig neue Dimensionen der anatolischen Archäologie einführte.

Turan Efe, dem hartnäckigen Altertumsforscher an der Universität in Istanbul, der mir seine bahnbrechenden Erkenntnisse aus der Frühbronzezeit Zentralanatoliens näher brachte; wofür er extra seine leicht gealterten Deutschkenntnisse hervorholte.

Guido Kryszat von der Universität Mainz, dem letzten Forscher für Altassyrisch in Deutschland, der mir mit vielen – von ihm entzifferten – Originaltexten die Welt der assyrischen Kaufleute in Anatolien erhellte.

Eva Cancik-Kirschbaum, Altorientalistin an der Freien Universität Berlin, die mich über die Jahre lehrte, dass auch hinter scheinbar festgefügtem Lehrbuchwissen (fast) immer weiterführende Fragen stehen.

Peter Pfälzner, dem Tübinger Archäologie-Professor, der mit seinen Grabungen in Tell Mozan und Qatna – und seinen lebhaften Berichten darüber – nicht nur mein Wissen über die Hurriter vorantrieb. Auch ihm danke ich speziell für die Bereitstellung von Fotos.

Gernot Wilhelm, dem Grand Seigneur der deutschen Hurritologie an der Universität Würzburg und Gralshüter der hethitischen Keilschriften in der Akademie der Wissenschaften in Mainz, der mich trotz zeitraubender forscherischer Tätigkeiten mit den neuesten wissenschaftliche Nachrichten versorgte.

Frank Starke, dem wortgewaltigen Schriftforscher an der Universität Tübingen, der mir die Besonderheiten der hethitischen Polit-Kultur und die Mühseligkeiten von Keilschriftentzifferungen näher brachte.

Jürgen Seeher, Hattuscha-Archäologe in der Abteilung Istanbul des DAI, der mit seinen Grabungen völlig neue Horizonte öffnete und mich mit seiner – wissenschaftlich gezügelten – Begeisterung für die Hethiter und ihre Metropole ansteckte.

Andreas Schachner vom DAI Istanbul, dem neuen Ausgräber der Hethiter-Hauptstadt, der mir das Tor zu Hattuscha offen hielt und – zusammen mit der Kommissarin Mehtap Ateş – Gastrecht im Grabungshaus gewährte.

Andreas Müller-Karpe, Archäologe an der Universität Marburg, der mich seit Jahren detailliert über seine Grabungen in der hethitischen Provinz – Kuşaklı und Kayalıpınar – unterrichtet und damit Zusammenhänge aufzeigt. Ihm danke ich speziell für bereitwillig herausgesuchte Fotos seiner Grabungen.

Hermann Genz, dem „Auswanderer" an die Amerikanische Universität in Beirut, der mir auf Reisen durch Anatolien und langen Gesprächen in Istanbul klar machte, dass zumindest in der Eisenzeit Geschichte(n) à la Herodot nicht immer mit der archäologischen Wirklichkeit zusammenpassen.

Hartmut Kühne, dem Altmeister unter den Archäologen an der Freien Universität Berlin, der in vielen, thematisch sehr unterschiedlichen Unterrichtungen über lange Jahre hinweg mein Interesse an der Region Kleinasien / Vorderer Orient nachhaltig befördert hat.

Viele andere haben direkt oder indirekt, aktuell oder früher, kurz oder ausführlich durch Informationen an diesem Buch mitgewirkt. Dank deshalb auch an Halet Çambel, Karatepe / Istanbul; Murat Can, Boğazköy; Rainer Czichon, FU Berlin; Barbara Helwing, DAI Berlin; Ersel Karaman, Istanbul; Ute Kelp, DAI Istanbul; Joachim Latacz, Basel; Mehmet Özdoğan, Universität Istanbul; Ernst Pernicka, Universität Tübingen; Lorenz Rahmstorf, Universität Mainz; Mustafa Sayar, Universität Istanbul; Ulrich Sinn, Universität Würzburg; Irmgard Wagner, Photothek DAI-Orientabteilung; Ünsal Yalçın, Deutsches Bergbau-Museum Bochum.

Impressum

Bibliografische Information der Deutschen Nationalbibliothek
Die Deutsche Nationalbibliothek verzeichnet diese Publikation in der Deutschen Nationalbibliografie; detaillierte bibliografische Daten sind im Internet über http://dnb.d-nb.de abrufbar.

Umschlaggestaltung: Stefan Schmid, Stuttgart

Die Herausgabe des Werkes wurde durch die Vereinsmitglieder der WBG ermöglicht.
Lektorat: Beate Dillmann-Gräsing, Bad Homburg
Gestaltung und Satz: Ronald Parusel, Mössingen
Kartografie: Peter Palm, Berlin
Reproduktion: digigra4, Fellbach
Druck und Bindung: Druckerei Himmer, Augsburg
ISBN: 978-3-8062-2110-7

Besuchen Sie uns im Internet: www.theiss.de